Der Duft des Mittelmeers

Zu diesem Buch

Ein Bad in einer einsamen Felsenbucht, verträumte Pinienhaine und Strände, soweit das Auge reicht – das Mittelmeer weckt Sehnsüchte und Erinnerungen. Maria Rinaldi hat die schönsten Sommergeschichten aus Italien, Griechenland, Spanien, Frankreich, Israel und der Türkei aufgespürt: von Autorinnen und Autoren wie Italo Calvino, Judith Hermann, Andrea Camilleri, Gabriel García Márquez oder Orhan Pamuk. Sie erzählen vom romantisch-morbiden Venedig, vom Schwimmen im kristallklaren und türkisblauen Wasser des Mittelmeers und nicht zuletzt vom Dolce far niente im Liegestuhl. Genießen Sie die Geschichten zusammen mit einem guten Glas Wein und einem Teller aromatischer Oliven – ob am Strand des Südens oder in der Hängematte im Garten.

Maria Rinaldi, geboren 1964 in Genua, studierte Germanistik und Romanistik in Rom und Berlin und arbeitete einige Jahre als Dolmetscherin bei verschiedenen großen Firmen. Heute lebt sie mit ihrer Familie als Übersetzerin in Verona, verbringt aber als passionierte Seglerin so viel Zeit wie möglich an den Stränden und auf den Wellen des Mittelmeers.

Der Duft des Mittelmeers

Die schönsten Sommergeschichten

Herausgegeben von
Maria Rinaldi

Piper München Zürich

Mehr über unsere Autoren und Bücher:
www.piper.de

Originalausgabe
Juli 2009

Umschlaggestaltung: Cornelia Niere, München
Umschlagfoto: J. Lightfoot/Robert Harding World Image/Corbis
Satz: Filmsatz Schröter, München
Druck und Bindung: CPI – Clausen & Bosse, Leck
Printed in Germany ISBN 978-3-492-26307-8

Inhalt

JUDITH HERMANN

Aqua Alta

Für F. M.

Meine Eltern sind aus Venedig zurückgekehrt. Sie sind unversehrt aus Venedig zurückgekehrt, es ist ihnen nichts geschehen. Man hätte sie überfallen, ausrauben und erstechen können. Es wäre möglich gewesen, dass sie an einer Fischvergiftung gestorben, in der Nacht vom Vaporetto aus angetrunken und unbemerkt kopfüber ins brackige Lagunenwasser gestürzt, auf dem Fliesenboden ihres Palazzo-Zimmers mit Herzinfarkt zusammengebrochen wären. Sie hätten sich im Gassenlabyrinth der Stadt verlaufen können und wären verschwunden, nie mehr aufzufinden gewesen, weg, vom Erdboden, vom Wasser verschluckt. Ist Venedig eine gefährliche Stadt. Ist nicht überhaupt alles mehr oder weniger gefährlich, also ungefährlich, also nichts. Ich rechne täglich mit dem Verschwinden meiner Eltern. Aus Venedig sind sie noch einmal zurückgekehrt.

Als meine Eltern alt wurden, begannen sie wieder zu reisen. Sie waren mit mir und meinen Schwestern verreist, als wir Kinder und sie also jung waren, nach Schweden, Norwegen und an die französische Atlantikküste, aber diese Art von Reisen meine ich nicht. Als wir größer wurden und es vermieden, mit ihnen zusammen zu sein, als wir es vermeiden konnten und anfingen, ihnen aus dem Weg zu gehen, blieben sie zu Hause, bepflanzten ihren Balkon und saßen da, den Juni, den Juli, den August über, bis es endlich wieder kühler wurde und dann Herbst und schließlich Winter, und die Erinnerungen an die Strandnachmittage, die schlafenden Babys und Kleinkinder unter den Sonnenschirmchen, die Picknickkörbe und Sandburgen verblassten – wir kamen und gingen und warfen die Haustür hinter uns zu und riefen auch erst auf der Straße, schon weit, weit weg »Bis heute Abend, es wird sicherlich spät« über die Schulter; dass unsere Mutter vom Balkon aus uns hinterherwinkte, wussten wir, ohne uns umzusehen. Als wir wirklich groß waren, erwachsen, endlich aus dem Haus, und als sie also alt wurden, begannen sie wieder zu reisen, zu zweit, ohne uns. Sie kauften sich diese kleinen Koffer, die man auf Rollen hinter sich herziehen kann, bepackten sie aufs Unsinnigste und Schwerste und zerrten sie dann hinter sich her, auf der ersten Reise noch ungeschickt und nervös, später sehr geübt und gelassen, die Koffer wurden auch leichter, sie nahmen nur noch das Nötigste mit. Sie reisten durch Italien und Griechenland und Spanien. Sie fuhren Anfang Juni los und kehrten Ende August zurück, braun gebrannt, zufrieden, die Koffer voller verdorbener Lebensmittel, die meine Mutter, ohne ein einziges Wort der jeweiligen Landessprache zu verstehen, auf den Marktplätzen der spanischen, italienischen, griechischen Dörfer zusammengekauft hatte. Sie hatten wenig Geld und reisten mit den Billigtickets der Bahn in überfüllten Zügen, sie schliefen in Jugendherbergen und Stundenhotels und aßen abends am Rand irgendeines Brunnens sitzend Heringsfilet aus der Büchse und trockenes Brot. Sie besichtigten Kirchen, Museen und Paläste, Ausgrabungsstätten und sonstige historische Schauplätze, sie standen vor den verfallenen Tempeln und Amphitheatern und hatten diese Bücher dabei, in denen man Schablonen über die Fotografien der Ruinen schieben konnte, um zu sehen, wie es auch vor über tausend Jahren wahrscheinlich nicht gewesen war. Ich glaube, mein Vater empfand das als tröstlich, und meine Mutter war getröstet, wenn er es war. Einen Tag all dieser Wochen verbrachten sie meiner Mutter zuliebe am Meer. Sie ging dann ins Wasser und hüpfte in der Brandung auf und ab wie ein Kind, während mein Vater, ohne sich auch nur ein einziges Kleidungsstück auszuziehen, noch nicht einmal barfuß und mit fragendem Gesichtsausdruck im Schatten ausharrte. Er hatte den Strand und das Baden noch nie gemocht, aber diesen einen Tag zumindest gönnte er meiner Mutter. Sie schickten uns Postkarten, die oft erst Monate nach ihrer Rückkehr bei uns eintrafen und deren Motive mein Vater ausgesucht hatte – die Gipsabdrücke der Verschütteten von Pompeji, die Franziskanermumien in den Katakomben von Palermo und Messina, Bramantes »Tempietto« in Rom. Auf den Rückseiten die kurzen Sätze meiner Mutter – »Das Wetter ist herrlich. Wir haben schon so viel gesehen. Papa hat immer noch nicht genug. Wir vermissen Euch und wünschten, Ihr wäret hier« – und die nicht zu entziffernde Schrift meines Vaters, krakelige, schwärzliche Hieroglyphen, manchmal ein erkennbares Wort – *offene Psychiatrie, Schieferdächer, Zinksärge, Ohr des Dionysios*. Wenn sie abreisten, brachten wir sie zur Bahn. Wir waren in einem merkwürdig aufgekratzten Zustand, weil sie endlich weg sein würden, auf und davon, und uns alleine lassen würden in der Stadt, die uns wie immer in ihrer Abwesenheit als eine endlich fremde, endlich schöne, herrliche, unbekannte schien, in der wir uns jetzt anders bewegen durften, frei und ungebunden und alleine. Aber wenn der Zug abfuhr und sie mit sich nahm, ihre winkenden Hände verschwanden und wir auf dem Bahnsteig zurückblieben, betreten und erschöpft, dann erfasste uns alle, ohne dass wir darüber gesprochen hätten, die kindlichste aller Traurigkeiten. Unsere Angst, dass sie nicht mehr zurückkommen könnten, dass wir sie alleine und im Stich gelassen hatten, dass wir schuld sein könnten an ihrem Verschwinden, haben wir einander nicht eingestanden; dass auch meine Schwestern so empfanden, dessen bin ich mir sicher.

Ein einziges Mal habe ich sie auf einer dieser Reisen getroffen, oder besser, hat sich ihre Reise mit meiner Reise gekreuzt, eher zufällig und von meiner Seite aus fast ungewollt. Es war Juli, sie waren schon seit vier Wochen unterwegs, wir trafen uns in Venedig. Ich war in diesem Sommer zum wiederholten Mal am Ende einer Beziehung angelangt, zumindest war ich in der Verfassung, genau so und nie mehr anders über die Liebe sprechen und nachdenken zu wollen, und ich wurde dreißig Jahre alt, ein Geburtstag, den ich auf keinen Fall zu Hause oder gar mit Freunden verbringen wollte. Ich fuhr nach Korsika – ich kann mich nicht mehr erinnern, warum gerade nach Korsika, es scheint auch nicht wichtig gewesen zu sein – und mietete ein winziges Zimmer am Hafen eines Fischerdorfes. Aus dem Fenster führte eine Treppe direkt auf den Strand, und in der Nacht schienen die Wellen bis ins Zimmer zu schlagen. Ich saß eine Woche lang bewegungslos am Meer herum, ich sah auf Brandung, Möwen, Sonnenuntergänge, ich dachte, ich will überhaupt nichts mehr denken, und schließlich dachte ich auch nichts mehr, vergrub die Zehen im Sand, trank Wasser, rauchte korsische Zigaretten und sagte das Nötigste zu Fremden oder auch gar nichts. Ein Bekannter, ein wirklich entfernter Bekannter, hatte mir mein einziges Geburtstagsgeschenk mit auf die Reise gegeben, ich hatte lange gezögert, es mitzunehmen, und nahm es schließlich nur mit, weil es eigentlich das Geschenk eines Fremden war. Am Morgen meines dreißigsten Geburtstages packte ich es aus. Ich hatte mir dann doch Kaffee gekocht, eine Melone aufgeschnitten, einen kleinen Strauß Strandgras auf den Tisch gestellt. Das Geschenk war ein Buch, und zwar eines, das ich ohnehin unter den Büchern meiner Reiselektüre dabei- und schon an den ersten Tagen gelesen hatte. Auf der ersten Seite stand eine mir völlig unverständliche Widmung – »You get so alone at times, that it just makes sense, alles Gute zum Geburtstag, F.« Ich legte das Buch in den Küchenschrank, ging an den Strand und setzte mich auf die Mole, ich brauchte nicht besonders lange, um mir fest genug einzureden, dass ich unbelastet, also frei und als eine zukünftig Unverwundbare in das Erwachsensein gehen würde. An diesem Abend beschloss ich abzureisen und meine Eltern in Venedig zu treffen, ich wusste, dass sie vor drei Tagen von Rom aus dort angekommen waren und schon zum dritten Mal eine Woche lang in der Stadt bleiben würden. Sie hatten mir vorgeschlagen, sie in Venedig zu besuchen, und ich hatte so vage wie möglich zugesagt, ich wollte mich nicht festlegen. Dass sie sich freuen würden, mich dort zu sehen, wusste ich. Am nächsten Morgen packte ich meinen Rucksack, bezahlte das Zimmer und reiste ab. Das Geburtstagsgeschenk ließ ich im Küchenschrank zurück, über seinen Inhalt und F.s Widmung sollte sich der nächste Gast den Kopf zerbrechen. Ich fuhr mit der Fähre zurück aufs Festland, Bastia, schön und in kreidigen Farben, verschwand im Dunst, die Möwen verließen das Schiff erst auf dem offenen Meer. Ich vermisste etwas, eine Distanz zur Welt vielleicht. Ich nahm den Zug über Verona nach Venedig, ich schlief fast die ganze Zeit über oder starrte in einem schlafähnlichen Zustand aus dem Fenster. Vielleicht war es die näher kommende Begegnung mit meinen Eltern, die mich so ermüdete, vielleicht auch alles andere; erst, als ich in Venedig ankam, ging es mir besser.

Ich erinnere mich an eine Postkarte, die mein Vater mir von der ersten Venedigreise meiner Eltern geschickt hatte. Die meisten Sätze waren wie immer unleserlich, aber dazwischen konnte ich fast schon deutlich Worte wie *San Simeon Piccolo* oder *Chiesa degli Scalzi* oder *Lista di Spagna* entziffern, so als hätte es ihm Freude gemacht, diese italienischen, klingenden Silben schön zu schreiben. Es muss um den Bahnhof gegangen sein, um den ersten Blick auf die Kirchen und den Canal Grande, um das Ankommen in Venedig, das er uns später als ein »Ankommen wie ein Auftritt auf einer Opernbühne« beschrieb. Als ich vor den Bahnhof von Venedig trat, musste ich an diesen Vergleich denken, obwohl ich ihn mochte, ärgerte ich mich darüber. Die grünspanige Kirche San Simeon Piccolo und die Kirche der Karmeliter Chiesa degli Scalzi. Auf dem Canal Grande kreuzten Gondeln und Vaporetti, die Luft war ein wenig feucht und der Himmel blass und dämmrig, obwohl es erst früher Nachmittag war. Ich hätte fassungslos sein können über das Licht und die Farben, die Selbstverständlichkeit, mit der die Menschen auf der Brücke über dem Canal Grande entlangliefen wie über eine beliebige, gewöhnliche Straße, ich war nicht fassungslos. Meine Mutter, die sich immer bemühte, so viele Pensionen, Bahntickets, Besichtigungspakete wie möglich schon vor dem Antritt der Reise gebucht zu haben, hatte mir noch zu Hause die Adresse ihrer Pension in Venedig aufgeschrieben. Sie hatte »Es ist ganz nahe am Bahnhof, nicht zu verfehlen, wirklich« gesagt, als würde mir das die Entscheidung, nach Venedig zu kommen, irgendwie erleichtern. Ich faltete den Stadtplan auseinander, den sie mir fürsorglich mitgegeben hatte, mir wurde sofort heiß dabei, weil ich Stadtpläne noch nie verstanden habe und vor allem niemals wieder richtig zusammenfalten konnte. Meine Mutter hatte ein kleines Kreuz über die Pension gemalt und ein Ausrufezeichen danebengesetzt, ich musste mich aufs Äußerste konzentrieren, um endlich die Lista di Spagna zu finden, die links vom Bahnhof abging. Ich schulterte meinen Rucksack und ging los, an den Trampern auf den Treppenstufen des Bahnhofs, den Souvenirhändlern, Touristenfängern vorbei die Straße hoch, ein Restaurant reihte sich ans andere, dazwischen Geschäfte für Postkarten, Sonnenhüte, Kaffeetassen, ein Rummelplatz. Ich ging langsam, hielt nach den Hausnummern Ausschau, nach meinen Eltern, ich vermutete sie um diese Zeit eigentlich nicht im Hotel, sondern viel eher im Museum, auf dem Markusplatz, in der Accademia. Dennoch dachte ich sie immerfort zu entdecken, am Tisch eines Restaurants, im Eingang eines Weinladens, in den Schatten einer Seitenstraße einbiegend. Ich war jetzt aufgeregt, froh, sie überraschen zu können, aber auch beunruhigt – wie würden sie überhaupt aussehen, meine Eltern in Venedig? Die Selbstverständlichkeit, mit der sie sich in dieser Stadt aufhielten, ob ich käme oder nicht, erschien mir mit einem Mal fast ungehörig. Die Straße mündete auf einen großen Platz, den Campo San Geremia, irgendwo hier musste die Pension sein. Billige Pensionen sind nie zu erkennen, im Grunde kaum auffindbar. Ich blieb stehen und stellte meinen Rucksack ab, ich fühlte mich entkräftet. Die Sonne blendete, sie stand über der Kreuzkuppel der Kirche. Meine Eltern huschten durch die schweren Portaltüren, duckten sich hinter einer Reisegruppe, verbargen sich unter den Sonnenschirmen des Cafés am Platz, mit einem Mal hatte ich das Gefühl, dass sie überhaupt nicht hier wären, niemals angekommen in Venedig, verschollen schon vorher, in Rom oder Florenz oder ganz am Anfang der Reise auf dem Bahnhof von Lutherstadt Wittenberg. »Signor e Signora P.?«, würde fragend und lang gezogen der Pensionsportier sagen, die Augenbrauen hochziehen und bedauernd den Kopf schütteln, und was täte ich dann? Nähme ich ihr reserviertes Zimmer und legte mich in ihr unbenutztes, frisch bezogenes, kühles, kaltes Bett? Ich sah mich schon in einer Telefonzelle stehen und nach Deutschland telefonieren, »Sie sind nicht hier, sie sind nicht in Venedig, sie sind gar nicht erst angekommen«, und die schläfrigen, verwirrten Stimmen meiner Schwestern, »Waaas?«, nicht entsetzt, eher begriffsstutzig, und dann rief jemand meinen Namen über den Platz. Ich erinnere mich gerne daran, an diesen Moment auf dem Campo San Geremia, in dem meine Mutter meinen Namen rief und mich erlöste. Ich wandte den Kopf, erschrocken und verwirrt, sie rief auch nicht meinen wirklichen Namen, sondern den, mit dem sie mich als Kind gerufen hatte, »Mädchen!«, rief meine Mutter über den Platz. Ich sah über die Menschen hinweg, ich konnte sie nicht entdecken, sie rief mich noch einmal, ihre Stimme kam von hoch oben, und schließlich entdeckte ich sie auf dem einzigen Balkon eines schmalen, kleinen Hauses direkt gegenüber der Kirche. Sie lachte und winkte wie verrückt und sah einen Augenblick lang tatsächlich wie eine Venezianerin aus, wie jemand, der dort lebte, Campo San Geremia 1, um die Mittagszeit auf dem Balkon im Schatten saß, hoch über dem Lärm und der Menschenmenge auf dem Platz. Ich nahm meinen Rucksack, drängte mich zwischen den Touristen hindurch und lief auf sie zu, unter dem Balkon blieb ich stehen. Sie sah zu mir herunter und wiederholte meinen Namen, noch immer sehr laut. Sie rief »Wir wussten, dass du kommst, wir waren uns so sicher, wir warten schon seit Stunden!«, und ich versuchte, sie zu beschwichtigen. Sie war außer sich, und die Leute starrten mich an. Ich sagte »Mama! Ein bisschen leiser, ja?«, ich musste auch lachen, und sie verschwand, kam mit meinem Vater wieder, beide beugten sich weit über das Balkongeländer, jeder auf seine Art. Ich rief »Kann ich raufkommen?«, und sie schüttelten den Kopf und zeigten auf das Café am Platz, in dem ich rätselhafte zwanzig Minuten auf sie warten musste. Endlich kamen sie herunter, ich hatte inzwischen zwei Cappuccino getrunken und vier Zigaretten geraucht, meine Freude war fast verflogen. Sie liefen über den Platz und zankten sich über irgendetwas, meine Mutter redete eindringlich auf meinen Vater ein, der abwehrende Bewegungen machte und entnervt zum Himmel blickte. Und dann betraten sie das Café, vergaßen, worum auch immer es gegangen war, und blieben vor meinem Tisch stehen, fast andächtig und so froh. Sah ich anders aus? Größer, fremd? Ich war braun gebrannt und trug meine Haare wie immer, was sahen sie in mir, ihr großes Kind oder noch immer das kleine, das ich auf ewig bleiben würde, solange sie da waren? Ich stand auf, und wir umarmten uns.

Eine andere Erinnerung – ich telefoniere mit meinem Vater, dem es nicht besonders gut geht, er ist deprimiert, in schlechter Verfassung, ich weiß von meiner Mutter, dass er mehrmals »Mit mir geht es zu Ende« gesagt hat, in einem Tonfall, der keinen Widerspruch duldet, ohnehin wüsste niemand, wie ihm zu widersprechen wäre. Wir telefonieren miteinander, ohne über seine Verfassung zu sprechen, wir sprechen über das Buch, das er gerade liest, Walser, *Brandung*, ein dort zitiertes Gedicht, die feindselige Sprache der Liebe, und über anderes, Unwichtiges, dann wird er müde, und wir verabschieden uns. Ich sage »Papa. Sei nicht so traurig«, und er sagt »Mach's gut«, und dann legen wir auf. Ich weiß nicht, warum ich mich daran erinnere. Ich höre den Tonfall, in dem er »Mach's gut« sagt, ich erinnere mich, dass mir das Ende unseres Telefonats grausam schien, ein anderes Wort will mir nicht einfallen. Oder abweisend? Alle Erinnerung scheint mir traurig zu sein.

In dem Café auf dem Campo San Geremia in Venedig bestellte meine Mutter einen Prosecco, mein Vater ein kleines Glas Wein, der Kellner sprach deutsch, ich empfand das als demütigend. Wir saßen uns gegenüber, ich weiß nicht mehr, ob wir einander beobachteten, ich glaube, eher nicht. Ich sagte »Wie war denn die Reise bisher?«, weil ich es wissen und weil ich nichts von meiner Reise erzählen wollte. Meine Mutter antwortete bereitwillig, mein Vater bestellte ein zweites Glas Wein. In Rom hatten sie den Zug verpasst, in Padua gab es das billigste Pensionszimmer Italiens, allerdings in einem Bordell, in Mailand hatte sie der Taxifahrer um fünfzigtausend Lire betrogen, auf der Busfahrt nach Florenz war meinem Vater so schlecht geworden, dass sie hätten aussteigen müssen, mein Vater hätte sich flach auf die Straße gelegt und nicht mehr weitergewollt, der Bus wäre auch einfach davongefahren. Immer erzählte meine Mutter derartige Geschichten von ihren Reisen – umständlich, ausschweifend, Querverbindungen ziehend zu anderen Reisen und Situationen, oftmals schon zehn und mehr Jahre zurückliegend –, und mein Vater hielt das irgendwann nicht mehr aus, griff ein und ergänzte und erzählte dann selbst. Die Inkrustation am linken Südeingang des Mailänder Doms, die Uffizien in Florenz, Michelangelo und Leonardo, die Hitze und die Spuren der Wagenräder auf den staubigen Steinen der Via Appia Antica. Meine Mutter sagte »In Italien gibt es kein einziges Restaurant, in dem man abends mal einfach ein kleines Glas Wein trinken kann, immer muss man ein Fünf-Gänge-Menü dazu bestellen, und außerdem bringen sie Weißwein, wenn man doch Rotwein will«, mein Vater sah sie von der Seite an. Sie sagte verunsichert »Nicht wahr?«, und er fasste ihr gerührt und gereizt zugleich in den Nacken und schüttelte sie ein bisschen, sie lächelte verlegen. Ich sagte »Es ist schön, euch wiederzusehen«. Der Kellner nötigte uns alle Viertelstunde zu einer neuen Bestellung, die Kirchturmuhr schlug sechsmal, mein Vater wurde unruhig, zog ein Reclamheftchen aus der Jackentasche und begann demonstrativ darin herumzublättern, sie hatten schließlich den ganzen Nachmittag lang unnütz auf dem Balkon gesessen und auf mich gewartet. Meine Mutter hatte sich nichts sehnlicher gewünscht, sagte sie, als »dich vom Balkon aus über den Platz gehen zu sehen«. Die Pension, in der sie wohnten, war zwar billig, dafür aber ein Besuch von Fremden absolut verboten, noch nicht einmal einen Blick in ihr Zimmer durfte ich werfen, geschweige denn dort ebenfalls übernachten. »Sie lassen dich nicht rein, auch nicht für zwei Minuten«, sagte Vater, »außerdem sind sie ausgebucht, wir müssen dir jetzt woanders ein Zimmer suchen.« Ich sagte »Ich kann mir auch selber ein Zimmer suchen«, mein Vater sagte »Aber du kennst dich nicht aus, die Zimmer sind hier alle unglaublich teuer, wir suchen zusammen, du musst verhandeln können«, und ich sagte »Wirklich, ich kann das alleine«. Die Vorstellung, mit meinem Vater von einer Hotelrezeption zur nächsten zu ziehen und schamrot zuhören zu müssen, wie er in seinem altmodischen Englisch umständlich *verhandeln* würde, war mir fürchterlich. »Dann eben nicht«, sagte mein Vater, sofort beleidigt, persönlich verletzt, ich sagte »Papa, bitte«, er hörte nicht mehr hin und winkte dem Kellner. »Wann willst du denn weiterfahren, nach Hause?«, fragte meine Mutter, tatsächlich unverfänglich. Ich hatte von Anfang an gesagt, dass ich, wenn überhaupt, nur für eine Nacht bleiben würde. »Morgen«, sagte ich, »ich muss wirklich nach Hause, ich habe zu tun«, das stimmte und stimmte auch wieder nicht, ich hatte zu tun, aber im Grunde war es völlig gleichgültig, wann und ob ich überhaupt nach Hause zurückkehren würde. Ich sagte »Morgen«, bereute es sofort und war doch froh, weil ich meiner Neigung folgte. Meine Mutter tat mir den Gefallen und sagte nichts weiter, sie sah noch nicht einmal bedauernd aus. Wir bezahlten eine aberwitzige Rechnung, verabredeten uns um acht Uhr abends am Markusplatz, meine Eltern wollten vorher noch Santa Maria della Salute, Santa Maria Formosa und Santa Maria Gloriosa dei Frari besichtigen, meine Mutter zählte all diese Namen kindlich und ernsthaft auf. Mein Vater erklärte mir auf dem Stadtplan sehr genau den Weg, den ich zum Markusplatz gehen sollte. Ich gab mir Mühe, konzentriert zu erscheinen, mir wurde wieder heiß. Er sagte misstrauisch »Der Plan ist schon ganz zerknittert, du musst den mal richtig zusammenfalten«, wand ihn mir aus der Hand und faltete ihn selbst. Dann verabschiedeten wir uns. Ich sah ihnen hinterher, wie sie eilig, geschäftig davonliefen, sie wurden schnell von der Menschenmasse auf dem Platz verschluckt. Ich ging ins erstbeste Hotel neben ihrer Pension, mietete ein Zimmer für eine Nacht zu einem Preis, den meine Mutter unanständig gefunden hätte, duschte kurz, legte mich zehn Minuten aufs Bett – das Fenster ging auf einen schachtartigen Hinterhof hinaus, in dem aus unergründlichen Tiefen ein unheimliches, stetiges Scharren und Kratzen drang – und rauchte langsam eine Zigarette. Weit entfernt schlug die Kirchturmuhr halb acht, ich stand wieder auf, kaum erholt, zog mich an und verließ das Hotel, der Portier hinter dem Tresen war eingenickt. Draußen war tatsächlich noch immer Venedig, die Lista di Spagna, die jetzt kühle, wasserfeuchte Luft.

Das Reisen fällt mir eigentlich schwer. Zwei oder drei Tage vor dem Beginn einer Reise werde ich ängstlich, ohne Grund, alles scheint mir sinnlos, die Ferne, die Fremde, die Kontinente nicht anders als jeder Blick aus meinem Fenster, vier Wochen in einem unbekannten Land, wozu, denke ich, was soll da anders sein und was soll es mir nützen, unsinnigerweise ist mir, als hätte ich alles schon gesehen. Es ist mir unmöglich, mich in fremden Städten sicher und unbeschwert zu fühlen, ich würde am liebsten im Hotelzimmer sitzen bleiben, die Tür verriegeln, überhaupt nicht hinausgehen. Selbstverständlich bleibe ich nicht im Hotelzimmer, sondern gehe hinaus, das Gefühl der Angst verlässt mich jedoch nur selten. In Venedig war das anders, die Anwesenheit meiner Eltern schien mich zu beruhigen. Ich hatte die Wegbeschreibung meines Vaters sofort wieder vergessen und war, von der Lista di Spagna aus, einfach den Touristen hinterhergelaufen, die um diese Zeit allesamt eine Verabredung auf dem Markusplatz zu haben schienen. Die Touristen folgten den kleinen hölzernen Hinweisschildern, auf denen die wichtigsten Sehenswürdigkeiten aufgeführt waren, Piazza San Marco, Prokuratien, Ponte dei Sospiri. Ich folgte den Touristen, amüsiert und ein wenig überheblich. Zu irreal erschien mir dieses Venedig, eine Theaterkulisse, eine Unmöglichkeit, so seltsam, so bezaubernd kann kein wirklicher Ort sein. Ich lief über die Brücke des Canal Grande hinweg mit ebender Selbstverständlichkeit, die mir bei meiner Ankunft so lächerlich erschienen war, der Kanal war waschwasserblau, das Licht jetzt schwindend, die Palazzi am Ufer zogen sich in den Schatten zurück. Alles erschien mir undeutlich, milde, vielleicht war es aber auch nur das Wassergeräusch, die Dämmerung. Ich bog in die Gassen von San Polo ein, ich fühlte mich geschützt, ich war ja nicht alleine, irgendwo hier, in der nächsten Gasse, hinter der nächsten Brücke, waren meine Eltern, eine merkwürdige, schöne Vorstellung. Aus allen Gassen strömten die Menschen, mir schien kein einziger Venezianer darunter zu sein. Die Touristen liefen schneller und schneller, ich rannte fast, und dann blieben alle mit einem Mal stehen und seufzten – *Rialtobrücke!* Ich blieb ebenfalls stehen, ich konnte gar nicht anders. Ich lehnte mich an das Brückengeländer, die Brückensteine erstrahlten weiß, und das Licht der Straßenlaternen spiegelte sich in blauen und goldenen Streifen im Wasser. Meine Überheblichkeit war dahin, meine Skepsis auch. Ich stand unter all den anderen und dachte unbeholfen und glücklich »Wie schön ist Venedig« und dachte das so lange, bis ich spürte, dass der Tourist neben mir seine Hand in meinen Hosenbund geschoben hatte. Die Rialtobrücke war voller Menschen, die Touristen strömten nach rechts und links, sie drängten sich ans Brückengeländer und wieder weg, und ich hatte sehr wohl bemerkt, dass rechts von mir jemand einen besonders intensiven Blick auf das Wasser werfen wollte. Jetzt aber verstand ich, dass es gar nicht um diesen Blick ging, sondern um die verbotene Berührung einer Frau in der anonymen Masse, um mich. Die Hand, die sich in meinen Hosenbund schob, war kühl und erstaunlich selbstverständlich, so selbstverständlich, dass ich mich – eine Sekunde lang seelenruhig – ihrer Berührung hingab, bevor ich mich eindeutig entzog. Die Hand glitt von meiner Haut, nachsichtig und ohne Bedauern. Ich drehte mich um und sah dem Touristen ins erhitzte Gesicht, kein Tourist, ein Venezianer, ich war mir sicher, endlich ein Venezianer. Ich weiß nicht, in welchem Moment genau ich mich ihm entzog. Ich weiß nicht, ob er gerade erst angefangen hatte, sich mit mir zu beschäftigen, ob ich ihn entscheidend unterbrach oder ob er gar schon fertig war. Ich stieß ihn von mir weg, und sein Gesicht leuchtete auf, er fing meinen Blick und hielt ihn dreist zwei, drei Sekunden lang. Wir sahen uns direkt in die Augen, vermutlich war das der Höhepunkt seines Spiels, die letzte, süße Steigerung, und bevor ich hätte ausholen und ihn über diese Augen schlagen können, hatte er sich umgedreht und war in der Menge verschwunden.

Ich bin von Erlebnissen dieser Art bisher verschont geblieben, ich bin nicht empfindlich und eigentlich bereit, alle erdenklichen Phantasien zuzulassen, solange sie mir nicht zu nahe kommen. Der Venezianer auf der Rialtobrücke war mir nicht nur nahe, er war mir *wirklich* nah gekommen, dennoch gewann ich erstaunlich rasch meine Fassung wieder. Er war so schnell verschwunden, dass es sinnlos gewesen wäre, ihm hinterherzulaufen. Ich hätte auch nicht gewusst, was ich mit ihm hätte tun sollen, der Impuls, ihn zu schlagen, war einem verblüfften Staunen gewichen. Ich hatte das Gefühl, dass er einen Geruch hinterlassen hatte, einen unangenehmen, säuerlichen Geruch, der mir widerwärtiger erschien als seine Berührung, und ich bemerkte, dass ich mich mit beiden Händen am Brückengeländer festklammerte und sehr schnell atmete. Das schnelle Atmen erschien mir wie eine Gabe an ihn, die er nicht verdient hatte. Ich zwang mich, langsamer zu atmen, ich versuchte, etwas anderes zu riechen, das Lagunenwasser, die Abendluft, aber vielleicht roch in Venedig alles seltsam und brackig. Dann stieß ich mich vom Geländer ab und ging weiter, mir zitterten ein wenig die Knie. Ich drehte mich von Zeit zu Zeit um, weil ich das Gefühl hatte, er sei zurückgekehrt und liefe hinter mir her, aber er blieb verschwunden oder verbarg sich geschickt. Als ich auf dem Markusplatz ankam – ich war zehn Minuten zu spät –, hatte ich ihn fast vergessen.

Ich denke immer, wenn meine Eltern alt sind, will ich mit ihnen reisen. Vielleicht denke ich auch, wenn ich alt bin, will ich mit meinen Eltern reisen. Ich vergesse, dass sie schon jetzt alt sind, oder besser, ich verdränge es, ich denke, wir haben noch Zeit, ich verliere mein Zeitgefühl. Jedes Zusammentreffen mit meinen Eltern ist behaftet mit so etwas wie einer Unruhe. Hätte ich nichts Besseres zu tun, als mit meiner Mutter und meinem Vater auf dem Balkon zu sitzen und in dieser verfahrenen, gewohnten, unsinnigen Art und Weise mit ihnen zu sprechen? Sind da nicht andere Menschen, mit denen ich glücklicher wäre? Sitze ich hier nicht nur ihnen zuliebe? Und jeder Abschied ist begleitet von Reue und Traurigkeit, wie schön ist es doch eigentlich, mit ihnen zu sein, wie seltsam und wie vertraut. Und müsste ich nicht für immer zu ihnen zurückkehren, da ich von all dem anderen, vom ganzen Rest des Lebens doch nun ohnehin alles weiß? Ein neutrales Zusammensein, eines, in dem ich nicht unruhig, nicht reuig, nicht traurig bin, nicht auf dem Sprung und nicht bemüht, ihnen irgendetwas weiszumachen, gibt es selten. Warum wir auf dem Markusplatz so beieinandersitzen konnten, ein Vater, eine Mutter, ein erwachsenes Kind, nicht mehr und nicht weniger, kann ich nicht sagen.

Meine Mutter hatte darauf bestanden, ins Café Florian zu gehen, obwohl dort schon ein Mineralwasser 15 000 Lire kostete. Sie sagte »Wenn man in Venedig ist, muss man ins Café Florian gehen. Oder ins Quadri. Sonst war man nicht in Venedig.« Mein Vater bemerkte, dass er sich bisher in der Zuversicht gewiegt habe, schon zweimal in Venedig gewesen zu sein, wenn auch noch nie im Florian oder im Quadri. Hinter einem dichten Ring von Rucksacktouristen vermuteten wir richtig die auf der Piazza aufgestellten Tische des Florian. Die meisten waren leer, wir setzten uns an einen Tisch, der am Rand stand, was den Vorteil hatte, nicht auf dem Präsentierteller zu sein, wie meine Mutter befand. Während wir lange auf die Bedienung warten mussten, konnten wir sehen, wie ein Kellner die Leute vertrieb, die sich nur gesetzt hatten, weil sie sich ein wenig ausruhen wollten. Um einen solchen Verdacht wenigstens im Nachhinein zu entkräften, drang meine Mutter darauf, doch nicht den billigsten Rotwein zu bestellen, mein Vater gab nach. Der Kellner stellte gnädig ein Schälchen Oliven vor uns ab. Wir stießen mit dem Rotwein an. »Alles Gute zum Geburtstag, mein altes Kind«, sagte meine Mutter zärtlich, mehr nicht, dafür war ich ihr dankbar. »Ja«, sagte mein Vater. Die Kapelle des Florian spielte unter den Arkaden »My Way«. Die uns umringenden Touristen sangen mit, meine Mutter sagte tonlos »Amerikaner«. Nachdem unsere Kapelle verstummt war und vom Quadri auf der anderen Seite der Piazza »Moon River« herüberzuwehen begann, zogen die meisten Leute weiter. Der Markusdom wurde sichtbar, mein Vater verschob seinen Stuhl, um ihn besser betrachten zu können, meine Mutter sagte »Ich bleibe hier sitzen«, ich glaube, sie empfand das Verhalten meines Vaters als eine Art Unhöflichkeit gegenüber dem Florian. Wir sagten lange nichts. Ich sah zwischen beiden hin und her und folgte mal dem Blick meines Vaters, dann wieder dem Blick meiner Mutter, der unschlüssig zu den erleuchteten Fenstern des Quadri ging. »Das Kind ist gestern dreißig Jahre alt geworden«, sagte sie unvermittelt und vorwurfsvoll zu meinem Vater. Mein Vater machte einen seiner fragendsten Gesichtsausdrücke. »Manchmal«, sagte sie zu mir, »sagt dein Vater stundenlang gar nichts, wenn ich ihn nicht nach diesem und jenem frage. Aber du musst mal sehen, wie er die Augen schließt, wenn ich Barock sage, und es ist nicht Barock. Er weiß alles, und ich weiß nichts«, ihre Stimme klang fast triumphierend. Ich dachte »So ist das, wenn meine Eltern reisen«, ich dachte an Korsika, an das Geburtstagsbuch im Küchenschrank eines verschlossenen Zimmers am Strand, an den, der fort war, an den, der kommen würde oder auch nicht, mir konnte ja nichts mehr geschehen. Dann wurde es kühl, wir bezahlten und gingen, ich war ein wenig betrunken oder auch nur entspannt, ich hakte mich bei meinen Eltern ein, die wussten, wo die Vaporettostation, der Bahnhof, das Hotel waren, sie beschützten mich, und, aber das wussten sie nicht, ich beschützte sie. Wir fuhren mit dem Vaporetto durch die nächtliche Stadt, unter den Brückenbögen hindurch über das Wasser, wir setzten uns an die Reling, ich saß in der Mitte. In einer Gruppe stand ein kleines Mädchen in einem Prinzessinnenkostüm, einem weißen Kleid mit Rosen geschmückt, ihr Körper war aufgebläht und ihre nackten Arme so dünn wie Stöcke, das Gesicht war alt, ernsthaft und schön. Sie hielt sich an der Hand eines Mannes fest, sie schien ein wenig ängstlich zu sein, ihre dunklen Augen waren weit aufgerissen. Als das Boot an der Accademia hielt, stieg sie würdevoll und majestätisch, in den Beinen einknickend, aus. Ich dachte an das unbehagliche Gefühl, das ich sonst oft habe, wenn ich mit meinen Eltern unterwegs bin, das Gefühl, aufzufallen, merkwürdig auszusehen, beobachtet und belächelt zu werden, *Freaks*, ich wartete auf dieses Gefühl, aber es kam nicht. Meine Mutter wies mich auf jeden möglichen Blick in ein geöffnetes Palazzofenster hin – »Sieh, der Brokat, die Lüster, die schimmernden Gläser. Dass da Menschen wohnen, kann man sich kaum vorstellen«. Ich wusste, dass mein Vater wünschte, sie würde nichts sagen, ich wünschte das in gewisser Weise auch, ich wusste, dass genau das eben meine Mutter war. »Als wir im Vaporetto durch die venezianische Nacht fuhren und du die ganze Zeit über quatschen musstest«, würde mein Vater sagen, später, sanft. Am Bahnhof stiegen wir aus, bedauernd, einen Moment lang noch schwankte der Boden unter meinen Füßen. Wir liefen die

Lista di Spagna entlang zum Hotel, es war Mitternacht, ich dachte an den Markusplatz, an die Tauben und daran, dass man ihn nur spät in der Nacht und früh am Morgen leer sehen konnte. »Es gibt einen Suizidaltourismus in Venedig«, hatte mein Vater einmal erzählt, »die Selbstmörder kommen extra nach Venedig gefahren und schießen sich dann morgens um fünf auf dem Markusplatz eine Kugel in den Kopf.« »Wie exzentrisch«, hatte meine Mutter gesagt, ich hatte »Und du?« gefragt, und mein Vater hatte gelacht, kurz, und gesagt »Zu alt«. Ich stellte mir vor, wie die Tauben auffliegen würden in der Stille nach dem Schuss, und dann stolperte meine Mutter und fiel fast hin. Wir hielten sie fest, ich sagte empört und erschrocken »Mama!« und zu meinem Vater »Du musst auf sie aufpassen!« Mein Vater sagte: »Sie fällt sonst alle zwei Minuten«, und meine Mutter wehrte verlegen und kindlich unsere stützenden, beruhigenden, ängstlichen Hände ab. Ich zeigte ihnen kurz mein Hotel, verhinderte, dass sie sich das Zimmer anschauten und dem Portier Anweisungen für mich erteilten, und brachte sie bis zu ihrer Pension. »Also holen wir dich morgen um halb acht zum Frühstück ab«, sagte mein Vater und verschwand sofort und ohne sich weiter zu verabschieden oder noch einmal umzudrehen in der Tür, er fand solche Abgänge schon immer amüsant. Ich küsste meine Mutter und sagte mehrmals hintereinander »Und passt bei der Treppe auf!«, ich unterdrückte den Wunsch zu sagen »Kann ich nicht mitkommen, kann ich nicht heimlich mit hinaufschleichen und mich mit in euer Bett legen, bitte«, dann ging auch sie. Ich wartete vor dem Fenster meiner Eltern, bis das Licht anging, ich wartete, bis es wieder ausging, zwanzig Minuten später. Mein Vater betrat noch einmal vorsichtig den Balkon, er zündete sich eine Zigarette an, er hatte seine Brille abgesetzt, ich war mir sicher, dass er mich nicht sehen konnte. Ich dachte daran, ihn zu rufen, ihm noch einmal »Gute Nacht« zu wünschen, aber dann drehte ich mich um und ging weg.

Ich trank einen letzten Wein im Café am Platz, vor der Kirche hatten Schwarzafrikaner imitierte Luxustaschen ausgebreitet, sie trugen Trachten, schienen zu frieren und verkauften, solange ich saß, keine einzige Tasche. Dann ging ich ins Hotel, an der leeren Rezeption vorbei in mein Zimmer, in dem ich, als ich es verlassen hatte, das Nachttischlicht hatte brennen lassen. Aus dem Hinterhofschacht drang noch immer das Scharren und Kratzen, nicht beunruhigend jetzt, eher einschläfernd, ich rauchte eine letzte Zigarette, dann schlief ich ein.

Am Morgen klopfte der Portier an die Tür und rief mehrmals streng »Mamma e Papà!«, es dauerte eine ganze Weile, bis ich begriff, dass ich nicht träumte. Ich sprang aus dem Bett und riss die Tür auf, der Portier stand dicht davor und zuckte zurück, dann sagte er noch einmal, sehr langsam und betont, »Mamma e Papà«, deutete nach draußen, drehte sich um und verschwand. Ich packte so schnell wie möglich meine Sachen zusammen, ich befürchtete, meine Eltern in hitzigen Verhandlungen über den von ihnen herausspionierten Zimmerpreis vorzufinden, aber als ich an die Rezeption kam, standen sie scheinbar versunken in den Anblick eines kleinen Gemäldes, das neben der Eingangstür hing, und bemerkten mich nicht. Ich bezahlte so unauffällig wie möglich und beobachtete sie, mein Vater erzählte leise etwas und deutete mit dem Zeigefinger, meine Mutter betrachtete aus den Augenwinkeln die Teppiche, Zierleisten, Vorhangdraperien und Zimmerpalmen, dann drehte sie sich plötzlich nach mir um und sagte übergangslos »Das Kind ist aufgestanden«. Ich verabschiedete mich übertrieben höflich von dem Hotelportier, ich hatte den Wunsch, er möge sich unter all den Gästen an uns erinnern, an mich, an Mamma e Papà, die so schön und einig vor seinem kleinen Gemälde herumgestanden und auf das verschlafene Kind gewartet hatten, aber der Portier blieb mürrisch und abweisend, und dann gingen wir und traten hinaus auf die Straße. Es war kurz vor acht, das Licht war hell und der Himmel weiß, die Straße war so leer und still, über den Platz vor der Kirche rannten Kinder in Schuluniformen, verschwanden in einer Gasse; ich hatte nicht gedacht, dass es in Venedig eine Schule, Kinder, überhaupt irgendeine Art von normalem Leben geben könnte. Die Souvenirläden waren noch geschlossen, vor den Cafés stellten die Kellner ihre frisch gewischten Tische auf und rückten die Stühle zurecht, junge Frauen in engen Kostümen und mit schmalen Aktentaschen unter dem Arm liefen eilig auf hohen Absätzen über das Pflaster, es war kein einziger Tourist zu sehen. Sachte schaukelten die leeren Gondeln an der Stazione Ferrovia Bar Roma. Wir setzten uns in ein Café vor dem Bahnhof und bestellten Kaffee und Croissants, ich erwartete nicht, dass mein Vater nach seiner Erläuterung des Gemäldes im Hotel schon wieder reden würde, und also redete ich mit meiner Mutter, und wir besprachen das, was sie »das Praktische« nannte – mein Rückfahrticket, meine Telefonrechnung, meine Schwestern, die Balkonpflanzen ihrer Wohnung in der Stuttgarter Straße. »Ich hoffe«, sagte meine Mutter, »dass deine Schwestern sie auch nur ein einziges Mal gegossen haben, dann könnten sie überlebt haben.« Mein Vater rauchte und sah mit gesenktem Kopf auf das Wasser. Ich mochte es, mit meiner Mutter diese Art von Gesprächen zu führen, ich mochte auch die Formulierung »deine Schwestern«, sie ehrte mich auf eine seltsame Art und Weise. Wir waren die ersten Gäste im Café, der Kellner hatte uns mit Schwung und morgendlicher Energie die Stühle an den Tisch gestellt, jetzt brachte er den Kaffee, nach dem ich ein gut gelauntes Verlangen hatte. Ein zweiter Gast setzte sich an den Tisch neben uns. Ich sah flüchtig auf und wieder weg und dann wieder hin, und in dem Maße, in dem sich in meinem Gesicht ein entsetztes Erkennen abgezeichnet haben muss, zeigte sich im Gesicht dieses Gastes die hellste, freudigste Überraschung. Der, der sich da jetzt zurechtsetzte, einen Espresso bestellte und offenbar mit einem Blick die Situation erkannte, war der Venezianer von der Rialtobrücke. Er saß im Rücken meiner Eltern, sie konnten ihn nicht sehen, sie hatten, glaube ich, noch nicht einmal bemerkt, dass sich jemand hinter sie gesetzt hatte. Ich weiß nicht, ob er an gewissen familiären Ähnlichkeiten oder an der Art und Weise, wie wir da zusammensaßen, erkannte, dass es meine Eltern waren – wie auch immer, er verstand die Situation. Er verstand, dass ich verloren und wehrlos war und dass ich mich ihm um meiner Eltern willen ausliefern würde.

Er bekam seinen Espresso, trank ihn mit einem Zug aus, zündete sich eine Zigarette an und versenkte die freie, rechte Hand in der Hosentasche. Die Straße war noch immer fast leer, der Kellner verschwunden. »Du musst deine Immatrikulationsbescheinigung noch einreichen«, sagte meine Mutter streng, mein Vater blätterte schon wieder in seinem zerlesenen Reclamheftchen herum. Ich hielt mich an meiner Kaffeetasse fest, ich hätte auch gerne geraucht, alles in der Welt hätte ich gegeben, um jetzt rauchen zu können, aber nicht gleichzeitig mit dem Venezianer. Der Venezianer arbeitete sich voran, ich verschränkte die Arme vor der Brust, drehte den Kopf weg, presste die Beine zusammen, ein Vaporetto dröhnte an der Anlegestelle, der Kellner, weit weg, klapperte mit dem Geschirr, der Kaffee schmeckte bitter, Möwen stießen über das Wasser, die Kirchturmuhr San Geronimo schlug einmal, zweimal. »Ich würde gerne den Giorgione sehen in der Accademia«, murmelte mein Vater, meine Mutter bestellte die Rechnung, das Croissant zerbrach zwischen ihren Fingern. Als ich klein war, bekam ich, wenn ich Fieber hatte, Erdbeeren, zu jeder Jahreszeit gelang es meiner Mutter, Erdbeeren zu kaufen, die sie klein schnitt, zuckerte und mir in den Mund steckte, Stück für Stück. »Du gibst aus Unsicherheit und demütiger Höflichkeit immer ein viel zu hohes Trinkgeld«, sagte mein Vater zu meiner Mutter, und sie lächelte mich an, ich dachte *aqua alta*, warum auch immer, *aqua alta*, Hochwasser, im Herbst und im Winter ist diese Stadt überschwemmt, und irgendwann wird sie ganz versinken. »Hörst du uns zu?«, fragte mein Vater. »Ja«, sagte ich, »ja doch, ich höre euch zu«, mein Herz schlug heftig, der Venezianer legte den Kopf in den Nacken. Lautlos, endlich. Er nahm die Hand aus der Hosentasche. Dann bezahlte er seinen Espresso, sagte »Grazie«, zum Kellner, nicht zu mir, und ging.

Sind wir in der Accademia gewesen? Haben wir Carpaccio und Tintoretto und Veronese und Tizian gesehen? Die heilige Ursula, den heiligen Markus, den heiligen Rochus, den heiligen Georg. Habe ich mit meiner Mutter vor der Accademia auf meinen Vater gewartet, der lange nach uns herauskam und verweint aussah, hatten wir Postkarten gekauft zum Beweis unserer Besichtigung? Saßen wir am Wasser, an der Santa Maria della Salute, so schön und so weiß, und unsere Beine baumelten über die Kaimauer? Als wir aufstanden, taumelte ich, und meine Eltern griffen nach mir wie nach einer Greisin, eine Geste, die mich wütend machte, daran erinnere ich mich. Wege über Brücken, durch Gassen, über Brücken, am Wasser entlang und zurück. »Wir kaufen dir Reiseproviant«, sagte meine Mutter, die es liebt, in fremden Städten fremde Lebensmittel einzukaufen; ich habe mit meinem Vater vor einem venezianischen Feinkostgeschäft auf meine Mutter gewartet, die, nach Stunden schien es, endlich wieder herauskam und glücklich aussah. Der kurze, unwillige, neugierige Blick an einem Kiosk auf die Schlagzeile einer deutschen Zeitung vom vorigen Tag. Gondeln, die durch das Wasser gleiten, Japaner darin, Amerikaner, flach liegend, wie tot. »Möchtet ihr auch mal in so einer Gondel fahren?«, fragte ich meine Mutter. »Ja«, sagte sie und sah zu meinem Vater hin, »ich würde schon gerne, aber wir können uns das nicht leisten.« Die Glockenschläge von Santa Maria della Pietà, Santa Maria Assunta, Santa Margherita, Santa Corona. »Das Licht«, sagte mein Vater, »das Licht, ist dir am Licht irgendetwas aufgefallen?«

Meine Eltern haben mich zum Bahnhof gebracht. Sie haben gewartet, bis der Zug fuhr, wir haben eine Zigarette zusammen geraucht, sie haben nicht »Willst du noch bleiben?« gefragt, hätten sie gefragt, ich wäre geblieben. Sie selber wollten noch drei Nächte in Venedig verbringen, dann vielleicht in die Schweiz, vielleicht nach Österreich fahren, mein Vater wollte die Berge sehen, die Alpen, »Eine Bergwanderung möchte ich machen«, sagte er, meine Mutter verdrehte die Augen. Immer wieder las ich das Bahnhofsschild Stazione Ferrovia Santa Lucia, mir war schwer ums Herz, ich sagte »Schreibt Karten, passt auf euch auf, kommt heil zurück, bald«. Als der Zug anfuhr, hatte meine Mutter die Hand meines Vaters ergriffen. Die Türen schlugen zu, sie winkten, ich konnte nicht umhin zu denken, wenn ich sie das letzte Mal gesehen haben sollte, dann so, Hand in Hand auf dem Bahnhof von Venedig stehend, an einem Nachmittag im Juli 1999. Der Zug war leer, ich setzte mich in ein Abteil, zog die Vorhänge zum Gang zu, setzte mich ans Fenster, draußen glitt die Lagune vorbei. Ich öffnete die Tüte, die meine Mutter mir gegeben hatte, Brot, Schafskäse, Oliven, Äpfel, ein venezianischer Löwe aus Schokolade. Ich aß das Brot und den Käse und versuchte dann einzuschlafen. Irgendwann hielt der Zug auf freier Strecke, auf einer grünen, mit Butterblumen übersäten Wiese, die unzweifelhaft nach Deutschland oder Österreich aussah, er blieb einfach stehen. Ich öffnete das Fenster und sah hinaus, weit und breit war kein Bahnsteig zu sehen, nur diese Wiese im Abendlicht vor schon dunklen Bergen. Einige Passagiere stiegen aus und setzten sich ins Gras, es schien länger zu dauern, bis der Zug weiterfahren würde. Im Abteil war es kühl, aber draußen schien es wirklich warm zu sein, die Luft flimmerte über der Wiese. Ich stand auf und stieg ebenfalls aus. Es war still und friedlich, niemand schien sich über die Unterbrechung der Reise aufzuregen. Ich befürchtete anfangs, der Zug würde plötzlich wieder anfahren, zu schnell, um einsteigen zu können, es hatte etwas Riskantes, über die Wiese zu gehen, sich vom Zug zu entfernen, sich nach ihm umzudrehen, er stand so still in dieser Landschaft. Im Schatten der Bäume hatte sich ein Paar wie zu einem abendlichen Picknick hingesetzt, sie waren mir schon auf dem Bahnhof in Venedig aufgefallen, weil sie alle beide ungeheuer dick waren und einander nicht losließen, geradezu niemals losließen. Sie waren Arm in Arm sehr umständlich eingestiegen, hatten sich aneinandergeklammert durch den Gang bewegt, saßen jetzt Hand in Hand, zwei riesige Kinder, unter dem Baum. Ich ging auf sie zu, sie begrüßten mich freundlich und antworteten mir auf meine Frage nach dem Grund für diesen Zwischenhalt ausführlich und höflich. Wir stünden kurz hinter der italienischen Grenze, irgendwo oben in den Bergen sei ein Drachenflieger abgestürzt und in die Leitung gefallen, der Schaden würde jetzt behoben und der Zug könne erst weiterfahren, wenn die Leitung repariert sei, vielleicht in ein bis zwei Stunden. Sie hatten fast gleichzeitig und einander immerzu liebevoll unterbrechend und ergänzend gesprochen, jetzt machten sie eine kleine Pause. Ich war mir nicht sicher, ob ich etwas zu der Verspätung sagen oder den Absturz des Drachenfliegers bedauern sollte. Ich dachte darüber nach, ob dieser Drachenflieger den Sturz überlebt hatte oder ob er zwangsläufig daran gestorben war, ich hätte sie das gerne gefragt, aber irgendwie erschien es mir unschicklich. Ich schwieg, und sie schwiegen auch. Und dann fingen sie wieder an zu sprechen und erzählten mir, dass sie auf ihrer Hochzeitsreise seien und dass diese Hochzeit vom Pech verfolgt sei. Der Pfarrer sei kurz vor der Andacht vom Schlaganfall getroffen worden, ein Auto voller Hochzeitsgäste gegen einen Baum gefahren und das Wirtshaus, in dem die anschließende Feier hätte stattfinden sollen, abgebrannt. Ihnen aber gehe es gut. Dass sie den Drachenflieger in ihrer Aufzählung der Unglücksfälle nicht erwähnten, hielt ich für pietätvoll und ging also davon aus, dass er tot sei, in irgendeiner Leitung hing mit gebrochenen Flügeln. Ich saß noch eine Weile bei ihnen unter dem Baum, wir lächelten uns von Zeit zu Zeit beruhigend an, und sie streichelten einander unaufhörlich. Irgendwann stand ich auf und lief zum Zug zurück. Als es schon fast dunkel war, gingen die Schaffner herum und baten, wieder einzusteigen, man würde jetzt weiterfahren. Alle erhoben sich und stiegen in den Zug, langsam, fast zögerlich und so, als wären sie gerne noch ein wenig geblieben. Die Berge waren jetzt schwarz. Die Türen schlossen sich, ich ging in mein Abteil zurück und ließ, als der Zug wieder anfuhr, noch eine Weile das Fenster offen, die Luft, die hereinströmte, war warm. Erst viel später, Monate später, habe ich gedacht, dass wir auf dieser Wiese vor dem Zug und im Abendlicht vier Stunden lang wegen eines Toten gewartet hatten und dass wir, vielleicht zu Ehren und zur Andacht dieses Toten, so still und friedlich und geduldig gewesen waren. An meine Eltern habe ich dabei nicht gedacht. Sie sind auch aus Venedig noch einmal zurückgekehrt.

HANS-ULRICH TREICHEL

Auf der Suche nach Venedig

Venedig soll man sich vom Meer aus nähern. Wir wollen es wie Goethe machen, der in Padua aus der Kutsche stieg, um von dort aus am 28. September 1786 »auf der Brenta, mit dem öffentlichen Schiffe, in gesitteter Gesellschaft« nach Venedig weiterzureisen. Als wir uns in der Touristeninformation nach den Schiffsverbindungen erkundigen, sagt uns die zuständige Dame, dass ihres Wissens noch niemand auf der Brenta nach Venedig gereist sei. Wir brauchten nur ein paar Hundert Meter aus dem Bahnhof heraus und in Richtung Zentrum zu gehen, dort könnten wir mit eigenen Augen sehen, wie es mit dem Schiffsverkehr auf der Brenta bestellt sei. Wir machen uns auf den Weg und erreichen nach einigen Hundert Metern eine Brücke, bei der es sich um die Brentabrücke handeln muss. Unter uns liegt der trübe Strom, schlammig und müde bewegt er sich vorwärts, über Sandbänke und Grasbüschel hinweg. Am Ufer des Flusses ist ein Holzschiff vertäut, das vielleicht einmal ein Passagierschiff gewesen ist, nun aber als Müllkippe dient und von zahlreichen halb verwilderten Katzen bewohnt wird. Ratlos und trostbedürftig suchen wir die nahe gelegene Scrovegni-Kapelle auf, die wegen ihrer Giotto-Fresken zu den bedeutendsten Kunstschätzen Italiens zählt. Am Ausgang der Kapelle kommen wir mit einem deutschen Kunsthistoriker ins Gespräch, der uns darüber aufklärt, dass Goethe nicht auf der Brenta nach Venedig gereist war, sondern auf dem sogenannten Naviglio del Brenta, dem Brentakanal. Zwar habe Goethe in seiner »Italienischen Reise« immer nur von der Brenta gesprochen, in Wahrheit habe er aber den Brentakanal gemeint. Diese Nachlässigkeit Goethes habe ungeahnte Folgen bis heute, denn wir seien nicht die Ersten, die auf der Brenta nach Venedig reisen wollten und die nicht wüssten, dass man nur auf dem Brentakanal nach Venedig reisen kann. Hunderte, ja Tausende von deutschen Touristen, speziell aus dem akademischen Milieu, sagt der Kunsthistoriker, wollten Jahr für Jahr von Padua aus auf der Brenta nach Venedig reisen, und nur die wenigsten von ihnen würden irgendwann begreifen, dass man nur auf dem Brentakanal nach Venedig reisen könne. Auf der Brenta könne man allerdings nach Chioggia reisen, aber nach Chioggia wolle natürlich niemand, obwohl Chioggia so etwas wie ein kleines Venedig sei. Aber die meisten wüssten ja nicht einmal, wie man Chioggia ausspricht, er habe da schon die seltsamsten Lautgebilde gehört, und dies speziell bei Leuten aus dem akademischen Milieu, die sich ja in der Regel einiges auf ihre Italienischkenntnisse einbildeten.

Nachdem wir dem leicht erregbaren Mann noch einige Zeit Gelegenheit gegeben haben, sich über Italienreisende sowohl im Allgemeinen als auch speziell aus dem akademischen Milieu auszulassen, belohnt er uns mit der Information, dass man von einem Ort namens Strà aus den Brentakanal befahren könne. Wir danken dem Mann, bleiben über Nacht in Padua und fahren am nächsten Morgen mit dem Bus nach Strà, wo wir ein Schiff besteigen, das uns nach Venedig bringen soll. Allerdings handelt es sich hierbei nicht um ein Linienschiff, sondern um einen Ausflugsdampfer, sodass wir gezwungen sind, uns mehrere der berühmten Brentavillen anzusehen, von denen sich die meisten dadurch auszeichnen, dass sie gar nicht an der Brenta liegen, sondern im Hinterland versteckt oder aber durch eine stark befahrene Straße vom Ufer des Kanals getrennt sind. Einzig die von Palladio erbaute Villa Malcontenta liegt direkt am Wasser, gehört aber trotz ihrer bedeutenden Settecento-Fresken nicht zum Besuchsprogramm des Ausflugsdampfers und lässt einige äußerst unzufriedene Touristen zurück. Wohl wird die Unzufriedenheit durch einige schöne, grün geschwungene Passagen gemildert, die der Kanal seinen Besuchern gönnt, sonst aber führt die Fahrt durch eine eher zersiedelte und zuweilen auch ganz und gar trostlose Landschaft. Je näher wir Venedig kommen, umso düsterer wird das Bild: Lagerhallen und Schrottplätze säumen das Ufer, Kräne, Bagger und Baumaschinen, allesamt nicht mehr verwendungsfähig, stehen wie traurige Rieseninsekten auf dem Ufergelände, dazwischen kleine Gartengrundstücke, verwildert und verlassen, und am Ende, wo der Brentakanal breiter wird, seine Mündung erreicht und übergeht in das dunkle Gewässer der Lagune, sehen wir die Schlote, die Tanks und Fabrikgebäude der Industriestädte Marghera und Mestre. Nun schweigt auch die Reiseleiterin, die während der Kanalfahrt die meiste Zeit in ein Mikrofon gesprochen hatte. Wobei sich ihre Erklärungen auf die Worte »wunderschöne Fassade« und diverse Jahreszahlen beschränkten, dies allerdings in drei Sprachen. Erst als das Schiff eine Wendung macht und in den Giudeccakanal einbiegt, steigen die Kuppeln und Türme von Santa Maria della Salute, von San Giorgio Maggiore und der Kirche Redentore aus der Tiefe der Lagune vor uns auf, und irgendwann erblicken wir auch den Markusplatz und die wie auf Pfählen erbaute säulendurchbrochene Fassade des Dogenpalastes. Die Reiseleiterin hat ihre Mikrofondurchsagen wiederaufgenommen, die meisten der Passagiere sind an Deck gestürmt und fotografieren so lange, bis das Schiff erneut wendet und den Giudeccakanal wieder verlässt. Es legt nicht am Markusplatz an, und wir brauchen nicht, wie einst der Dichter Platen, zurückzuschrecken vor dem letzten, entscheidenden Schritt in die überirdisch strahlende Helle des berühmten Platzes. Das

Schiff fährt stattdessen zum Großparkplatz auf dem sogenannten Tronchetto, wo ein Bus für alle diejenigen bereitsteht, die zurück nach Strà oder Padua wollen. Venedig soll man sich vom Meer aus nähern. Wir haben es versucht und nähern uns nun der Lagunenstadt vom Busparkplatz aus, von wo uns ein Dampfboot zum Bahnhof bringt. Wir sind müde. Wir sind traurig. Wir haben den Busparkplatz gesehen und stehen nun mit vielen anderen Touristen, die ebenfalls müde scheinen und traurig, auf den Stufen vor dem Bahnhof. Wir nehmen ein weiteres Dampfboot, wir haben schon Routine, das Dampfboot ist überfüllt. An der Accademia steigen wir aus und gehen in unsere Pension. Die Pension liegt an einem kleinen Kanal, der schon nach wenigen Metern in den Canal Grande einmündet. Gemüsetransporter und Ambulanzboote, Taxen und die Boote der Stadtverwaltung, alle kommen sie unseren kleinen Kanal herauf, um ebendort, wo wir Quartier genommen haben, auf die Hupe zu drücken, Sirenen und Hörner erklingen zu lassen und dann einzubiegen in die Prachtstraße des Canal Grande. Venedig kann nicht nur sehr kalt, es kann auch sehr laut sein. In der Pension wird gebaut. Die Pension wird instand gesetzt. Es sind fleißige Maurer, die die Pension instand setzen. Sie arbeiten am Morgen, sie arbeiten am Abend, und sie arbeiten auch in der Mittagszeit. In ganz Venedig, hören wir später, werde repariert oder instand gesetzt. Endlich geschieht etwas, sagen die venezianischen Freunde und laden uns auf den Lido ein, wo wir ein Umkleidehäuschen benutzen und uns wie die berühmten Reisenden der Jahrhundertwende fühlen dürfen. Doch anders als diese begnügen wir uns nicht mit dem Blick auf das Meer und dem Weg zwischen Strand und Hotel. Wir mieten ein Fahrrad und fahren den Lido hinunter und begreifen erst jetzt, dass der Lido kein Strand, sondern ein Stadtteil ist, auf dem sogar Autos verkehren. Lastwagen und Busse drücken uns an den Rand der großen Straße, die nach Malamocco und weiter bis Pellestrina führt.

In Pellestrina erwartet uns ein Fischrestaurant, es wird von Freunden unserer venezianischen Freunde betrieben. Der Fisch bleibt ungegessen, denn die Venezianer sind schlechte Autofahrer, sodass wir um unser Leben fürchten und uns in die Seitenwege schlagen, auf der Flucht vor dem Verkehr. Wir erreichen das Meer, das von einem Damm aus Beton gesäumt ist, breit genug, um darauf Fahrrad zu fahren. Wir radeln auf dem Damm zurück, vorbei an Maisfeldern, Gärten und den gegen das Meer gerichteten Bunkern: tief in den Boden eingelassene Abwehrstellungen, mit schmalen Seh- und Geschützöffnungen versehen und mit schweren Eisentüren noch immer gesichert. Der Feind ist nicht zu sehen, das Meer liegt still und friedlich zu unseren Füßen. Wir verlassen die Betonmauer, wischen uns den Schweiß aus dem Gesicht, stellen die Räder ab und gehen ins Hôtel des Bains. Der Portier empfängt uns höflich, das Hotel ist leer. Wir sind, so scheint es, die einzigen Gäste, setzen uns in die riesige, holzgetäfelte Halle und trinken Tee. Der Tee wird in Beuteln serviert, doch wir beklagen uns nicht. Wir sehen Gustav Aschenbach, wir sehen den Knaben Tadzio und die schöne Silvana Mangano. Wir hören Motorengeräusch und Stimmengewirr. Ein Bus hält vor dem Portal des Hotels. Eine Reisegruppe stürmt in die Halle. Das Hôtel des Bains ist gerettet.

Ein Gewitter entlädt sich über der Lagune, während wir den Lido verlassen, und das Dampfboot kämpft sich durch Sturm und Wellen und Gischt. Nach dem Gewitter ist die Luft mild und klar, das Wasser der Lagune liegt nun wie eine dunkelblaue Samtdecke unter einem vom Abendrot schon leicht entflammten Himmel. Die Gassen und Plätze sind menschenleer, ein wichtiges Fußballspiel hält die Venezianer in den Häusern fest. Wir sind fast die einzigen Passanten, es ist still in den Gassen, nur gelegentlich hören wir aus den dunklen Fenstern ein kollektives Stöhnen, einen gemeinschaftlichen

Aufschrei, und ein einziges Mal ein donnerndes Triumphgebrüll. Wir gehen zum Campo Santa Margherita, vorbei am Rio di San Barnaba, vorbei an einer alten Gondelwerft und am Gemüseboot. Der Gemüsehändler hat Gurken und Bohnen, Tomaten und Spinat mit einer Plane bedeckt und sich mit einem tragbaren Fernseher in die Kajüte zurückgezogen. Der Campo Santa Margherita ist ebenfalls leer. Ein paar Hunde streunen herum, es sind wohlerzogene Hunde, die wie alle Hunde Venedigs nicht mit einem ordinären Halsband versehen sind, sondern denen eine Art Zaumzeug umgelegt wird. Wie kleine Rösser gehen Venedigs Hunde umher, stolz, aber nicht glücklich, denn sie führen ein Leben ohne Bäume und müssen ihre Notdurft an Säulen, Brunnen und Denkmälern verrichten. Wir schlagen den Weg zur Frarikirche ein, ein einsamer Spaziergänger kommt uns entgegen. Er sitzt nicht vor dem Fernseher, führt auch keinen Hund aus, er geht allein und in Gedanken durch Venedig. Wir erkennen ihn, wir haben sein Bild in der Zeitung gesehen, es ist der Bürgermeister. Der Bürgermeister ist ein Philosoph, er geht langsam und ohne aufzuschauen, er denkt nach, vielleicht über Venedig, er ist, das wissen wir, ein komplizierter Denker. Die Venezianer verstehen ihn nicht, er ist ein Denker des Fragments, des Unausgesprochenen, er ist ein Philosoph der Stille und des Verschweigens. Seine Stirn ist in Falten gelegt, und wieder ertönt wildes Triumphgeschrei aus allen Fenstern, das jedoch sofort verstummt und verhallt in einem unheilvoll bitteren Schweigen. Abseits, denken wir, die Italiener sind in die Abseitsfalle gelaufen, und Abseits, denkt auch der Bürgermeister, Venedig sitzt in der Abseitsfalle.

Es wird Nacht in Venedig, die Menschen sind auf die Gassen zurückgekehrt, sie sind heiter, vielleicht hat ihre Mannschaft gewonnen, falls sie verloren hat, sind sie grundlos heiter, was von ihrer Lebenskunst zeugt. Wir schwimmen im Strom einer heiteren Menge, der Bürgermeister ist nach

Hause gegangen, wir gehen über das glänzende Pflaster des Campo San Tomà, plötzlich erschreckt uns ein Quietschen, und vor uns schlägt eine Ratte auf den Steinen auf, die sich noch einige Male um sich selbst dreht und dann ihr helles Bauchfell zum Himmel streckt. Wir beschleunigen unsere Schritte, die Ratte hat uns erschreckt, es wird Nacht, und nun erscheint uns Venedig gefährlich. Auf der Rialtobrücke herrscht noch der übliche Massenbetrieb, doch das Dampfboot, das uns über den Canal Grande zurück zur Pension bringt, hat nur noch wenige Passagiere. Wieder geht es vorbei an den großen Palästen, die jetzt schwarz sind, unheimlich und voller Geheimnisse. Nur selten sehen wir Licht, gelegentlich einen flackernden Kerzenschein, manchmal weht ein fadenscheiniger Seidenvorhang aus einem der Fenster heraus. Eine Gondel kommt uns entgegen, Schaukelstühle für Idioten hat der Futurist Marinetti die Gondeln genannt. Die Gondel ist beleuchtet. Ein einzelner Mann sitzt in dem schwarzen Kahn, er wird von einem Sänger begleitet, der hinter ihm steht, ein Mikrofon in der Hand hält und über eine mitgeführte Verstärkeranlage ein Lied singt, das klingt wie »Santa Lucia«. Der Mann in der Gondel schaut gelangweilt auf das Wasser, er scheint den Sänger nicht zu hören, obwohl die elektrisch verstärkte Stimme weit über die Wellen hallt. Vielleicht handelt es sich um einen Lotteriegewinn oder um eine Probefahrt für ein Reisebüro. Die Gondel verschwindet, wir sind allein auf dem großen Kanal und träumen davon, einen Schlüssel zu besitzen für die Paläste und heimlich in ihnen umherzugehen. Wir würden mit der Gondel durch eiserne Portale in verborgene Höfe fahren, wir würden vor verschwundenen Gemälden stehen, wir würden auf Gespensterbällen tanzen. Nein, sagen unsere venezianischen Freunde, ihr würdet modernisierte Eigentumswohnungen zu Gesicht bekommen, Architekturbüros würdet ihr sehen, Immobilienmaklern begegnen und gelegentlich einem amerikanischen Geschäftsmann, der aus Sentimentalitätsgründen oder Vergesslichkeit seine in den Sechzigerjahren erworbene Palastetage noch nicht wieder verkauft hat. Nein, sagen wir, das wollen wir nicht. Wir nehmen den wunderbaren Schlüssel und werfen ihn ins Wasser. Die Paläste bleiben verschlossen, Venedig gibt sein Geheimnis nicht preis, es liegt am Grunde des großen Kanals. Wir gehen zurück zur Pension und fallen, von Hupen, Hörnern und Sirenen begleitet, in den traumschweren venezianischen Schlaf.

WOLFGANG HILDESHEIMER

Das Ende einer Welt

Die letzte Abendgesellschaft der Marchesa Montetristo hat mir einen bleibenden Eindruck hinterlassen. Zu diesem Eindruck hat natürlicherweise auch der seltsame, beinahe einmalige Abschluss beigetragen. Schon dieser allein war ein Ereignis, das man nicht leicht vergisst. Wahrhaftig, es war ein denkwürdiger Abend.

Meine Bekanntschaft mit der Marchesa – einer geborenen Watermann aus Little Gidding, Ohio – beruhte auf einem Zufall. Ich hatte ihr durch Vermittlung meines Freundes, Herrn von Perlhuhn (des Abraham-a-Santa-Clara-Forschers, *nicht* des Neo-Mystikers), die Badewanne verkauft, in welcher Marat ermordet wurde, die sich – was vielleicht nicht allgemein bekannt ist – bis dahin in meinem Besitz befunden hatte. Spielschulden hatten mich gezwungen, einige Stücke meiner Kollektion zu veräußern. Ich geriet also, wie gesagt, an die Marchesa, die für ihre Sammlung von Waschutensilien des achtzehnten Jahrhunderts gerade dieses Gerät schon lange gesucht hatte. Wir trafen uns zum Tee, einigten uns nach kurzem, höflichem Handeln über den Preis der Wanne, und dann geriet unser Gespräch in die Bahn solcher Themen, wie Sammler und Kenner sie vielfach gemeinsam haben. Ich bemerkte, dass ich durch den Besitz dieses Sammlerstückes in ihren Augen ein gewisses Prestige gewonnen hatte, und war daher nicht erstaunt, als ich eines Tages zu einer ihrer berühmten Gesellschaften in ihrem Palazzo auf der künstlichen Insel San Amerigo geladen wurde.

Die Insel hatte sich die Marchesa einige Kilometer südöstlich von Murano aufschütten lassen, einer plötzlichen Eingebung folgend, denn sie verabscheute das Festland – sie sagte, es sei ihrem seelischen Gleichgewicht schädlich –, und unter dem bereits vorhandenen Bestand an Inseln hatte sie keine Wahl treffen können, zumal da der Gedanke, sie mit jemandem teilen zu müssen, ihr unerträglich war. Hier nun residierte sie und widmete ihr Leben der Erhaltung des Altbewährten und der Erweckung des Vergessenen oder, wie sie es auszudrücken beliebte, der Pflege des Echten und Bleibenden.

Auf der Einladungskarte war die Gesellschaft um acht Uhr angesetzt, aber die Gäste wurden nicht vor zehn Uhr erwartet. Überdies erforderte es die Sitte, dass man in Gondeln kam. Auf diese Weise dauerte die Überfahrt zwar beinahe zwei Stunden, war zudem bei bewegtem Seegang beschwerlich, wenn nicht gar gefährlich – und in der Tat hatte schon mancher Gast sein Ziel nicht erreicht, dafür ein Seemannsgrab gefunden –, aber nur ein Barbar hätte an diesen ungeschriebenen Stilregeln gerüttelt, und Barbaren wurden niemals eingeladen. Ein Kandidat, dessen allgemeiner Habitus auch nur die geringste Scheu vor den Tücken einer solchen Überfahrt verraten hätte, wäre niemals in die Gästeliste aufgenommen worden. Es erübrigt sich zu sagen, dass sich die Marchesa in mir nicht getäuscht hatte – wenn ich auch, am Ende des Abends, in ihren Augen versagt haben mag. Diese Enttäuschung indessen hat sie nur um wenige Minuten überlebt, und das tröstet mich.

Den Prunk des Gebäudes brauche ich nicht zu schildern; denn außen war es eine genaue Replika des Palazzo Vendramin, und innen waren sämtliche Stilepochen von der Gotik an vertreten, aber natürlich nicht verwoben; eine jede hatte ihren eigenen Raum; des Stilbruchs konnte man die Marchesa wahrhaftig nicht beschuldigen. Auch der Luxus der Bewirtung sei hier nicht erwähnt: Wer jemals an einem Staatsbankett in einer Monarchie teilgenommen hat – und an solche wende ich mich ja in der Hauptsache –, weiß, wie es zuging. Zudem ist es wohl kaum im Sinne der Marchesa und ihres Kreises, bei schwelgerischer Erinnerung kulinarischer Genüsse zu verweilen, vor allem hier, wo es gilt, die letzten Stunden einiger illustrer Köpfe des Jahrhunderts zu beschreiben, deren Zeuge zu sein ich, als einzig Überlebender, das Glück hatte, ein Glück, welches mir aber auch eine gewisse Verpflichtung auferlegt.

Nachdem ich mit der Gastgeberin einige Höflichkeiten getauscht und ihre Meute langhaariger Pekinesen gestreichelt hatte, die niemals von ihrer Seite wich, wurde ich der Dombrowska vorgestellt, einer der wirklich großen Doppelbegabungen ihrer Zeit. Denn nicht nur darf die Dombrowska als die wahre Erneuerin des rhythmischen Ausdruckstanzes gelten, einer Kunstgattung, die unter ihren Füßen zu einem mystischen Vollzug wurde, die aber leider mit ihr so gut wie ausgestorben ist (ich erinnere an Basiliewkys Wort: »Es gibt keinen Tanz, es gibt nur Tänzer!«), sondern sie war auch die Verfasserin des Buches »Zurück zur Jugend«, welches, wie der Titel schon besagt, sich für die Rückkehr zum Jugendstil einsetzt und inzwischen – das brauche ich wohl kaum zu erwähnen – in weiten Kreisen Schule gemacht hat. Während wir miteinander plauderten, kam ein älterer, hoch aufgerichteter Herr auf uns zu. Ich erkannte ihn sogleich an seinem Profil: es war Golch. *Der* Golch. (Wer er ist, weiß jedermann: Sein Beitrag zum geistigen Bestand ist beglückendes Allgemeingut geworden.) Die Dombrowska stellte mich vor: »Herr Sebald, der ehemalige Besitzer von Marats Badewanne.« Es hatte sich herumgesprochen.

»Aha«, sagte Golch, wobei er mit der letzten Silbe dieses Ausrufs ein leichtes Glissando nach oben vollführte, dem ich wohl entnehmen durfte, dass er mich als Nachwuchs für die Elite der Kulturträger in Betracht zog, obgleich es wohl noch manche Prüfung zu bestehen gäbe. Ich hakte sofort ein, indem ich ihn fragte, wie ihm die Ausstellung zeitgenössischer Malerei im Luxembourg gefallen habe. Golch hob die Augen, als suche er ein Wort im Raum, und sagte: »Passé.« (Er gebrauchte die damals übliche englische Betonung des Wortes. Auch die Wörter »cliché« und »pastiche« wurden damals englisch ausgesprochen. Wie man es jetzt tut, weiß ich nicht, und es scheint mir auch nicht wichtig zu sein. Denn schließlich war in diesen Dingen die Insel der Marchesa tonangebend. Sie ist versunken und hat die Richtlinien mit sich gezogen.) »Passé«, sagte er, und ich pflichtete ihm bei, hätte es – dass ich es gestehe! – auch dann getan, wenn seine Äußerung gegenteilig ausgefallen wäre, denn es war immerhin Golch, dem ich gegenüberstand.

Nun ging man zum Büfett. Hier stieß ich auf Signora Sgambati, die Astrologin, deren Theorie, dass aus den Sternen nicht nur das Schicksal des Einzelnen ersichtlich ist, sondern ganze kulturgeschichtliche Strömungen abgelesen werden können, vor einiger Zeit großes Aufsehen erregt hatte. Zwar war die von ihr vorausgesagte Strömung noch nicht eingetroffen, doch bildeten sich – wie ihre große Gefolgschaft behauptete – schon hier und dort kleine Strudel, die als Symptomzellen zu betrachten seien. Sie war keine Alltagserscheinung, diese Sgambati, man sah es ihr an. Dennoch ist es mir unbegreiflich, dass sie, unter den Umständen, in der Sternkonstellation nicht den drohenden Untergang einiger wesentlicher Mitglieder der Geisteswelt, Urheber eben ihrer Strömung, gesehen hatte. Sie war in ein Gespräch mit Professor Kuntz-Sartori vertieft, dem Politiker und Verfechter der royalistischen Idee, der seit Jahrzehnten versuchte, in der Schweiz eine Monarchie einzuführen, wobei er freilich auf erheblichen Widerstand vonseiten der Eidgenossenschaft stieß. Ein markanter Kopf!

Nachdem man eine Erfrischung in Form von Champagner und deliziösen Krustazeen zu sich genommen hatte, begab man sich in den Silbersaal, denn nun kam der Höhepunkt des Abends, eine Darbietung besonderer Art: die Erstaufführung zweier Flötensonaten des Antonio Giambattista Bloch, eines Zeitgenossen und Freundes Rameaus, den der Musikforscher Weltli – er war natürlich auch zugegen – entdeckt hatte. Sie wurden gespielt von dem Flötisten Béranger (jawohl, ein Nachkomme) und von der Marchesa selbst begleitet, und zwar auf dem Cembalo, auf welchem schon Célestine Rameau ihrem Sohn die Grundprinzipien des Kontrapunktes erläutert hatte (die er allerdings sein Leben lang nicht recht begriffen haben soll) und welches man aus Paris hatte kommen lassen. Auch die Flöte hatte ihre Geschichte, aber ich habe sie vergessen. Die beiden Interpreten hatten zu dieser Gelegenheit Rokokokleidung angelegt, und das kleine Ensemble glich – sie hatten sich absichtlich so angeordnet – einem Watteau-Gemälde. Die Darbietung fand selbstverständlich bei gedämpftem Kerzenschein statt. Es war keiner zugegen, der für eine solche Gelegenheit elektrisches Licht nicht als unerträglich empfunden hätte. Eine weitere feinfühlige Laune der Marchesa hatte es verlangt, dass man nach der ersten Sonate (D-Dur) vom Silbersaal (Barock) in den goldenen Saal (Frührokoko) hinüberwechselte, um dort die zweite Sonate (f-Moll) zu genießen. Denn jener Saal hatte eine Dur-Tönung, dieser aber war – und das hätte wahrlich niemand bestritten – Moll.

Hier muss ich nun allerdings sagen, dass die öde Eleganz, die den Flötensonaten zweitklassiger und vor allem neu entdeckter Meister dieser Periode anhaftet, sich in diesem Falle damit erklärt, dass Antonio Giambattista Bloch niemals gelebt hat, die hier aufgeführten Werke also aus der Feder des Forschers Weltli stammen. Obgleich sich dieser Umstand erst viel später herausgestellt hat, kann ich nicht umhin, es nachträglich als ein wenig entwürdigend für die Marchesa zu empfinden, dass sie ihre letzten Minuten mit der – allerdings meisterhaften – Interpretation einer Fälschung verbracht hat.

Während des zweiten Satzes der f-Moll-Sonate sah ich eine Ratte an der Wand entlanghuschen. Das erstaunte mich. Zuerst dachte ich, das Flötenspiel habe sie angelockt, denn Ratten sind bekanntlich sehr musikalisch, aber sie huschte in der entgegengesetzten Richtung, floh also die Musik. Ihr folgte eine zweite. Ich sah auf die anderen Gäste. Sie hatten nichts bemerkt, zumal die meisten die Augen geschlossen hielten, um sich in seliger Entspannung den Klängen der weltlischen Fälschung hingeben zu können. Nun vernahm ich ein dumpfes Rollen, es klang wie sehr fernes Donnern. Der Fußboden vibrierte. Wieder sah ich auf die Gäste. Wenn sie etwas hörten – und irgendetwas mussten wohl auch sie wahrnehmen –, war es aus den Posen beinahe formloser Versunkenheit jedenfalls nicht ersichtlich. Mich aber beunruhigten diese merkwürdigen Symptome.

Ein Diener trat leise ein. Dass er in der vornehmen, streng geschnürten Livree, die das gesamte Personal der Marchesa trug, wie eine Nebenrolle aus »Tosca« aussah, gehört nicht hierher. Auf Zehenspitzen hüpfte er auf die Vortragenden zu und flüsterte der Marchesa etwas ins Ohr. Ich sah sie erblassen – es war recht kleidsam im matten Kerzenlicht, und beinahe hätte man denken mögen, es sei in das Zeremoniell liebevoll eingeplant –, aber sie fasste sich und führte gelassen das Andante zu Ende, ohne ihr Spiel zu unterbrechen, schien sogar die Endfermate noch um einiges zu verlängern. Dann gab sie dem Flötisten einen Wink, stand auf und wandte sich an die Zuhörer.

»Meine verehrten Gäste«, sagte sie, »wie ich soeben erfahre, lösen sich die Fundamente der Insel und damit des Palastes. Die Meerestiefbaubehörden sind benachrichtigt. Ich glaube jedoch, dass es in unser aller Sinne ist, wenn wir mit der Musik fortfahren.« Ihre würdevollen Worte wurden von lautlosen Gesten der Zustimmung belohnt.

Sie setzte sich wieder hin, gab Monsieur Béranger das Zeichen, und nun spielten sie das Allegro con brio, den letzten

Satz, der mir, obgleich ich damals noch nicht wusste, dass es sich um eine Fälschung handle, der Einmaligkeit der Situation nur wenig gerecht zu werden schien.

Auf dem Parkett bildeten sich kleine Pfützen. Das Rollen hatte zugenommen und klang näher. Die meisten Gäste hatten sich inzwischen aufgerichtet, und mit ihren bei Kerzenbeleuchtung aschfahlen Gesichtern saßen sie wie in geduldiger Erwartung eines Bildners, der sie in Posen letzter, euphorischer Fassung für eine bewundernde Nachkommenschaft verewigen werde.

Ich aber stand auf und sagte, »Ich gehe«, leise genug, um die Musiker nicht zu verletzen, aber laut genug, um den anderen Gästen zu bedeuten, dass ich mutig genug war, mein plötzlich wach gewordenes Gefühl der Distanz einzugestehen. Auf dem Fußboden stand nun ein fast gleichmäßig verteilter Wasserspiegel. Obgleich ich beim Hinausgehen auf Zehenspitzen trat, wurden meine Füße nass, und ich konnte es auch nicht vermeiden, dass, während ich vorsichtig meinen Weg bahnte, einige Abendkleider mit Wasser bespritzt wurden. Aber dieser Schaden war ja nun, in Anbetracht dessen, was bald kommen würde, unerheblich. Wenige der Gäste würdigten mich – unter kaum gehobenen Lidern – eines Blickes, aber das war mir gleichgültig, ich gehörte nicht mehr dazu. Als ich die Flügeltür öffnete, stürzte eine Flutwelle in den Raum und veranlasste Lady Fitzwilliam (die Pflegerin keltischen Brauchtums), ihren Pelzmantel fester um die Schultern zu ziehen, zweifelsohne eine Reflexhandlung, denn nützen konnte es ja nichts. Bevor ich die Tür hinter mir schloss, sah ich noch Herrn von Perlhuhn (den Neo-Mystiker, *nicht* den Abraham-a-Santa-Clara-Forscher) mir einen halb verächtlichen, halb traurigen Blick zuwerfen, als habe er die schmerzliche Pflicht übernommen, mir die allgemeine Enttäuschung widerzuspiegeln. Er saß nun beinah bis zu den Knien im Wasser, wie auch die Marchesa, die nicht mehr in der Lage war, die Pedale zu gebrauchen. Ich weiß allerdings nicht, ob sie beim Cembalo sehr wichtig sind. Ich dachte noch, dass, wenn das Stück eine Cello-Sonate gewesen wäre, man nun zur Unterbrechung gezwungen wäre, da im Wasser der Instrumentenkörper keine oder nur ungenügende Resonanz gibt. Es ist seltsam, an welch abwegige Dinge man in solchen Momenten oft denkt.

In der Vorhalle war es plötzlich still wie in einer Grotte. Nur von fern hörte man ein durch mancherlei Echo verstärktes Brausen. Ich entledigte mich meiner Frackjacke und schwamm nun mit kräftigen Bruststößen durch den sinkenden Palast der Pforte zu. Die von mir verursachten Wellen schlugen leicht gegen Wände und Säulen. Es klang wie in einem Hallenbad. Selten ist es einem vergönnt, in derartigem Rahmen Sport zu treiben. Kein Mensch war zu sehen. Die Dienerschaft war offensichtlich geflohen. Und warum auch nicht? Sie hatte ja keine Verpflichtung der wahren und echten Kultur gegenüber, und die hier Versammelten bedurften ihrer Dienste nicht mehr. Draußen schien ein klarer, ruhiger Mond, als geschähe nichts, und doch versank hier – im wahren Sinne des Wortes – eine Welt. Wie aus weiter Ferne hörte ich noch die höheren Flötentriller Monsieur Bérangers. Er hat einen schönen Ansatz gehabt; das muss man ihm lassen.

Ich band die letzte Gondel los, die das fliehende Personal übrig gelassen hatte, und stach in See. Durch die Fenster, an denen ich vorbeiruderte, stürzten nun die Fluten in den Palast und blähten die Portieren, nassen Segeln gleich. Ich sah, dass sich die Gäste von den Sitzen erhoben hatten. Die Sonate musste zu Ende sein, denn sie klatschten Beifall, zu welchem Zwecke sie die Hände hoch über den Köpfen hielten, denn das Wasser stand ihnen bis zum Kinn. Mit Würde nahmen die Marchesa und Monsieur Béranger den Beifall auf. Verbeugen konnten sie sich allerdings unter den Umständen nicht.

Nun erreichte das Wasser die Kerzen. Sie verloschen langsam, und mit zunehmender Dunkelheit wurde es still; der

Beifall erlosch und verstummte, wie auf ein schreckliches Zeichen. Plötzlich setzte das Getöse eines zusammenstürzenden Gebäudes ein. Der Palazzo fiel. Ich lenkte die Gondel seewärts, um nicht von herabfallendem Stuck getroffen zu werden. Es ist sehr mühsam, ihn aus den Kleidern bürsten zu müssen, hat sich der Staub einmal festgesetzt.

Nachdem ich einige Hundert Meter durch die Lagune in der Richtung auf die Insel San Giorgio hin gerudert war, drehte ich mich noch einmal um. Das Meer lag im Mondlicht spiegelglatt, als habe niemals irgendwo eine Insel gestanden.

Schade um die Badewanne, dachte ich, denn dieser Verlust war nicht wiedergutzumachen. Der Gedanke war vielleicht hartherzig, aber man braucht ja erfahrungsgemäß einen gewissen Abstand, um ein solches Erlebnis in seiner ganzen Tragweite zu erfassen.

ULRICH TUKUR
Das venezianische Bild

Carl und Clara

Ich besitze als Erbstück einer vor vielen Jahren dahingegangenen Großtante ein kleines Ölbild, das im Jahre 1850 entstanden, in keinem Kunstverzeichnis aufgeführt und darum auch unbekannt ist. Als mein Großvater, ihr Bruder, starb und sein Hausstand in Sardinien aufgelöst wurde, war sie dorthin gefahren und hatte mitgenommen, was sie für wertvoll hielt, darunter ebenjenes kleine Gemälde, das von seiner Mutter auf ihn gekommen war. Es hatte einst der Schwester ihrer Ururgroßmutter gehört, die Clara hieß, 1811 in Straubing zur Welt gekommen und vor allen anderen Mädchen des Städtchens die blühendste Erscheinung war. Das erkannte auch ein junger, angehender Apotheker, der sich unsterblich in sie verliebte. Da er aber kein Geld hatte, sie auszuführen, und überhaupt zu schüchtern war, ihr den Hof zu machen, ließ er ihr als Zeichen seiner großen, doch stillen Verehrung einige kleine Bleistiftzeichnungen zukommen, auf denen sie vor wechselndem Hintergrunde in anmutigen und zum Teil aufreizenden Posen dargestellt war. Der junge Mann hieß Carl, war aus München gekommen, um nach seiner Lehrzeit erste Berufserfahrungen in der Straubinger Löwenapotheke zu sammeln. Er hatte schnell Anschluss an dortige Schauspieler- und Malerkreise gefunden und unter diesem Eindruck zu zeichnen und zu malen begonnen, wobei er ein Talent bewies, das zu den schönsten Hoffnungen berechtigte.

Der Sommer des Jahres 1829 war einer der lichtesten seit Menschengedenken, und ein wolkenloser Himmel spannte sich viele Wochen über das idyllische Städtchen, das mit seinen engen Gassen, spitzgiebligen Bürgerhäusern, Türmchen und Brunnen noch ganz in der Traumwelt des Mittelalters verharrte.

Es zeigte sich, dass Clara, die selbst gern malte und kleine Gedichte schrieb, von Carls Bildern tief beeindruckt und geschmeichelt war, und so ließ sie ihn wissen, dass sie einem Kennenlernen nicht abgeneigt sei. Sie trafen sich am Fluss unterhalb der alten Stadtmauer und liefen lange schweigend nebeneinanderher. Der Sommerwind strich durch ihr Haar, die Sonne lachte, und der Himmel war so erschütternd blau, dass Carl nicht anders konnte, als ihr sein Herz zu öffnen. Clara war ergriffen von der Feinheit seines Wesens, der Wahrhaftigkeit seiner Absichten, und wenn es auch im Städtchen weit schönere Männer gab, die ihr den Hof machten, erkannte sie doch, dass dieser hier für sie bestimmt war. So begann eine Liebe, die ein Leben lang währte, ohne je den ersehnten Zustand der Erfüllung zu finden.

Claras Vater, Holzhändler und ein Mann von Autorität und Ansehen, bekam Wind von der Romanze, und als die Zeichnungen des jungen Mannes zufällig in einer Kommode des Mädchenzimmers entdeckt wurden, untersagte er ihr bei strengster Strafe jedes weitere Treffen mit dem dahergelaufenen Pillendreher und Vignettenmaler. Carl floh zurück nach München und hielt in den folgenden Jahren Verbindung mit ihr. Die Briefe, die er schrieb, schickte er an einen Freund in Straubing, der sie Clara heimlich zusteckte. 1833 brach er seine Apothekerlaufbahn ab und bekannte sich zu seiner wahren Bestimmung.

Claras Familie war inzwischen nach Stuttgart übergesiedelt, und ihr Vater hatte sie mit einem Materialwarenhändler aus Bad Cannstatt verheiratet, der sie schlecht behandelte und viel zur Verdüsterung ihrer Seele beitrug. Die Ehe blieb kinderlos, und als Clara vierzig wurde, stand Carl vor der Türe ihres Cannstatter Hauses. Er war von einer langen Reise zurückgekehrt, die ihn nach Venedig, Paris, London und Antwerpen geführt hatte, und schenkte ihr zum Geburtstag ein kleines Gemälde, das ein Jahr zuvor in Venedig entstanden war. Es ist ein Nachtbild in biedermeierlicher Manier und zeigt einen elegant gekleideten Herrn im Gehrock und Zylinder, der auf dem Scheitelpunkt einer kleinen Brücke steht und in emphatischer Geste den Mond begrüßt. Mit einem Spazierstock in der Rechten, einem Blumenstrauß in der Linken, einer Nelke am Revers und einer Halsschleife über dem seidenen Gilet bannt ihn Carl in den Lichtstrahl des Trabanten, während die Häuser und Palazzi wie schwarze, aus den Tiefen emporgestiegene Ungeheuer an der Wasseroberfläche des Hintergrundes schlafen. Schaut man näher hin, so entdeckt man im Kanal unter der Brücke dahintreibende Gegenstände: einen Gehrock, einen Spazierstock, einen Blumenstrauß, eine blaue Halsschleife, eine Nelke, einen Zylinder ... Welch fabelhafter Einfall! Carl stellt die Zeit und ihr Vergehen räumlich dar, indem er zwei Bilder in einem malt, zwei zeitlich voneinander abgesetzte Ebenen übereinanderlegt und so von einer Selbstauslöschung erzählt, die als unsichtbare Bewegung dazwischenliegt.

Clara hat das Wiedersehen tief erschüttert; unter Tränen fleht sie ihn an, wenigstens bis zum nächsten Morgen zu bleiben, doch er lehnt ab und besteigt noch selbigen Tags die Postkutsche nach München. Er wird sie nie wiedersehen, denn eine Woche später wirft sich Clara von der Wilhelmsbrücke in den Neckar und ertrinkt.

Warum Carl der Frau, die er über alles liebt und nie vergessen hat, gerade dieses Bild schenkt, wer der Herr im Gehrock ist, woher er kommt und weshalb er sich doch scheinbar heiterer Stimmung ins Wasser stürzt, erfuhr ich einige Zeit später auf höchst sonderbare Weise.

Vom Sterben des reichen Mannes

Den ganzen Tag hatte das Feuer der Sommersonne auf dem Domplatz gewütet und schier das schwarze Bühnenpodest entzündet, auf dem pünktlich um fünf Uhr mein Überlebenskampf begann. Ich hockte in einem sich darunter befindenden luftlosen Bretterverschlag und wartete schwitzend und bis zum Umfallen nervös auf meinen Auftritt, der erbarmungslos näher rückte und dessen letaler Ausgang auch heute wieder unwiderruflich feststand. Mir gegenüber saß der Tod in Gestalt des Schauspielers S., der über eine allseits beneidete kellertiefe Stimme verfügte, die ihm Ruhm und noch mehr Geld eingebracht hatte, und zog lustlos an einer Filterzigarette. Er trug ein fest am Körper anliegendes schwarzes Trikot, das mit Knochen und hübsch geschwungenen Rippen bemalt war, und sein schmaler, kalkweiß geschminkter Kopf, aus dem mich zwei umschattete Augen traurig anblickten, steckte in einer lächerlich engen Kapuze. Irgendwie erinnerte er mich an ein Blesshuhn. Ich dachte an den alten Tod, der viel unheimlicher, im Jahr zuvor aber nach kurzer, schwerer Krankheit gestorben war (ein großartiger Schauspieler, mit dem hingerichtet zu werden ich in meinem ersten Film die Ehre hatte), als die Messingfanfaren des seligen Werner Pirchner über meinem Kopfe losbrachen und Gottes Stimme machtvoll und zornig vom Glockenturm herabdröhnte und, die Menschen der Habgier und Verrohung zeihend, nach dem strafenden Tod rief.

S. stieg leise fluchend in den kleinen, wackeligen Fahrstuhl neben mir, schnippte seine Zigarettenkippe zu Boden, spuckte aus und wurde rumpelnd vor zweitausend staunende Gesichter und das schmiedeeiserne Eingangstor des Salzburger Domes gezogen. Einen Augenblick später stand auch ich in Barett und Lederwams auf dem glühenden Holzpodest, und es begann das Spiel vom Leben und Sterben des reichen Mannes, das seit dem Hungerjahr 1921 jeden Sommer mit größtem Erfolg auf diesem Platz vorgestellt wird. Wie die Kinder saßen die Zuschauer dort unten dicht gedrängt auf ihren Holzbänken, all die vielen Jedermanns, und verfolgten mit großen Augen das grausame Kasperletheater des Lebens, an dessen Ende der Würgeengel niederfährt und ein gebrochenes, jammerndes Menschlein am Boden liegt, dem der liebe Herrgott gnädig wieder aufhilft, dass er geläutert und versöhnt in den Schoß der einzig wahren katholischen Kirche eingehe. Nach zwei Stunden war ich wie durchs Wasser gezogen und heilfroh, endlich mausetot, in härenem Bußgewand und begleitet von ein paar belcantierenden Engeln ins kühle Dunkel des Domes einzuziehen, wo gleich rechts unter einer Kirchenbank ein himmlisches kaltes Bier wartete, das mir der Herr Garderober dort hingestellt hatte. Als vierzehnter Jedermann seit dem legendären Josef Kainz besaß ich das Recht, die erzfürstbischöfliche Toilette zu benutzen, ein angenehm temperiertes Gewölbe, in dem alte Stühle, Tische und Hunderte Kisten mit Grab- und Kirchenlichtern bis unter die Decke gestapelt waren und wo es ein riesiges Waschbecken gab, das von frischem, aus der Felswand sprudelndem Quellwasser gespeist wurde. Dort saß ich nach der Vorstellung, bis sich mein Blut wieder abgekühlt hatte, und gelegentlich wusch ich mich auch.

Der alte Frack

An einem Augustabend zur Jahrtausendwende klopfte es zaghaft an die schwere Holztür der erzfürstbischöflichen Örtlichkeit, und als ich öffnete, standen eine rothaarige Frau und ein südländisch aussehender Mann davor und fragten, ob sie mich sprechen dürften. Sie war Journalistin einer Münchener Tageszeitung und er, ihr Lebensbegleiter, Gymnasiallehrer in Venedig. Sie seien in der Vorstellung gewesen, und er wolle mich gerne kennenlernen, denn er hätte gehört, dass auch ich auf seiner Heimatinsel, der Giudecca, lebe. Er hatte ein hageres Gesicht, über das sich eine blasse, unruhige Haut spannte, sprach leise, und es ging eine sanfte, anrührende Traurigkeit von ihm aus. Wir verabredeten uns, und einige Wochen später besuchte ich ihn in seiner Wohnung am Ende der Calle del F., die bedrückend eng und dunkel war und deren tief heruntergezogene Zimmerdecken mir fast die Luft nahmen. Er hieß Silvio, war einige Jahre älter als ich, und da er im Liceo Artistico Kunst unterrichtete, malte er auch selbst, aber die Bilder, die er mir etwas verlegen zeigte, hatten so ganz und gar nichts mit dem stillen, sanftmütigen Menschen zu tun, der da vor mir saß und unsicher lächelnd eine selbst gedrehte Zigarette rauchte. Sie waren Erzeugnisse nagender Albträume, surreale Szenerien, bevölkert von phantasmagorischen Wesen und Ungeheuern, die sich gegenseitig zerfleischten und auffraßen.

In dieser Nacht machte ich eine seltsame Beobachtung. Ich war vor dem Schlafengehen noch einmal ans Fenster getreten und sah hinaus auf die dunkle Stadt und die zum nächtlichen Appell angetretenen Laternen, die das gegenüberliegende Zattere-Ufer vage illuminierten. Als ich den Blick Richtung S. Giorgio Maggiore wandte, bemerkte ich im Wasser einen Schatten, der das tanzende Mondlicht durchschnitt und sich schnell auf mich zu bewegte. Es war ein Boot, an dessen Bug ein grünes Licht brannte und das kurze Zeit später direkt unter mir am Quai festmachte. Zwei Männer hoben eine Bahre an Land, eine Art Sarg aus grauem Kunststoff, der zum Abtransport toter Menschen diente. Sie trugen schwarze, bis zu den Knien herabhängende Capes, die ihnen ein feierliches, ja unheimliches Aussehen verliehen. Eine Weile waren sie dort unten geschäftig, wobei alles in völliger Lautlosigkeit vonstattenging und ohne dass die Männer auch nur ein einziges Wort miteinander sprachen. Schließlich setzten sie sich in Bewegung und liefen zügig die Uferpromenade hinunter, indem sie den Ponte Piccolo überquerten und zu meiner Überraschung in die Calle del F. einbogen. Jetzt schaukelte das Boot allein im weichen Wellenschlag der Nacht, und ich lehnte im Fenster und wartete, bis die Schatten der beiden auf dem Rücken der kleinen Brücke wiederauftauchten. Diesmal schien der Sarg schwerer, denn sie trugen ihn gebückt und langsam, setzten ihn unter meinem Fenster ab, und was ich schon zuvor beobachtet hatte, wiederholte sich nun in umgekehrter Reihenfolge; wieder war nicht das geringste Geräusch zu vernehmen, dann legte das Boot ab und verschwand rasch in der schimmernden Weite des Giudecca-Kanals.

Am nächsten Morgen rief ich Silvio an, er hob nicht ab, aber am Abend stand er vor meiner Tür und hielt freudestrahlend eine Gitarre in der Hand. Ich fragte, ob in seiner Nachbarschaft jemand gestorben sei, und erzählte von meinem nächtlichen Erlebnis. Da verschwand das Lächeln aus seinem Gesicht. Ich würde mich bestimmt irren, sagte er, in seiner Gasse sei niemand gestorben, er kenne jeden einzelnen Menschen dort, ich hätte mir das sicher eingebildet oder vielleicht nur geträumt, möglicherweise wären die Männer auch in eine andere Gasse hineingelaufen. Er wirkte sichtlich beunruhigt, steckte sich eine Zigarette in Brand, die er nach wenigen Zügen wieder ausdrückte, und bat mich um ein Glas Rotwein.

Schließlich setzte er sich, nahm die Gitarre aufs Knie, schloss seine Augen und begann mit leiser, eindringlicher Stimme ein altes venezianisches Fischerlied zu singen.

Er hielt den Oberkörper tief über das Instrument gebeugt, als wollte er hineinkriechen, und die langen, schwarzen Haare hingen ihm ins Gesicht. Auf einmal brach er ab und sah mich an, aber er sah mich nicht. Seine Augen waren groß und dunkel, und die Gedanken dahinter hingen einer anderen Sphäre an. Er war sehr weit weg. Dann huschte ein Schatten über die Iris, wie wenn ein Vorhang aufgezogen würde, sein Blick fand den Fokus wieder, und er fragte mich, ob ich das Lied vom Mann im Frack kenne, Domenico Modugno, der Schöpfer von »Volare«, hätte es in den frühen Fünfzigerjahren geschrieben. Ich verneinte. »Also, hör zu«, sagte er und schaute mich dabei unverwandt an, »es ist Mitternacht, der Lärm des Tags verstummt, und ein letztes Wirtshausschild erlischt.« Er hielt kurz inne, lächelte, dann begann er von den Straßen zu singen, den verlassenen, stillen Straßen einer schlafenden Stadt, einem Fuhrwerk, das sich rumpelnd in der Nacht verliert, und dem Fluss, der friedlich unter den dunklen Brücken dahinfließt, während der Mond kalt und klar am Himmel hängt. *Solo va un uomo in frack.* Nur ein Mann ist noch unterwegs, in Frack und Zylinder, mit einer Nelke im Knopfloch, einem Spazierstock mit Kristallknauf, diamantenen Manschettenknöpfen und einer blauseidenen Fliege über der Weste, *un papillon di seta blu.* So schlendert er dahin, gemessen elegant, und ist wie aus einem Traum gemacht, unwirklich und traurig. *Bonne nuit, bonne nuit, buona notte!* Mit überschwänglicher Geste grüßt er die leuchtenden Straßenlaternen, den Mond und verbeugt sich vor einer Katze, die fauchend und verliebt ins Finstere huscht. Es folgten ein paar Takte, die Silvio zur Begleitung seiner Gitarre pfiff, und sie machten das Lied leicht und mondhell. Ich ahnte inzwischen, was kommen würde, und auch Silvio spürte meine Spannung, denn er vermied auf einmal jeden Blickkontakt. Jetzt sang er von der Morgendämmerung und dem sanften Erwachen der Stadt, von den Laternen, die eine nach der anderen erlöschen, und dem erbleichenden Mond, der sich im weißen Licht des heraufziehenden Tags davonschleicht. Ein Fenster gähnt über dem Fluss, und eine Blume, ein Spazierstock, ein Zylinder, ein Frack schaukeln auf den Wellen dahin, unter den Brücken hindurch und weiter zum fernen Meer. Wer mag das gewesen sein, dieser Herr im Frack? Woher er wohl kam, und wohin wollte er? *Adieu, adieu, vecchio mondo!* Adieu all den versunkenen Erinnerungen, Adieu einem nie geträumten Traum und dem Brautkleid einer ersten und letzten Liebe …

Ich stand auf, ging in mein Schlafzimmer und nahm das venezianische Bild von der Wand. Wie war das möglich? Ein italienischer Schauspieler und Schlagersänger beschreibt in einem der berühmtesten italienischen Chansons exakt die Szene, die ein deutscher Maler einhundert Jahre zuvor festgehalten hat, auf einem kleinen Ölbild, das außer einigen Mitgliedern meiner Familie niemandem bekannt war und schon gar nicht Modugno, oder vielleicht doch? Immerhin wusste ich jetzt, dass der Herr im Gehrock Carl selbst war, der sich als romantischen Verlierer stilisiert, von einer Hochzeit kommend, die es für ihn nie gab, und sich voll Gram, aber nicht ohne gewisse Eleganz ins Wasser stürzt, im Gegensatz zu Clara in der erhabenen Welt der Kunst.

Silvio war sprachlos, als ich ihm das Gemälde zeigte, und so saßen wir eine ganze Weile still davor, rauchten und tranken Wein. Dann sagte er das einzig Richtige: »Modugno muss dieses Bild gesehen haben, es war die Quelle seiner Inspiration, es kann gar nicht anders sein.«

Als er gegangen war, beschloss ich, mit Antonio C. in Oristano Kontakt aufzunehmen, dem Schüler meines Großvaters, von dem ich allerdings nicht wusste, ob er überhaupt noch am Leben war, denn mein Besuch in A. lag schon fast zwanzig Jahre zurück. Lange Zeit hatte das Bild dort im Hause meines Großvaters gehangen, und vielleicht wusste C. irgendetwas, das mir weiterhelfen würde. Nach längerem Suchen fand ich seine Telefonnummer in einem alten Kalender und rief sofort an. C. war auch gleich am Telefon, außerordentlich lebendig, wie sich herausstellte, und schien riesig erfreut, nach so langer Zeit von mir zu hören. Ich müsse ihn unbedingt besuchen, man frage in A. immer wieder nach mir, es hätte sich dort vieles verändert, sogar die Hauptstraße sei inzwischen geteert, außerdem plane er ein Museum, um die Bedeutung des Dorfes als Wiege zeitgenössischer Malerei in Sardinien herauszustreichen, und wolle in diesem Zusammenhang natürlich speziell meinen Großvater würdigen, aber natürlich würden auch seine eigenen Bilder dort zu sehen sein ... Irgendwann gelang es mir, seinen Redefluss anzuhalten, und ich fragte schnell, ob ihm Domenico Modugno etwas sage. »Erminia«, schrie er, »Hurrick ist am Telefon, Ricardos Enkel, er lebt jetzt in Venedig, stell dir vor, und man kann sogar italienisch mit ihm reden!« Seine Frau rief im Hintergrund, es sei schon spät und er solle machen, dass er ins Bett komme. Er wandte sich wieder an mich: »Komisch, dass du nach Domenico fragst, erst heute Morgen hab ich an ihn denken müssen, es ist auf den Tag sechs Jahre her, dass er starb, er war einer meiner liebsten Freunde, ein wunderbarer Sänger, und was für ein Poet! Heilige Madonna, ich komm ja gleich, Erminia, Hurrick ist am Telefon, verdammt noch mal! Wir waren gleich alt, weißt du, ich habe ihn ein paar Jahre nach dem Krieg kennengelernt, auf irgendeinem Parteikongress in Apulien, er war ein sehr politischer Mensch; nach einem Schlaganfall vor fünfzehn Jahren konnte er nicht mehr singen und ist ganz in die Politik gegangen, saß sogar im Parlament, und was hat er getan? Er hat die Irrenhäuser in Italien abgeschafft, dabei hätte er doch nur das Parlament auflösen müssen, so oder so, jetzt sind die Verrückten überall. Im Laufe der Jahre hat er uns immer wieder besucht. Übrigens kannte er auch deinen Großvater.« Ich fragte Antonio, ob er sich vielleicht an ein altes Ölbild erinnern könne, das eine nächtliche Szene in Venedig darstelle und irgendwo im Hause meines Großvaters gewesen sei. Er lachte schallend: »Come no, natürlich, dieses kleine Kitschbild, ich erinnere mich sehr gut! Es hing über einer alten Holztruhe im Wohnzimmer, und Domenico hat mehr als einmal versucht, es deinem Großvater abzuschwatzen, er mochte seine Bilder nicht sonderlich, weißt du, aber dieses Bild hatte es ihm irgendwie angetan, für einen Radikalen war er ziemlich sentimental und altmodisch. Hat er nicht sogar ein Lied daraus gemacht?«

Erst zwei Wochen später fand ich Zeit, Silvio aufzusuchen, um ihm von der überraschenden Lösung des Rätsels zu berichten. Ich logierte vorübergehend im altehrwürdigen Hotel Des Bains auf dem Lido, weil mir die unerwartete Ehre zuteilgeworden war, in die Jury des Venezianischen Filmfests berufen zu werden.

Jetzt stand ich also vor seiner Haustür, und es tat sich nichts. Nach einer Weile öffnete eine alte, sehr kleine Frau, ich dachte schon, ich hätte mich in der Klingel geirrt, und wollte mich entschuldigen, da gab sie sich als Silvios Mutter zu erkennen. Ihr Sohn sei in der vergangenen Nacht von zwei Männern abgeholt und ins Krankenhaus eingeliefert worden, er hätte seine Schmerzen nicht mehr aushalten können, jetzt müsse sie noch einige seiner Sachen packen und in der Wohnung ein wenig für Ordnung sorgen. Der Schreck, der mir in die Glieder fuhr, war eisig, und ich musste meine Stimme kontrollieren, als ich sie fragte, was denn los sei, er hätte mir nie erzählt, dass es ihm schlecht ginge. Da brach die alte, kleine Frau in Tränen aus, und alles, was ich ihrem starken Dialekt und der zitternden Stimme entnehmen konnte, war, dass er seit Jahren eine Krankheit in sich trage, die ihn langsam auffresse, und jetzt wäre er im Ospedale Civile, und die Ärzte hätten sehr besorgte Gesichter gemacht; sie sei so unendlich traurig, wie könne der liebe Gott nur zulassen, dass ein Kind vor seiner Mutter gehe!

K. und ich liefen noch am selben Nachmittag durch die Stadt zum Campo SS. Giovanni e Paolo, wo das städtische Hospital stand, das einmal die Scuola Grande di San Marco gewesen war und über eine der herrlichsten Fassaden Venedigs verfügte. Silvios Zimmer befand sich im zweiten Stock und ging auf einen ruhigen Hinterhof hinaus, in den die Sonne schien. Er lag in einem warmen, friedlichen Licht und hatte sich stark verändert. Eine dünne, gelbliche Haut spannte sich über den Schädel, dessen Knochen stark hervortraten, die Augen lagen tief in ihren Höhlen, und auch die Iris war von gelber Farbe. Er lachte leise, als ich ihm von meinem Gespräch mit Antonio C. berichtete, und schien sehr zufrieden, dass er mit seiner Vermutung richtig gelegen hatte. Er wollte wissen, was in der Welt los sei, und ich erzählte ihm von den Filmen, die ich gesehen hatte, aus entlegenen Ländern zumeist, wo sie keine Industrieprodukte für ein überfüttertes Publikum wären, sondern Notwendigkeiten wie Wasser und Brot, und von den anderen Jurymitgliedern, dem Professore A. zum Beispiel, einem bekannten Geisteswissenschaftler und Shakespeare-Experten aus Neapel, der sich nur fürs Essen interessiere und sich die Filme so einteile, dass sie seine Nahrungsaufnahme in keiner Weise gefährdeten, von der taiwanesischen Schauspielerin und Schlagersängerin, die sichtbar aufblühe, wenn sie von kreischenden chinesischen Touristen belagert würde, und dem ägyptischen Journalisten, der mich etwas verwirrt hätte, weil er nicht nur die Deutschen, sondern auch ihre Filme so verehre. Wir waren nun schon bald eine Stunde da, und die lastende Stille des Raumes begann mich zu ermüden. Feiner Staub tanzte in den Sonnenstrahlen, die wie Lichtbalken durch das Fenster ins Innere fielen und irisierende Muster auf den Fußboden zeichneten. Endlich stand ich auf, um mich für den Tag zu verabschieden, da bat uns Silvio, noch einen Augenblick zu warten. Er zog an einer Schnur, die über seinem Bett hing, und wenig später trat eine Krankenschwester ins Zimmer, der er etwas zuflüsterte. Sie schien kurz zu überlegen, wobei sie ihre Stirn in sorgenvolle Falten legte, schließlich nickte sie und löste ihn von seinem Tropf. Dann kappte sie ein paar Schläuche, rief irgendetwas in den Flur und half ihm vorsichtig aus dem Bett. Silvio erklärte, er wolle uns zur Bootshaltestelle bringen, die gleich hinter dem Krankenhaus an der Fondamenta Nuova liege. Und so gingen wir langsam zum Fahrstuhl, fuhren hinunter ins Erdgeschoss, liefen durch eine lang gestreckte Säulenhalle mit hoher verzierter Decke, kamen in einen Garten, schlüpften durch ein schmales, verwittertes Tor und standen mit einem Mal am Rande der Lagune, über die sich ein makelloser Sommerhimmel spannte. Als wir in das Vaporetto der Linie 42 stiegen, sagte Silvio, er würde alles darum geben, noch einmal nach Hause fahren zu können, und ich erwiderte die üblichen hilflosen Dummheiten. Dann legte das Boot ab, er sah uns eine ganze Weile nach, winkte, wurde immer kleiner, wandte schließlich seinen Kopf zur Seite und sah starr auf San Michele, die Toteninsel, die ihm direkt gegenüber lag.

TIM PARKS
Cocco fresco

»Cocco! Cocco!«

Eine laute, durchdringende Stimme von weit her. Schon um Viertel vor neun flimmert die Morgenluft vor Hitze und Licht. Ein gleichmäßiger Schimmer senkt sich schwer auf leuchtende Farben.

»Cocco! Cocco fresco!« Die Stimme wird lauter, und sie gehört eindeutig einem fliegenden Händler – eine theatralische und fordernde Stimme, das harte doppelte »c« außergewöhnlich stark betont, das »o« am Ende fast zu zwei Silben gedehnt. Eine junge Stimme, die sich alt und dreist gibt.

»COC-CO-O!« Jetzt ist das Scheppern eines Eimers zu hören, als würde er bei jedem Schritt gegen ein Bein schlagen.

»Cocco fresco!«

Die Welt um uns herum ist geometrisch geordnet. Zuerst einmal das Meer – es ist am weitesten entfernt und beträgt sich heute recht ordentlich, ein flaues, einheitliches Schimmern, leicht gekräuselt, wo es auf den fast weißen Sand trifft. Als Nächstes liegt, zwischen Wasser und der ersten Reihe Sonnenschirme, ein genau bemessener Streifen von zwanzig Metern Breite. Auf diesem spazieren, parallel zum Ufer, forschen Schrittes alte Leute. Ihre rundlichen oder kantigen Silhouetten heben sich scharf von der gleißenden Helligkeit hinter ihnen ab, wenn sie ihren belebenden Morgenspaziergang entlang des endlos langen Strandes absolvieren.

Die Stimme wird umso aufdringlicher, je näher sie kommt.

»Cocco! Cocco fresco!«

Das Meer, der Streifen Sand und dann die Sonnenschirme: an diesem Badestrand große, grün-orange gestreifte Schirme, hoch und ausladend, jeder zweieinhalb Meter vom nächsten entfernt, vierundzwanzig Stück parallel zum Meer und jeweils eine Reihe von vierzehn im rechten Winkel dazu, mit einem Freiraum in der Mitte pro Längs- und Querreihe, sodass zwischen Straße und Meer ein Weg entsteht, ein Weg über den Strand (von oben gesehen könnte man es für ein helles Kreuz aus Sand auf einer riesigen farbigen Fahne halten). Auf dem Boden unter den gestreiften Schirmen schiebt die noch niedrig stehende Sonne, die von Minute zu Minute höher steigt, langsam dunkle Schattenflecken um die ebenfalls grün-orangefarbenen Liegestühle und Strandliegen. Der Sand ist ein regelmäßiges Muster aus Licht und Schatten; darauf breiten die morgendlichen Badegäste ihre Handtücher aus, entfalten ihre Zeitungen und achten überhaupt nicht auf das jetzt bereits herrische Rufen:

»COCCO!« Bäng, bäng, bäng. *»COCCO FRESCO!«*

Ein kleiner Junge, der mit einer Schaufel im Sand herumstochert, ruft *»Cocco!«*, so wie ein Baby eben alles wiederholt, was es hört. *»Cocco!«* Er blickt von seiner Grabungsarbeit auf und sieht in die Richtung, aus der ein schlaksiger Halbwüchsiger, in blendendes Licht getaucht, näher kommt, zwei scheppernde Eimer in den Händen.

Die Mutter beugt sich zu ihrem Sprössling hinunter, um ihm den Sonnenhut zurechtzurücken, und sagt mit sanfter Stimme: »Ja, *cocco della mamma*!« Was heißen soll: »Mamis kleiner Liebling, Mamis knuddeliger kleiner Mann.« Das Kind aber – in vollendeter Nachahmung des jungen Händlers, der jetzt nur mehr ein paar Meter entfernt ist – plärrt: »Nein, *Cocco! Cocco fwecco!*« Als hätte es verstanden.

Die Mutter lacht, dreht sich auf ihrem Liegestuhl herum und winkt dem Jungen, der mit einem Grinsen herüberkommt. Er ist groß gewachsen und geht hoch aufgerichtet, hat südländisch-schwarzes Haar und eine glatte, haarlose und ziemlich mickrige Brust, die schon jetzt, Anfang Juni, so braun ist wie eine Scheibe Brot, die zu lange im Toaster gesteckt hat.

»Wie viel?«, fragt sie.

Er stellt seine Eimer im Sand ab, und nun sieht man die Kokosnüsse, in Stücke geschnitten, weiß im Wasser schwimmen.

»Tausend Lire.«

Das ist ein Wucherpreis, aber das Kind, das auf seiner Windel und den leuchtend roten Shorts hin und her rutscht, plärrt noch einmal: »*Cocco fwecco!*«

»Ganz sauber«, meint der fliegende Händler nachdrücklich. Er hat ein goldenes Kruzifix um den Hals hängen, drei Armspangen, einen Ohrring, eine Taucheruhr und ein strahlendes Lächeln.

»*Va bene.*«

Das Geschäft ist besiegelt. Der Junge steckt einen zerknüllten Geldschein in die Tasche seiner Jeans-Shorts und zieht mit seinem Verkaufsruf weiter durch die Reihen der Sonnenschirme. Inzwischen wird die weiße Kokosnuss, die noch weißer ist als das Licht, so weiß wie der Tod, sorgfältig mit kohlensäurefreiem Mineralwasser abgespült und in winzige Stückchen geschnitten, damit das Kind auf ihnen herumkauen kann – mein kleiner Sohn Michele, der im Licht und in der Hitze der adriatischen Küste vor sich hin gluckst und wie ein kleiner Italiener aufwächst.

Zu Rita, meiner Frau, sage ich: Wenn sich dort, wo ich groß wurde, jemand um halb neun Uhr morgens ans Meer legen würde, würde er geradewegs erfrieren. Aber Rita ist eben damit beschäftigt, Michele davon abzuhalten, einen Schnitz der Kokosnuss aufzuheben, der in den Sand gefallen ist. Und jetzt hat er auch noch einen Zigarettenstummel ausgebuddelt.

Ich sage: Würde man am Strand von Blackpool, wo ich als Kind gelebt habe, einen Sonnenschirm aufstellen, würde er aller Wahrscheinlichkeit nach wegfliegen. Selbst wenn man ihn in einen riesigen Zementsockel gesteckt hätte. Und angenommen, man würde ihn an einem einigermaßen trockenen Platz aufstellen, müsste man erst einmal achthundert Meter laufen, bis man ans Wasser käme; trotzdem würde man riskieren, dass das Ding bei schnell steigender Flut fortgespült wird. Allerdings würden dann natürlich auch die Zigarettenstummel weggeschwemmt.

In Pescara, auf halber Höhe des eleganten italienischen Stiefels auf der rechten Seite, bewegt sich das Meer an Sommertagen kaum jemals. Höchstens so, als ob eine riesige Schüssel mit Wasser ganz sanft einmal von dieser, einmal von jener Seite angestupst würde. Winzige Wellchen kriechen einen oder zwei Meter den Strand hinauf, um sich dann respektvoll wieder zurückzuziehen, ohne den Spaziergängern und Sonnenschirmen und Tretbooten zu nahe zu kommen. Der Sand, den Michele hundert Meter vom Ufer entfernt durch seine Babyhände rieseln lässt, ist so weich und fein wie der Sand in einem Stundenglas und trocken wie ein Knochen in der Wüste; ganz bestimmt zu trocken, um damit eine Sandburg zu bauen, aber bestens dafür geeignet, ihn in die Luft zu schleudern oder über Daddys Beine zu schütten. Zum Glück regt sich heute kein Lüftchen, sodass er einem nicht in die Augen fliegt.

Noch ein paar weitere Familien schlendern gemächlich von der Straße und der Strandbar zu ihren Sonnenschirmen. Ihr Weg ist mit kleinen quadratischen Steinplatten gepflastert, denn durch den weichen, trockenen Sand zu laufen ist beschwerlich, und außerdem könnte man auf ihm auch kaum einen Kinderwagen schieben. An den Sonnenschirmen hängen kleine rote Scheiben mit Nummern, um Verwechslungen zu vermeiden.

Ich sagte Familien, aber in Wirklichkeit sind keine Männer dabei, denn es ist noch nicht Wochenende und eigentlich auch noch keine Ferienzeit. Erst Ende Juli und im August ist die eigentliche Ferienzeit. Eine arg geplagte Mutter trägt einen riesigen aufgeblasenen Hai. Ihre beiden kleinen Jungs schleifen ein Gummiboot voller Spielzeug hinter sich her.

Die drei lassen sich, wie immer, bei dem Sonnenschirm gegenüber dem unseren auf der anderen Seite des Weges nieder. Denn das ist ihr Sonnenschirm. Gemietet für den ganzen Sommer. Nummer 34. Aber nein, die Jungs können doch jetzt noch nicht ins Wasser. Nein! *Per l'amore di Dio!* Es ist noch zu früh, um ins Wasser zu hüpfen. Nicht vor zehn Uhr! Auch wenn es schon jetzt mindestens dreißig Grad haben muss … Mein Hemd habe ich jedenfalls schon vor einer ganzen Weile ausgezogen.

»Wenn man in Blackpool warten würde«, sage ich zu meiner Frau, »bis es noch heißer wäre als jetzt, um ins Meer zu springen, würde man überhaupt nie hineinkommen. Doch das wäre vielleicht auch egal, weil …«

Aber Rita macht sich Sorgen, dass Michele vielleicht Sand in seiner Windel hat, und überlegt, ob man sie ihm nicht besser ausziehen sollte. Ist diese frühe Morgensonne womöglich schon zu intensiv für seine zarte Haut? Und wenn sie ihn eincremt, wird dann der Sand festkleben?

Wenn man in Blackpool schwimmen ging, zog man in Windeseile die Kleider aus, fror aber trotzdem schon, bevor man noch die Badehose übergestreift hatte. Wegen der Kälte sauste man blitzschnell über den Strand, durch seichtes Wasser oder über harten, geriffelten Sand, der einem an den Fußsohlen wehtat. Lachend tauchte man mit Gänsehaut ins trübe Meer, dass es spritzte, und tollte so lange in den Wellen herum, wie man es aushielt, ohne sich eine ernsthafte Unterkühlung zu holen. Dann rannte man aus dem Wasser, bis hin zu der Stelle, wo die Mutter mit einem großen, bereits ausgebreiteten Handtuch auf einen wartete. Vater rieb einem energisch das Haar trocken und versperrte einem dabei die Sicht auf die tief hängenden Wolken über der Strandpromenade mit den edwardianischen Häusern. Der Sand war feucht und klebrig, man konnte ihn nie restlos aus allen geheimen Winkeln des Körpers entfernen, vielleicht auch deswegen nicht, weil die Handtücher niemals völlig trocken waren. Auch die Luft klebte wie ein feuchter Film auf der Haut. Dann gab es Suppe, Tee und Kaffee aus Thermosflaschen, man kauerte sich hinter einen Windschutz, schniefte und versuchte, sich mit einem sandverschmierten Handrücken die Nase abzuwischen. Wenn man wieder ganz angezogen war, hob man Kanäle aus und baute Dämme gegen das Wasser, das überall knapp unter der Oberfläche zum Vorschein kam. Dabei hatte man die ganze Zeit ein wachsames Auge darauf, ob die Flut nicht eine Zangenbewegung machte, was bekanntlich weniger erfahrenen Strandgästen oft zum Verhängnis wurde. Beim Aufbruch fühlte man sich rundum wie ein zerschundener Held. Rita lacht. Die Engländer tun ihr zwar leid, aber sie findet sie auch ziemlich albern. Bei all unseren Reisen nach England hat sie sich, obwohl sie eine ausgezeichnete Schwimmerin ist, nicht ein einziges Mal in die englischen Fluten gewagt.

In Pescara bringen die Mütter ihre Kinder früh an den Strand, denn dann ist die Sonne noch am besten verträglich. Erst später, wenn das kühle Meer bloß noch als angenehm erfrischend empfunden wird, lassen sie sie ins Wasser hüpfen. Und wenn die Kleinen wieder herauskommen, schlüpfen sie nicht gleich wieder in ihre Kleider, zittern sie nicht wie nasse Hunde und klappern mit den Zähnen, sondern ziehen nur eine andere, trockene Badehose an. Und eine dritte trockene liegt vielleicht schon bereit …

Oben am Himmel, ein paar Hundert Meter draußen über dem Meer, zieht ein Kleinflugzeug tief und parallel zur Küstenlinie dahin, im Schlepptau eine lange orangefarbene Plastikfahne. Es ist Werbung für CRODINO, eine alkoholfreie Limonade. Niemand hier braucht Suppe oder heißen Tee.

Michele spuckt sein Stück Kokosnuss aus. Es scheint ihm wohl nicht zu schmecken. »*Cocco*«, plappert er fröhlich – offenbar hat er den Zusammenhang noch nicht erfasst. Also mache ich mich daran, sie aufzuessen. Wahrscheinlich ist dies mein erstes Stück frische Kokosnuss seit den Kokosnuss-Wurfspielen auf den Rummelplätzen in Lancashire vor zwanzig und mehr Jahren. Kinder zu haben bedeutet unter anderem, dass man an vieles erinnert wird. Und in einem fremden Land Kinder zu haben vermittelt einem ein neues Gefühl von Distanz, zeigt einem, wie weit man sich von seinem Ursprung entfernt hat.

Als nach zehn Uhr immer mehr Leute herbeiströmen, entwickelt sich in den orangefarbenen und grünen Schatten der Sonnenschirme ein lebhaftes Treiben, das – zu dieser Stunde – vor allem dem Wohlbefinden kleiner Kinder dient, die ausgezogen, mit Sonnencreme eingeschmiert, in Badeanzüge gepackt und mit einem Hütchen ausgestattet werden müssen, das sie sich natürlich vom Kopf ziehen, woraufhin es erneut aufgesetzt werden muss, auf dass sie es zum zweiten Mal herunterziehen, weshalb es schließlich festgebunden wird, was dazu führt, dass sie nun zu heulen anfangen. Und vielleicht sticht die Sonne auch wirklich schon so, dass sie ein T-Shirt brauchen, vielleicht aber auch nicht. – Wie viel Grad hat es denn schon? – Und: Schmeiß nicht mit dem Sand, Matteo, lass das, Cristina! – Nein, du kannst jetzt keine *pizzetta* haben, es ist noch zu früh für eine *pizzetta*. – Ja, ich weiß, dass ich dir eine versprochen hab. Also gut, um elf Uhr gehen wir eine holen. – Nein, du kannst jetzt noch nicht ins Wasser. Jetzt noch nicht. Sei doch endlich mal ruhig und beschäftige dich mit deinen Spielsachen.

Denn alle haben eine Unmenge Spielzeug dabei. Sie haben große Plastikeimer und kleine Plastikförmchen, mit denen sie aus Sand Frösche und Hasen und Hunde und Katzen backen können, wozu der Sand hier allerdings zu trocken ist, weshalb jemand losgehen und einen Eimer Wasser holen muss. Und sie haben Plastikdelfine und Gummireifen und Schwimmflügel und Taucherbrillen und Schnorchel und Schwimmflossen – alles in grellen Farben – und Kipplaster, mit denen sie Sand herumkarren können, und Bagger, um ihn zu schaufeln, und Schläger und Bälle und womöglich sogar einen Bumerang oder einen Drachen.

Aber sie haben keinen Vater, der mit ihnen spielen könnte, der ihre Spielsachen zum Leben erwecken würde, weil Vater im Büro sitzt oder in der Fabrik oder vielleicht sogar auf dem Feld arbeiten muss. Und die meisten haben auch keinen Bruder und keine Schwester, die mit ihnen spielen würden, denn die Italiener meines Alters haben nur selten mehr als ein Kind.

Diese Einzelkinder sitzen ein wenig hilflos zwischen all ihren Spielsachen und wissen nicht recht, was sie mit sich anfangen sollen, während ihre Mütter ausgiebig miteinander plauschen.

Denn da die Mütter immer zu demselben, nämlich zu *ihrem* Sonnenschirm kommen, lernen sie recht schnell sämtliche anderen Mütter kennen, die die angrenzenden Sonnenschirme ihr Eigen nennen, und dieses Kennenlernen scheint wesentlich schneller vonstattenzugehen als das der Kinder untereinander. Schließlich haben Erwachsene darin auch schon mehr Übung.

Die Sonnenschirme zu unserer Rechten haben zwei Grundschullehrerinnen in Besitz genommen. Hingerekelt auf ihren Liegen, cremen sie sich die Schwangerschaftsstreifen ein, ihr Gesprächsstoff scheint schier unerschöpflich zu sein: Gameshows im Fernsehen, die Preise im Supermarkt, medizinische Untersuchungen, Scheidungen im Freundeskreis, Scheidungen von Prominenten, Hautausschlag durch Windeln, Nudelgerichte, die ersten Gehversuche der Sprösslinge und ihre ersten Zähne. Neben ihnen hantieren die lieben Kleinen – Hauptthema aller Gespräche – in aller Regel recht grob mit ihren Spielsachen und schlagen, falls sie einen

Spielgefährten haben, auf ihn ein, während die Sonne in den Zenit wandert und die Schattenfläche auf das Kreisrund unter den Sonnenschirmen zusammenschmelzen lässt.

»Ich frage mich, warum sie überhaupt an den Strand kommen«, wundere ich mich ungnädig, während Michele krampfhaft meine Zehen festhält. Ich kann mich nicht erinnern, dass wir am Meer bei Blackpool einfach so faul herumgelegen hätten. Wir waren ständig auf den Beinen und haben etwas unternommen. Es wurde unentwegt gespielt, dazwischen gab es einen Imbiss, man schwamm und bibberte und flüchtete wieder aus dem Wasser.

Rita liest ein Buch mit dem Titel »Io e il mio bambino« – Ich und mein Baby. Als Gratisbeigabe zu dem Buch gab es einen Beißring. Für Michele kam er allerdings zu spät.

Ich wiederhole meine vorwurfsvolle Frage noch einmal.

»Wegen der Seeluft«, erklärt mir Rita. »Sie ist gut für die Kinderlungen. Die Ärzte empfehlen den Aufenthalt am Meer. Gerade habe ich hier irgendwo einen Aufsatz darüber entdeckt: Die heilsame Wirkung von Jod auf die Bronchien.«

»Aber man kann das Meer hier nicht einmal riechen.«

»Von hier aus nicht.«

Das ist erstaunlich. Zumindest für mich. Da das Wasser so ruhig und die warme Luft so unbeweglich ist (und vielleicht auch, weil einem von überall her der Geruch von Sonnenmilch in die Nase sticht), nimmt man den wunderbaren Geruch des Meeres erst wahr, wenn man schon fast im Wasser steht. Blickt man hingegen nicht direkt in Richtung Meer, könnte man ebenso gut meinen, man wäre in irgendeinem Freizeitclub mitten in der Sahara. Die beiden Lehrerinnen stellen gerade Vergleiche darüber an, bei welcher der beiden Frauen sich die Haut an den Schultern stärker schält, während ihre beiden Kinder einander ignorieren. Nicht ein einziges Mal innerhalb einer Stunde haben sie auch nur ein Wort über berufliche Angelegenheiten verloren. Rita aber lässt sich von meiner Kritik nicht beeindrucken; sie liest gerade einen Artikel über Fußdeformationen. Sie fürchtet, dass Michele vielleicht Plattfüße haben könnte. Deshalb legt sie ihn auf den Rücken und untersucht seine Fußsohlen, was dazu führt, dass er zu kichern beginnt. Für mich sehen seine Füße wie zwei wohlgeformte Semmeln aus, und ich beschließe, dass es nun an der Zeit ist, mit ihm zum Wasser zu gehen.

Man kann verstehen, weshalb italienische Mütter vielleicht nicht allzu unglücklich darüber sind, dass sich ihre Ehemänner nicht den lieben langen Tag am Strand aufhalten. Ab elf Uhr prickelt am Strand von Pescara eine entschieden erotische Atmosphäre, die der Bewahrung monogamer Beziehungen unter reiferen Menschen kaum zuträglich ist. Denn ab elf Uhr treffen die Jugendlichen und die – man kann sie nicht anders bezeichnen – ernsthaften Sonnenanbeter ein. Mit meinem tapsigen Kind an der Hand schreite ich quälend langsam an einer aufgetakelten Nixe in einem Monokini vorbei, der nicht mehr ist als ein Faden aus fluoreszierendem Grün zwischen straffen dunkelbraunen Pobacken. Erstaunlicherweise kommt sie stets in Begleitung eines älteren dickleibigen Herrn, der vielleicht ihr Großvater ist – oder auch nicht. Auf seiner Liege sitzend liest er »La Gazzetta dello Sport«, ohne auch nur den Anflug von Amüsement erkennen zu lassen. Im Sommer dreht sich das Transfer-Karussell, und man darf raten, welcher Spieler zu welchem Verein wechselt.

Michele heult. Der heiße Sand verbrennt ihm die Füße. Ich hebe ihn hoch und trage ihn zu dem Weg in der Mitte. Überall in den Schattenzonen sind nun sechzehn- und siebzehnjährige Mädchen dabei, sich zurechtzumachen und auf die feierliche Prozedur des »Sonnenanbetens« vorzubereiten. Sie stammen aus der Gegend, es sind Mädchen von der Adria, zartgliedrig, dunkelhäutig und schlank, in neonfarbigen Badeanzügen, die dieses Jahr an den Schenkeln hoch ausgeschnitten sind, wobei man bei dem täglichen Wechsel des Badeanzugs – oder dem mehrmaligen Wechsel an einem Tag – darauf achten muss, dass am Bauch die Bräunung weitestmöglich nach unten reicht und an den Beinen so hoch wie möglich.

Ich achte angestrengt darauf, dass Michele seinen Sonnenhut aufbehält, und bin mir dabei bewusst, dass sämtliche Frauen und Mädchen sich umdrehen und lächelnd herblicken, aber nicht wegen mir – weit gefehlt –, sondern wegen meines goldigen kleinen Jungen, wie er blondschöpfig dahinstakst. Was mich betrifft, könnte ich ebenso gut unsichtbar sein. So etwas tun einem die Kinder an. Vielleicht ist das in Italien ausgeprägter als anderswo. Kinder ziehen die weibliche Aufmerksamkeit wie ein Magnet auf sich. Es würde mich nicht wundern, wenn irgendwelche gewissenlosen Kerle sich ihrer in derselben Absicht bedienten, mit der andere Leute sich ein schnelles Auto kaufen …

Aus dem Wand der Sonnenschirme kommend, betreten wir jene zwanzig abgemessenen Meter leeren Sandstrandes vor dem Meer. Offenbar gelten hier bestimmte Regeln. Und hier ist auch etwas los, hierher kommen die Leute, wenn sie genug haben von ihren Sonnenschirmen, wenn sie es nicht mehr aushalten, bloß zu brutzeln, zu tratschen, sich herauszuputzen oder zu lesen. Der Sand hier ist fest, und auf einem Streifen von einem oder zwei Metern, dort, wo er vom Meer überspült wird, auch dunkelfeucht. Dort kann man also bequem laufen, und auch Spiele sind möglich. Genau genommen ein einziges Spiel, *tamburello*. Denn einer der bemerkenswertesten Züge der Italiener ist ihre Konformität, das heißt, dass sie alle zur gleichen Zeit das Gleiche machen. Die älteren Herrschaften spazieren am Meeressaum entlang, mit dicken Bäuchen, die über eng sitzende Badehosen quellen, und gut sichtbaren Operationsnarben; die Kinder rennen in die flache Gischt; die Mütter stehen in Gruppen am Ufer und passen auf, dass ihre Sprösslinge sich nicht zu weit hinauswagen, plaudern miteinander und rufen den Kindern gelegentlich etwas zu. Die jungen Mädchen hingegen, plus einige gut gebaute Männer, die aus irgendeinem Grund nicht in der Arbeit sind, sowie einige Frauen, die aus irgendeinem Grund keine Kinder haben, spielen *tamburello*. Wenn jemand etwas anderes spielt, ist er kein Italiener.

Tamburello ist ein Spiel, bei dem man ursprünglich eine Art hölzernes Tamburin benutzte, um einen harten Ball hin und her zu schlagen; mittlerweile verwendet man dazu einen kurzen, stabilen Schläger aus Sperrholz und einen Tennisball. Natürlich darf der Ball nicht den Boden berühren, denn vom Sand würde er nicht mehr hochhüpfen. Was bedeutet, dass man kräftig draufhauen muss ... Im Abstand von zehn oder fünfzehn Metern und parallel zum Ufer (damit man eine ebene Fläche hat) dreschen die Spielpartner, auf dem Sand umherhüpfend, einander den Ball zu: plopp, plopp, plopp. Das Spiel ist so beliebt, dass man zuweilen Schwierigkeiten hat, diesen Strandabschnitt in Richtung Meer zu überqueren, insbesondere mit einem Kleinkind. Man will ja nicht, dass es von einem heransausenden Tennisball getroffen wird oder, noch schlimmer, von einem dieser jungen Männer mit seinem Holzschläger.

Ich mache einen weiten Bogen um zwei einheimische Jungen, die einander den Ball zudreschen, dann setze ich Michele ans Ufer und beginne damit, für ihn ein kleines Bassin auszuheben. Bestimmt bin ich an dem ganzen, sieben Kilometer langen, bevölkerten Strand der Einzige, der so etwas macht, da diese Art schwerer körperlicher Betätigung nicht zur Tradition des italienischen Strandlebens gehört. Sogar Michele will offensichtlich lieber dabei zuschauen als sich beteiligen. Oder er hockt einfach regungslos da und starrt in den blendend hellen Himmel über dem Meer, wobei er gelegentlich – die Handflächen nach außen – die Arme hebt, als bete er dieses phantastisch prächtige Licht des Mittelmeers an. Das ist ziemlich irritierend, wenn ich mit meiner protestantischen Arbeitsethik gerade dabei bin, zu zeigen, was für ein guter Vater ich bin.

Links von meiner Grabungsstelle – auf einem zwei oder drei Meter hohen leiterartigen Gebilde – sitzt der Rettungsschwimmer mit seinem roten T-Shirt auf einem Stuhl, raucht eine Zigarette und starrt ebenfalls hinaus auf die See, allerdings nicht so entrückt wie Michele. Seine ganze Haltung verrät jedoch Unbehagen und Unentschlossenheit; er kann sich anscheinend nicht recht entscheiden, mit welcher Hand er sein Kinn aufstützen soll ... Unter ihm auf dem Sand plaudern zwei geschmeidige junge Sirenen, die immer wieder seine Aufmerksamkeit auf sich lenken; mit leuchtend bunten Bändern haben sie ihr rabenschwarzes Haar zurückgebunden, sie tragen Fußkettchen und haben lackierte Zehennägel. Sie kichern. Sie rufen spöttisch zu ihm hoch und warten darauf, dass er herunterkommt, während er, ein stämmiger, kräftiger Bursche, mit unbewegter Miene zu den Badenden hinausblickt. Sommerliche Affären mit dem *bagnino*, dem Strandwächter am Badeufer, der auch die sonstige Dreckarbeit erledigt, sind unverzichtbarer Bestandteil der italienischen Strandmythologie.

Während Michele ein paar Schritte ins Wasser hinausstapft, lege ich eine Pause ein und sehe den Badenden zu. Ich denke daran, wie ich im vorigen Sommer einige Wochen in den USA verbracht habe und in dieser Zeit auch einmal an einem Badesee in Neuengland war. Dort hatten sie nicht nur einen Bademeister, sondern gleich zwei, und zwar an einem viel kleineren Strand, der mit Seilen abgegrenzt war, um zu verhindern, dass die Leute zu weit hinausschwammen und von den Motorbooten der Reichen zerstückelt wurden. Natürlich hatten diese Vorkehrungen viel mit den amerikanischen Gesetzen zum Versicherungsschutz und mit dem vom Geist dieser Gesetze beseelten ernsthaften Bemühen um Sicherheit zu tun. Weil ich aber zu jenen gehöre, die lieber eine längere Strecke am Stück schwimmen als ständig vor und zurück, empfand ich diese Eingrenzung als deprimierend, vor allem auch, weil ihre Einhaltung strengstens überwacht wurde – mittels Trillerpfeifen und Armwinken und Schreien und Strafandrohung für die Schwimmer, die aus ihrem Pferch ausbrachen.

Auf den ersten Blick könnte man den Eindruck gewinnen, als verhielte es sich hier am Strand von Pescara ganz ähnlich. Denn nur zehn Meter weit draußen in dem sandigen Wellengekräusel ragt ein rostiger Pfosten ein wenig schief aus dem seichten Nass; obendrauf verkündet ein Schild LIMITE DELLE ACQUE SICURE – Hier endet das sichere Wasser. Zu beiden Seiten des Pfostens markiert ein schlaffes Seil aus blauem Nylon, das zwischen Styroporklötzchen hängt, die Grenze.

Plötzlich stürmt eine riesige Horde Kinder ins Wasser. Sie gehören zu einer *colonia*, einem Sommerlager, und werden von einer nicht unattraktiven Frau etwa Anfang dreißig beaufsichtigt. Die Acht- bis Zehnjährigen stürzen sich ins seichte Wasser, planschen herum und bespritzen einander; alle sind sehr ausgelassen. Doch plötzlich ruft die Frau: »*Alt!* Nur bis *il limite delle acque sicure! Per l'amore di Dio!*« Die armen Kinder müssen sich damit zufriedengeben, in einem Wasser zu spielen und herumzutollen, das an der mit dem blauen Seil markierten Grenze kaum tiefer ist als einen halben Meter.

Aber ich habe Ihnen noch nicht alles über die Topografie des Strandes von Pescara verraten. So liegt etwa dreihundert Meter weit draußen im Meer eine Reihe von riesigen Wellenbrechern, bestehend aus großen Steinquadern. Sie bilden hügelige kleine Inseln aus Granit, Tang und Krabben. Jeder der Wellenbrecher steht diagonal zum Ufer, gemeinsam aber bilden sie eine zur Küste parallel verlaufende Barriere, die so angelegt ist, dass die schwerfällige adriatische Flut Sand ans Ufer spülen, aber keinen forttragen kann. Auf diese Weise wird der Strand mit jeder Saison breiter und das Wasser immer seichter. Als diese rostige Warntafel mit der Aufschrift: LIMITE DELLE ACQUE SICURE aufgestellt wurde – vor weiß Gott wie langer Zeit –, hatte sie wahrscheinlich noch wirklich eine Bedeutung. Heute könnte man hier nicht einmal mehr eine Katze ertränken. So stößt man, wie so oft in Italien, auf Vorschriften oder Warnungen, die inzwischen längst überholt sind. Und das einzig Positive daran ist, dass sich normalerweise niemand darum schert, ob man sie befolgt. Nur die armen Kinder der *colonia* werden gezwungen, innerhalb des LIMITE DELLE ACQUE SICURE zu bleiben. Weil hier Fragen der Aufsichtspflicht, der Versicherung und der Haftung berührt werden. Alle anderen Leute hingegen ignorieren den schiefen Pfosten mit seiner unsinnigen Warnung einfach. Einige Kinder machen sich auch einen Spaß daraus, mit nassem Sand nach den großen roten Buchstaben zu werfen. Und manchmal, beim Herumhüpfen im Wasser oder bei einer Wasserschlacht, stößt auch jemand dagegen und verletzt sich daran. Der Pfosten selbst ist eine weit größere Gefahr als diejenige, vor der er warnt.

Das Werbeflugzeug fliegt wieder den Strand entlang, diesmal in entgegengesetzter Richtung, und nun ist auf der orangefarbenen Plastikfahne OИIꓷOЯƆ zu lesen. Ich habe mich schon immer gefragt, ob sich diese Art von Werbung lohnt.

Die Zeit verstreicht. Inzwischen hat die Sonne ihren Scheitelpunkt erreicht. Wenn man jetzt in dem seichten Wasser sitzt, wirft man so gut wie keinen Schatten. Und es ist zu heiß. Schließlich entscheide ich mich, das Gleiche zu tun, was italienische Mütter tun. Ich hebe Michele hoch und wate mit ihm hinaus ins Meer. Die Mütter machen das, weil weiter draußen im Wasser der Jodgehalt noch höher, noch heilsamer ist. Ich will aber nur ein wenig abkühlen.

Jenseits der *colonia* und anderer herumtollender Kinder, dort, wo das Wasser etwa einen Meter zwanzig tief ist, sind nur noch sehr wenige Leute. Bloß eine Gruppe Jugendlicher, die eine Art Wasser-Volleyball spielen, und ein Mann, der Muscheln fischt. Er hat einen kräftigen Stock, an dessen einem Ende ein sehr großes Netz an einem exakt halbkreisförmigen Rahmen befestigt ist. Mit der geraden Kante des Halbkreises fährt er in den sandigen Untergrund, um die Muscheln unter der Oberfläche zu erwischen. Er hebt das Netz hoch. Michele beugt sich in meinen Armen nach vorne, um besser sehen zu können.

»Was erwischt?«

Mit seinen alten, dicken Fingern sichtet er geschwind seine Beute aus Tangfetzen und Muschelstücken. Sein kahler Schädel blitzt im Sonnenlicht. Über der einen Schulter trägt er eine arg lädierte alte Schultertasche aus Öltuch, in die er gelegentlich etwas verschwinden lässt. Er blickt auf. *»Che bellu citolo«*, sagt er und sieht dabei Michele an. Ich habe zwar nicht die geringste Ahnung, was *»citolo«* bedeutet, aber er hat den nachsichtigen Blick, den ältere Italiener immer dann aufsetzen, wenn sie es mit kleinen Kindern zu tun haben. Es ist wohl ein Dialektausdruck. Und er greift in eine andere Tasche, zieht eine winzige weiße spiralenförmige Muschel heraus und reicht sie Michele. Seine Hand umschließt die Muschel in der entschiedenen Art, die Kleinkindern eigen ist. *»Azie«*, sagt er. Er meint *»grazie«*.

Der alte Mann watet weiter. An manchen Vormittagen habe ich beobachtet, wie er und einige Gleichgesinnte drei oder sogar vier Stunden lang ihre Netze durchs Wasser zogen, oft inmitten der Kinder und anderer Badender. Sie sammeln Herz- und Miesmuscheln, um zu Hause daraus Soße für ihre Pasta zu kochen und Soße für die Pasta ihrer Söhne und Töchter und Enkel und Enkelinnen. Die Geschäftstüchtigeren unter ihnen verkaufen ihren Fang an die Fischläden.

Jemand ruft nach mir. Es ist mein Schwiegervater, der am Ufer steht. Rita hat den Strand verlassen und ist einkaufen gegangen. »*Nonno!*«, kreischt Michele. Großvater! Offenbar hat er Anweisung erhalten, mich abzulösen, damit ich eine Runde schwimmen kann.

Als ich den Jungen durch den Wald der Sonnenschirme zurücktrage, höre ich wieder den Ruf: »*Cocco! Cocco fresco!*« Dadurch kommt mir in den Sinn, wie viele Menschen auf diesem schmalen Streifen zwischen Land und Meer ihre Bahnen ziehen: der Kokosnuss-Verkäufer und eine Vielzahl von Einwanderern, die alten Muschelfischer, der Flieger, die Dicken bei ihrem Gesundheitstraining, die Asthmatiker, die die gute Luft genießen wollen – hin und her, hin und her in immer gleicher, lieb gewordener Gewohnheit. Denn morgen werden sie exakt das Gleiche tun. Und auch am Tag darauf. Und auch am übernächsten Tag. »*Cocco!*« (Der Junge schlägt auf seinen Eimer, aber mein Schwiegervater ist nicht interessiert, er denkt bereits an seinen *aperitivo*, den er in einer knappen halben Stunde zu sich nehmen wird.) »*COCCO!*« Und wieder dröhnt das Flugzeug über uns und zieht einen Schleier aus Lärm und Schatten hinter dem grellfarbenen Fetzen her.

Als ich wieder ins Wasser hinauslaufe, um endlich zu schwimmen, sehe ich sie plötzlich ganz deutlich vor mir, die Beschaffenheit dieser Welt, in die mein Sohn hineinwächst: eine Welt, die so ordentlich angelegt ist mit ihren aufgereihten Sonnenschirmen, ihrer Bevölkerung, die sich aus Müttern mit ihren Kindern zusammensetzt und aus Vätern, die, weil sie arbeiten müssen, nicht da sind, aus alten Männern, die fischen, aus Strandwächtern, die halbherzig den Lockungen der Sirenen widerstehen – alle verhalten sich ausnahmslos so, wie es von ihnen erwartet wird. Da ist der sorgfältig gepflasterte Weg, der Streifen harten Sandes (den ich wegen der umherfliegenden Bälle rasch mit eingezogenem Kopf durchquere), der etwa fünfzig Meter breite Abschnitt mit den herumtollenden Kindern, das ruhige Wasser und jenseits die Bastionen, die das alles beschützen, der äußere Wall dieser geometrisch gegliederten Zivilisation, jene großen steinernen Wellenbrecher, angeordnet in regelmäßigen Winkeln und Abständen. Ich stürze mich ins Wasser und bin nach ungefähr zehn Minuten bei diesen Gebilden. Ein paar Männer sitzen darauf und angeln, und ein Tretboot mit Teenagern neigt sich gefährlich zur Seite, als sie versuchen, die Felsen zu erklimmen, ohne nass zu werden. Auf einem anderen Felsen versucht ein Junge ein Mädchen herumzukriegen …

Aber jenseits der Wellenbrecher ist nichts mehr. Kein einziger Schwimmer draußen im wirklichen Meer mit seiner langen sanften Dünung. Ich schwimme ein paar Hundert Meter über die Felsbarriere hinaus. Dort sind die Markierungsbojen einiger Krabbenreusen, und am Horizont ist irgendein Schiff zu erkennen. Noch weiter in dieser Richtung liegt, besser lag, Jugoslawien und all das, was – wie wir wissen – dort passiert. In Rückenlage schwimmend kann ich selbstzufrieden darüber nachdenken, dass Italien trotz all seiner Fehler wohl einer der zivilisiertesten Orte der Welt ist, an denen ein Kind aufwachsen kann. Ich sollte ein Buch darüber schreiben, sage ich mir. Denn das scheinen die Leute von mir zu erwarten …

ULRICH WOELK
Liebespaare

Seth: Es tut mir leid.
Kate: Ja, mir tut es auch leid … Seth?
Willst du mich nicht mitnehmen?
From Dusk till Dawn

An einem Wochenende im Mai, dem Pfingstwochenende, liegt Fred Saltz am gleißenden Strand von Casalina Mare, einem winzigen Küstenörtchen am Südzipfel des Golfs von Follonica, der von ihrem Sommerhaus im Hinterland nur etwa dreißig Autominuten entfernt ist. Wunderbar, wenn die warme Luft durchs Wagenfenster strudelt, als würden die blütenübersäten Oleandersträucher am Straßenrand sie aus sich herausschütteln. Jetzt aber ist es windstill und heiß, Mittagszeit. Fred schläft. Das regelmäßige Anrollen der Wellen, die durch die Luft schwirrenden Stimmen der Badegäste und sein eigener gleichmäßiger Atem zerfließen unter der Glut der Sonne zu einer trägen unwirklichen Lautschmelze. Genau genommen ist Casalina Mare gar kein Ort, sondern besteht nur aus einem Parkplatz, drei Restaurantterrassen und einem Geschäft für Strandbedarf, vor dem tagaus, tagein, mit der Schnauze nach oben wie an einem Angelhaken, ein dicker lächelnder aufgeblasener Delfin im Wind schaukelt. Der Küstenstreifen hier erstreckt sich von einem kleinen Hafen, in dem ein paar Sportboote und Einmaster vor sich hin dümpeln, bis zu einem zwei oder drei Kilometer entfernten, bläulich ins Wasser ragenden Felsrücken. Der Strand ist schmal und sanft geschwungen, der Sand feinkörnig und weich. Fred liegt flach auf dem Bauch, und sein Rücken heizt sich allmählich auf wie ein heller, frisch in den Backofen geschobener Pizzateig. Diese Mittagshitze ist zu viel selbst für ihn, der die Sonne und die Wärme und Italien liebt und die vielen Körper hier am Strand von Casalina Mare, die in ihren quittengrün oder lachsfarben leuchtenden Badeanzügen und Bikinis an der Wasserlinie auf und ab spazieren, mit glänzenden Schenkeln, als hätten sie sich mit Licht eingecremt. Es ist diese zweite Haut aus Sand, Salzkristallen, Sonnenöl und Schweiß, deren Geruch Fred fast jeden Abend scharf auf Nora werden lässt, leider vergeblich, denn im Moment ist sie vollkommen durchdrungen von der bevorstehenden Verteidigung ihrer Doktorarbeit, Berge von Fachliteratur stapeln sich auf ihrem Nachttisch, und zum Sex ist sie kaum zu überreden. Umso mehr ist es ein Glück, zumindest tagsüber ein Teil der Herdengemeinschaft all dieser Körper hier zu sein, von denen Fred auch jetzt im Schlaf, oder genauer im Halbschlaf, spürt, dass sie ihn umgeben. Menschen in ihrer ursprünglichsten Form, nackt und unschuldig. Paradies und Evolution. Neulich hat er in einem der populärwissenschaftlichen Bücher über die Entwicklung des Homo sapiens, mit denen er sich die sexlose Zeit vor dem Einschlafen vertreibt, gelesen, dass schon der Großvater von Charles Darwin, Erasmus Darwin, eine Form von Evolutionslehre vertreten hat. Er war Arzt, aber eigentlich war er Ästhet. Er wollte wissen, wie es kommt, dass man etwas schön findet und anderes nicht, und wie sich das Schöne gegen das Hässliche durchsetzt. Irgendwann stellte er die Theorie auf, alles Schöne sei in Wahrheit eine Erinnerung an die Mutterbrust; keine schlechte Idee eigentlich, findet Fred. Der Grundgedanke dazu stammte von dem englischen Künstler, Maler und Kupferstecher William Hogarth, der sich in der ersten Hälfte des achtzehnten Jahrhunderts mit diversen Bilderzyklen einen

Namen gemacht hat. Fred nimmt an, dass man sich unter solchen Zyklen nichts anderes vorzustellen hat als die Soap-Operas der damaligen Zeit, und der erfolgreichste von ihnen war einer mit dem Titel *Leben einer Dirne*. Dieser Hogarth jedenfalls, unter dem sich Fred eine ziemlich fettige Type vorstellt, so eine Art Barock-Thilo-Flatten, hatte im Laufe seiner Arbeiten und bei verschiedenen Feldstudien bemerkt, dass sich menschliche Körper ausschließlich aus geschwungenen Linien zusammensetzen. Und die soll er auf eine Elementarform oder Urlinie zurückgeführt haben, die er *line of beauty* nannte, der Lüstling, aber eigentlich war diese Linie nichts anderes als ein weit geschwungenes S. Darwins Großvater griff die Idee ziemlich enthusiastisch auf und goss ihr ein theoretisches Fundament: Die angenehmen Empfindungen beim Anblick dieser S-Linien, behauptete er, hätten ihren Ursprung in der Zeit des Säugens. Zu Deutsch: Das Fundament alles Schönen sind hübsche Möpse. Da mag schon etwas dran sein, aber irgendwie findet Fred es doch überraschend, dass dieser Gedanke eine Zeit lang als Erasmus-Darwin-Hypothese quasi wissenschaftlichen Status genossen hat. Verrückte Zeit, dieses Barock.

Wie auch immer – dieser Strand von Casalina Mare hier jedenfalls *ist* ein Teppich aus S-Linien, und er *löst* bei Fred angenehme Empfindungen aus. Wenn er mit Nora am späten Vormittag hierher kommt und sie sich mit ihren Handtüchern zwischen den versetzt siedelnden Familien, die zum Zeichen ihrer territorialen Ansprüche bunte Sonnenschirme aufgeflaggt haben, einen Platz suchen, müssen sie meist bis weit an die Ränder der Badezivilisation ausweichen, dorthin, wo die Sonnenschirme weniger werden, die Atmosphäre ruhiger, die Paare jünger und die Frauen freizügiger. Nur noch das Meer bewegt sich hier, und die Paare liegen im Sand wie Anführungszeichen ohne Text: Wir bräunen, heißt es nur stumm, bitte nicht stören! Selbst die Brüste der Frauen scheinen ganz ins Sonnenbaden versunken, ihr hogarthscher S-Linien-Zauber verliert sich in der meditativen Leere des Liegens: seichte Wellen, die kaum die gleichförmige Abfolge von Mulden und Hügeln im Sand unterbrechen. Es ist, als lägen alle träge im Paradies und warteten auf den Sündenfall.

Aber es sind nicht nur diese faul daliegenden Körper, diese schwitzenden Spiegelungen seiner selbst, deren Anwesenheit jetzt in Freds schläfrig benommenes Bewusstsein sickern, sondern irgendwo rechts hinter ihm, ungefähr auf der Höhe seiner Füße, stört ihn schon seit geraumer Zeit oder auch erst seit ein paar Sekunden – noch kein verlässliches Zeitgefühl tickt in seinem Gehirn – eine penetrante beharrliche Unruhe wie eine Stubenfliege, die man mit blinden Bewegungen erfolglos zu verscheuchen sucht, und ebenso ist es ihm nicht möglich, dieses unsichtbare Geschehen, was auch immer es sein mag, aus seiner wehrlosen Wahrnehmung zu drängen, sodass er sich schließlich auf die Seite dreht und vorsichtig die Augen öffnet, in denen schon der kleinste von seinen Lidern freigegebene Schlitz eine Explosion aus Licht zündet. Das Erste, was er schließlich, nachdem sich seine Netzhaut an die Helligkeit gewöhnt hat, zu erkennen vermag, ist eine leuchtende S-Linie und ihr gegenüber ein handartig greifender, offenbar lebendiger Schatten. Das Licht, das Fred beim Öffnen der Augen geblendet hat, war nicht die Sonne selbst, sondern Noras eingeölt glänzende rechte Brust, deren malvenfarbene Knospe sich gerade einen halben Meter vor den auffordernd dreinblickenden Augen eines schwarzen Strandhändlers im Rhythmus eines neugieriginteressierten Kopfnickens hebt und senkt.

Der Afrikaner ist mit einem grob gewebten naturfarbenen Leinenkaftan bekleidet und hat, während Fred in der Backröhre seines Schlafs schmorte, ein gespenstisch großes Warenangebot vor Nora ausgebreitet, die sich im Yogasitz darüberbeugt. Es ist, als habe ein geheimnisvoller Zauber des Schwarzen Kontinents den Sand in eine Oase aus farbenprächtigen Produkten verwandelt; aus Batiktüchern, Levis-Jeans, weißen Turnschuhen, Ballspielen, Elefanten und Giraffen aus Ebenholz, buntem Modeschmuck, luftigen Oberteilen und Röcken, Gummisandalen, Zigaretten, eisgekühltem Mineralwasser, Silberkettchen, Frotteehandtüchern, aufblasbaren Krokodilen, Jesuslatschen, Swatches, Bikinis, Boxershorts, Ledergürteln, Baseballkappen und einer unübersehbaren Anzahl von Amuletten, Talismanen und sonstigen Glücksbringern einer Vielzahl esoterischer Lehrmeinungen. Und der Herr über all diese Waren knotet gerade eine leuchtend rote Textilie von einer seiner Trageleinen und reicht sie Nora. Das Stoffstück ist ein ärmelloses Oberteil, eine Art Jäckchen ohne Futter und Knöpfe, das über dem Bauchnabel verknotet wird. Nora schlüpft hinein und klappt die spitz zulaufenden Revers über ihren Brüsten zusammen wie die Seitenflügel eines Triptychons. Dann zieht sie den Knoten fest und dreht sich zu Fred.

»Was meinst du? Es ist zu groß, nicht wahr?«

Er richtet sich auf und stützt sich auf den Ellbogen. Im Ausschnitt der Bluse ist ihre linke Brust zu sehen, die unter dem rot aufgebauschten Stoff verloren und klein wirkt. Von der Seite betrachtet ist es nicht so sehr ein S, das die flache Erhebung mit der jetzt chiantirot leuchtenden Spitze charakterisiert, sondern mehr ein J. Und unter dem groben Faltenwurf des Tops bleibt nicht viel davon übrig.

»Good price«, wirbt der Afrikaner für das Kleidungsstück. Das *price* klingt bayerisch wie zum Beispiel in Saupreuß, mit gerolltem R, ungefähr so, wie Nike Meyer es aussprechen würde.

»Ja, zu groß«, sagt Fred.

Nora löst den Knoten und zieht das Oberteil aus. »Schade, die Farbe hätte mir gestanden.« Von vorn – Fred weiß es – bilden ihre Brüste ein in den Spitzen abgerundetes W, besonders wenn sie sich vorbeugt wie jetzt, um das vor ihren gekreuzten Schienbeinen ausgebreitete Warenangebot zu inspizieren. Der Schwarze nimmt das Top entgegen und betrachtet sie gelassen, hockend im Meer seines Trödels. Eine kompakte männliche Masse. Das Weiße seiner Augen ist groß und gelblich. Noras Nacktheit, die farblich zwischen Mandelkernweiß im Winter und Mandelschalenbraun jetzt variiert, beugt sich ihm entgegen. So wie sie dasitzt, könnte sie auch das Prunkstück seines Sortiments sein. *Good price.* Die Handhaltung, mit der der Schwarze seine Waren anpreist, erinnert Fred daran, wie er selbst Nike Meyer vorzustellen pflegt. Der Händler deutet auf ein Samtkissen mit Schmuckstücken, und der Schatten seiner Hand greift dabei zwischen Noras Schenkel in ihren geöffneten Yogaschoß. Schwarze Finger. Afrika ist die Wiege der Menschheit. Evolution, Zweibeinigkeit, Überlebenskampf. Vier Millionen Jahre Savannenprägung. Verhaltensprogramme, die unbewusst immer noch in uns wirken, Noras nackt dargebotene Brüste: eine uralte Botschaft. Mitochondriale Eva und genetische Urmutter; Chromosomen, die sich entlang einer nie abreißenden Kette von Paarungen über Hunderttausende von Generationen weiter- und weitervererbt haben und nun in jeder Zelle ihres schönen schlanken zivilisierten Körpers zu finden sind. Sie ist schwarz, irgendwo in ihrem Innern. Instinkte gehen nicht verloren. Es ist die ältere, die tiefere weibliche Erfahrung, sich einem Schwarzen hinzugeben als einem Weißen. Nicht ein Strandhändler kniet dort vor Noras bloßem Oberkörper und ihren biskuitfarbenen Brüsten, sondern der Urliebhaber ihres Geschlechts. Der Mythos unermüdlichen äquatorialen Wollens und Könnens. Weiße Schwänze: blass gemaserte Kiefernfigürchen. Schwarze Schwänze: Ebenholzskulpturen. Die dunkle Potenz des Dschungels, die Macht der Gene ... Und all das ist einfach nur Wissenschaft, eine klare Ansammlung von Fakten, die Summe dessen, was in den Büchern auf Freds Nachttisch nachzulesen ist ...

Nora zeigt auf ein Bustier aus schwarzer Baumwolle, und

als sie es entgegennimmt, sieht es so aus, als gäbe ihr der Afrikaner ein Stück seiner Haut. Sie schiebt die Träger über ihre Handgelenke und streckt die Arme über den Kopf, wodurch sich ihre Brüste zu zwei flachen Os runden, so wie Fred sie am liebsten mag.

»Das rote Top, das ich eben anhatte«, sagt sie, während der etwa handbreite Stoffstreifen des Bustiers an ihren Armen heruntergleitet und kurzzeitig ihr Gesicht bedeckt, »ist mir aufgefallen, als er bei uns vorbeikam.« *Er* ist der Schwarze. Fred entnimmt ihrem Ton, dass *er* nicht mitbekommen soll, dass sie jetzt über ihn redet. »Die Farbe hat mir gefallen: Die anderen Sachen interessieren mich nicht, aber wir können ihn ja nicht einfach wieder fortschicken, wo er doch alles ausgebreitet hat. Ich habe ihn gar nicht darum gebeten.«

»Du musst doch nichts kaufen«, sagt Fred.

Ihre Brüste verschwinden unter dem Oberteil, sie zupft daran herum und schüttelt den Kopf. »Zu klein. Ich bekomme kaum Luft. *Too small*«, sagt sie.

Der Schwarze zieht ein anderes hervor. »This good.«

»Was machen wir denn jetzt?«

»Wieso wir?«

»Er hat mir leidgetan. Man kann sie doch nicht jedes Mal mit einer Handbewegung verscheuchen wie Fliegen.«

»Es ist ja nicht so, als hätte er gar nichts davon.«

»Wovon?« Sie zieht das Bustier aus. »I'm not sure.«

»Er darf mit in die Umkleidekabine.«

»Stört dich das etwa?« Sie legt das Bustier zurück.

»Schon okay ...«

»Okay?« Der Schwarze hebt das bunte Bustier hoch.

»No, thank you«, schüttelt Nora den Kopf. Um Zeit zu gewinnen, stochert sie in einem Kästchen voller lakritzfarbener Holzamulette herum. »Ich dachte, es wäre erregend für dich, wenn andere mich ansehen können. Gefällt das nicht allen Männern?« Sie ergreift einen Armschmuck, eine

Wendel aus leicht angelaufenem Silber, die sie so weit über den Ellbogen schiebt, bis sie Halt findet. »Das ist eigentlich ganz schön, findest du nicht?«

»Mag sein«, sagt Fred und betrachtet den Silberschmuck, der sich ein paarmal um ihren Oberarm schlängelt. Dann fügt er hinzu: »Vielleicht ist dein Busen für *ihn* ein Problem. Er könnte Moslem sein.«

Sie bewegt ihren Arm hin und her. Der Schmuck verleiht ihrer Nacktheit eine orientalische Note, einen fernen Eindruck von Harem. »Sei nicht albern. Wenn ich mir jetzt etwas überziehen würde, wäre das irgendwie unhöflich. Als ob ich ihm misstrauen würde.«

Der Schwarze erscheint Fred jetzt nicht mehr ganz so schwarz, als hätten sich seine Augen an die Dunkelheit der Haut gewöhnt, und er glaubt, in den Zügen des Afrikaners einen indischen Einschlag zu bemerken. Vielleicht ist er ja Hindu. Wie sieht es eigentlich mit den Sitten in Indien aus? – Darüber weiß man in der Regel nicht viel. Friedlicher Sex in Aschrams. Meditieren, Tee trinken, vögeln. Kleine Männer, rundgesichtige Frauen. An Inderinnen denkt man nie dabei. Nora sitzt gerade da wie eine von ihren Göttinnen, nackt und aufrecht, nur dass nicht drei oder vier abgeknickte Armpaare ihren Oberkörper einrahmen, sondern nur eines: Der Schwarze hält ihr ein Fußkettchen hin, golden und feingliedrig.

»Nimm halt irgendwas«, sagt Fred.

»So etwas habe ich noch nicht.« Nora löst die Verknotung ihrer Beine, stellt einen Fuß in den Sand und legt das Kettchen um den Knöchel. Im Schritt bilden die dunklen Härchen ihrer Scham eine lockige Böschung am dattelfarbenen Steg ihres Bikinihöschens.

»Very beauty«, versichert der Schwarze.

Der Schmuck macht sich gut an ihrem Körper. Die aus launischer Intelligenz und nervösem Selbstvertrauen gewebte Oberfläche ihres Wesens macht einer konkreteren

Weiblichkeit Platz, die Fred gefällt. Das Goldkettchen veredelt die mulden- und erhebungsreiche Landschaft ihrer Fessel, die er im Bett meistens übergeht, und ihr Busen schmiegt sich weich an den silbernen Oberarmreif. »Würde dir so ein Fußkettchen an mir gefallen? Ich bin unsicher. So etwas passt eigentlich nicht zu mir, oder?«

Fred sagt: »Doch, es hat etwas.«

»Es sieht ein bisschen billig aus, nicht wahr.«

»Kann man so nicht sagen. Ich find's sexy.«

Sie streckt ihr Bein aus, als lasse sich die Wirkung des Schmucks aus größerer Entfernung besser beurteilen. »Ich weiß nicht. Sexy, meinst du?«

»Ja wirklich. *How much?*«, wendet Fred sich an den Schwarzen.

»Fourty«, sagt er, streckt vier Finger aus und meint eigentlich vierzigtausend. Italien.

Nora schüttelt den Kopf. »Mir käme das so vor, als würde ich ein Bauchkettchen tragen.«

»Es ist aber kein *Bauch*kettchen, sondern ein *Fuß*kettchen.«

»Ja schon. Aber es ist *wie* ein Bauchkettchen.«

»Vielleicht sind ja auch Bauchkettchen sexy«, sagt Fred. »Ich habe noch nie darüber nachgedacht.«

»In Indien vielleicht. Bei uns sind sie doch primitiv.« Nora winkelt ihr Bein wieder an, das Kettchen rutscht glitzernd über ihren sandigen Knöchel.

»Very cheap«, sagt der Schwarze.

Nora öffnet den Verschluss des Kettchens, schüttelt den Kopf und gibt es zurück. »Was hältst du davon, wenn wir ihm eins dieser Ballspiele abkaufen?«

Zurzeit ist eine Art Wassertennis in Mode, bunte Kunststoffschläger mit leuchtend farbigen Bällen, die etwa doppelt so groß sind wie Walnüsse und offenbar auch doppelt so hart. Die Spiele tönen wie Spechtklopfen über den Strand. Fred nimmt ein Netz mit Schlägern und Bällen in die Hand.

Der Schwarze hat die Diskussion des Ehepaares abgewartet wie einen kurzen Regen. Es ist ihm gleich, was er verkauft. »Very funny«, sagt er.

Fred nickt. »Wenn du meinst.«

Nora schiebt den Silberreif von ihrem Arm und legt ihn zurück. Schade, denn auch an diesen Anblick hätte man sich gewöhnen können. Fred bezahlt.

Der Schwarze stopft seinen ganzen bizarren Krempel zurück in Tüten und Taschen, verbindet manches durch Schnüre so geschickt miteinander, dass es sich schultern lässt, verliert Posten für Posten seine Individualität und verwandelt sich schließlich zurück in einen Teil der stummen Händler-Karawane, die an den Urlaubern vorüberzieht wie an Hunderten von verschlossenen Türen. Nora sieht ihm nach, und einen Moment lang sieht es so aus, als würden es auch ihre Brüste tun. Fred beugt sich zu ihr hin und schiebt die germanistischen Fachbücher beiseite, die neben ihrer Strandmatte liegen, und drückt ihren Oberkörper sanft zurück in den Sand, senkt seine Lippen auf ihr Bikinihöschen und küsst den straffen, nach Tang und Salz riechenden Stoff.

»Hey! …«, macht sie, und er wandert mit seinen Lippen ihre Bauchdecke hoch, stellt sich vor, wie es wohl wäre, dabei mit der Zungenspitze auf Höhe des Bauchnabels über ein hauchdünnes kühles Silber- oder Goldkettchen zu stolpern, zieht weiter, ihren Brüsten entgegen, diesen malvenfarben schwebenden Zirkumflexen auf der hellen Textur ihres Oberkörpers.

»Wollen wir es nicht mal versuchen?«, fragt sie.

»Was? … hier? …«, beginnt er an ihren Brustwarzen zu knabbern, die nach Nussöl und Austern schmecken.

»Das Ballspiel …«, lacht sie und übt einen leichten Druck auf seine Schultern aus. »Fred … die Leute gucken ja schon!«

»Du bist doch die ganze Zeit angestarrt worden«, schiebt

er provozierend einen Finger unter den Steg ihres Höschens. »Ich hatte nicht den Eindruck, dass es dir etwas ausgemacht hat.«

»Du bist verrückt …«, entwindet sie sich ihm durch eine Rolle seitwärts, die ihren Oberkörper feinkörnig und glitzernd paniert, und nimmt das Oberteil ihres Bikinis aus dem Sand. Dann rollt sie sich zurück, beugt sich über Fred, ihre Brüste gleiten über seinen Oberkörper wie feines Schmirgelpapier. »Aufgeschoben ist nicht aufgehoben. Ich möchte erst eine Runde schwimmen. Kommst du mit?«

»Im Moment nicht«, sagt er.

Sie richtet sich auf, schüttelt den BH aus, klopft den Sand von ihren Brüsten und lässt sie in den Körbchen verschwinden, deren dattelfarbene Wölbungen ein größeres Geheimnis versprechen, als zu entdecken wäre. Die Luft über dem Sand flimmert, als sie auf das Wasser zugeht, sie wird kleiner und kleiner und steht schließlich bis zu den Hüften in den Wellen, ihr Oberkörper ein schaumig umglitzerter Scherenschnitt. Dann taucht sie ein.

Wie viel Mühe es das Leben einst gekostet hat, aus dem Wasser ans Land zu gelangen, und wie leicht der Weg zurück ist. Aber das Gepäck der Evolution wird man nicht los. Menschen sind Marionetten, deren Fäden ins Innere ihrer Körper laufen, geknotet ans Geäst ihrer Gene. Fred sitzt da mit einem Ständer, der ihm aus dem Gerede über Fuß- und Bauchkettchen und dem Austern-Geschmack von Noras Haut erwachsen ist. Und sie lässt ihn hier zurück und hat seinen Steifen nicht einmal bemerkt! Warum es nicht dort tun: in dem an den Strand grenzenden Pinienwald auf dem langen stillen Weg zu den Eis- und Getränkeständen? Wozu ist die Natur denn da, wenn nicht dazu? Sein Schwanz schmerzt vor Härte. Diese ganzen Frauen um ihn herum, S-Linien, wo man hinsieht, er ist ein Gefangener von Erasmus Darwins Möpse-Hypothese. Er muss sich unbedingt ablenken, *so* kann er unmöglich dieses Wassertennis spielen.

Fragt sich, womit er sich ernüchtern könnte. Vielleicht mit der Einsicht, dass er und Nora eigentlich nicht zueinanderpassen und dies irgendwann herauskommen wird. Was ihn anmacht, findet sie primitiv, und wenn er spontan sein möchte, geht sie sich abkühlen. Er will lecken, sie lernen, irgendetwas ist in der Evolution schiefgelaufen, die Chinesen haben schon recht, Mann und Frau sind wie Yin und Yang: Sie umschleichen einander, Rundung gegen Spitze, Spitze gegen Rundung, und können niemals zueinanderfinden ...

Die Aussichtslosigkeit der Lage tut Fred gut, sein Ständer schrumpft. Um diesen Erfolg nicht zu gefährden, versucht er jetzt an nichts mehr zu denken und sieht hinaus aufs Meer. Ein paar Segelboote balancieren über das gespannte Seil des Horizonts, die Sonne webt auf den Wellen ihren Lichtteppich, und links ragt nun schon seit Millionen von Jahren oder Milliarden der Felsrücken ins Wasser, der den Golf südlich begrenzt, wer weiß, ob nicht schon Dinosaurier auf ihm herumspaziert sind? Irgendwo davor hat der afrikanische Straßenhändler neue Kundschaft gefunden, heute muss sein Glückstag sein, er zieht ein hauchdünnes Seidentuch aus seinem Sortiment, in dessen transparentes Blau sofort der Wind fährt, wie eine gewichtslose Welle steigt es auf, flattert in der warmen sanften Brise und sinkt langsam wieder zurück in die glitzernde Dünung. Das Meer, die Ewigkeit. Ein Paar spielt, bis zu den Knien im Wasser stehend, dieses neue Tennis, bei den Schlägen umgeben von Kokons aus spritzendem Licht. Noras Kopf treibt klein und fern wie einer dieser harten Tennisflummis auf den Wellen. Sie scheint zu ahnen, dass Fred sie beobachtet, und winkt: Er richtet sich auf, nimmt die Schläger aus dem Netz und geht ihr entgegen. Als sie aus dem Wasser kommt, ist ihr Körper rein und sind ihre Lippen kühl. Fred gibt ihr den Schläger, und dann stellen sie sich in der Dünung auf, etwa drei, vier Wellenkämme voneinander entfernt. Der kleine Gummiball ist keineswegs so massiv, wie Fred gedacht hat, sondern erstaunlich leicht und weich und rund. Etwa so wie sein Schwanz jetzt. Gott sei Dank. Heute Abend muss es passieren, das nimmt er sich vor. Er holt aus und wirft das Bällchen in die Höhe, das sich daraufhin vor seinen Augen im unruhigen Geglitzer der Wellen aufzulösen scheint. Aber irgendwie trifft er es, doch sein ungeübter Schlag verfehlt Nora parabelförmig und weit.

MADELEINE BOURDOUXHE
Strand

»Marie, bist du fertig?«

Ungeduldig stieß Jean die Schlafzimmertür auf. Marie wandte sich brüsk vom Fenster ab und zog geschäftig die Vorhänge zu.

»Ja, ich bin fertig ... es ist besser, wenn die Vorhänge zu sind, bei dieser Hitze.«

»Ich warte schon seit einer halben Stunde auf dich.«

Sie sah Jeans ärgerliches Gesicht und folgte ihm wortlos.

Marie hatte sich nicht einmal mehr gekämmt. Als sie ins Schlafzimmer gekommen war, hatte sie durch das geöffnete Fenster auf das Meer hinausgesehen und ein Boot entdeckt. Sie war zum Fenster gegangen, um es besser sehen zu können, hatte den Kopf an den Fensterrahmen gelehnt und war einfach so stehengeblieben. Mit lautem Knattern war der alte Autobus, der das Dorf anfuhr, vorbeigekommen, ein Motorboot hatte mit ohrenbetäubendem Lärm angelegt, eine Gruppe Kinder war schreiend zum Hafen hinuntergelaufen. Das Schiff, das anfangs Maries Aufmerksamkeit erregt hatte, war inzwischen längst außer Sichtweite, und es war wieder still geworden. Vom Boden her stieg ein leichter harziger Geruch auf.

Außer ihnen war niemand im Treppenhaus. Marie legte liebevoll den Arm um Jeans Schultern.

»Bist du mir böse?«

Im Erdgeschoss blieb sie einen Moment vor dem Spiegel im Flur stehen: »Ist wenigstens meine Frisur in Ordnung?«

Der Knoten war etwas nach unten gerutscht, und die braune Strähne hing ihr, wie schon vorhin, viel zu tief über die rechte Schläfe herab.

»Ja. Du hast zwar lange gebraucht, aber du siehst gut aus.«

Sie sagte nichts darauf. Er hatte sie nicht einmal angesehen … Wahrscheinlich hatte er es so eilig, aus dem Haus zu kommen, dass er gar nicht richtig hingeschaut hatte. Aber schließlich hatte sie ihn ja auch eine halbe Stunde warten lassen.

Als sie das Haus verließen, sagte Marie: »Wie schön die Sonne scheint! Besseres Wetter könntest du zum Baden gar nicht haben.«

»Möchtest du denn nicht baden?«

»Ich weiß noch nicht. Ich werd's dir sagen, wenn ich das Wasser gesehen habe.«

»Das sagst du immer, und dann badest du doch nie.«

Die Straße ist weiß, ausgetrocknet, ohne Schatten. Sie gehen, ohne miteinander zu sprechen, in die Hitze hinaus und auf die andere Straßenseite. In der Sonne ist Maries Kleid etwas durchsichtig, sodass sich ihre langen, sanft gerundeten Beine unter dem Stoff abzeichnen. Das Licht bringt alle Farben in ihrem Haar zum Leuchten: Kastanienbraun, Rot, Blond. Ab und zu blinzelt sie mit den Augen oder runzelt die Stirn und hebt schützend ihre großen, schönen Hände vors Gesicht.

Sie kommen zu einem schmalen, von Zypressen gesäumten Weg, der zum Meer hinunterführt. Dicht nebeneinander gehen sie auf der rechten Seite des Wegs im mageren Schatten der jungen Bäume. Maries Haar hat jetzt wieder einen einheitlichen Farbton, ihr Gesicht entspannt sich, und man kann ihre Augen besser erkennen, den abwesenden Blick, der die Dinge mit Gleichgültigkeit zu betrachten scheint. Auf einmal endet der Weg. Er öffnet sich auf einen Strand, und plötzlich stehen sie wieder im gleißenden Sonnenlicht.

Als sie Seite an Seite im Sand saßen, zog Jean seine Sandalen aus.

»Warte lieber noch ein bisschen, bevor du ins Wasser gehst«, sage Marie. »Es ist noch zu kurz nach dem Mittagessen.«

Er wandte sich zu seiner Frau um und sah ihren beunruhigten Blick,

»Zwei Stunden sind mehr als genug!«, sagte er. »Aber gut, wenn es dir lieber ist, warte ich noch. Ich möchte ja nicht, dass du vor Angst stirbst, wenn ich ins Wasser gehe.«

Marie rückte noch ein wenig näher zu ihm, lehnte den Kopf an seine Schulter und schloss die Augen. »Jean ist ganz nah bei mir. Jean, der einzige Mann auf der ganzen Welt, den ich liebe.« Maries Herz war erfüllt von einer unendlichen Zärtlichkeit, und ihre Phantasie erschuf seltsame Bilder: Sie ging mit Jean in ein intimes Lokal mit vielen eng umschlungenen Schatten, er schob sie sanft auf einen Tisch zu. Seine Hand fuhr über ihren nackten Arm, drückte ihn lange, bevor er sie losließ. »Liebling, möchtest du tanzen?« Er zog sie zu einer kleinen, etwas erhöhten Tanzfläche, legte die Arme um sie, hob sie dabei fast ein wenig vom Boden ab und trug sie im Rhythmus einer sehnsuchtsvollen, bekannten Melodie davon (Marie zögerte einen Moment: war es eine banale Musik? Ja, die Musik musste sinnlich und vulgär sein; je banaler, desto besser ...). Wie schön sie zusammen tanzten; und wie zärtlich Jean mit seinen Lippen Maries Schläfe berührte!

Auf dem Strand schmiegte Marie sich noch dichter an Jeans Schulter. Sie tanzten eng umschlungen. Jean genoss diese Nähe genauso sehr wie sie selbst, auch er wünschte sich, dass diese Umarmung nie zu Ende ginge.

»Es ist so heiß, Schatz, musst du so an mir kleben?«

Marie löste sich von ihm, zog die Beine an, legte ihre Stirn auf die Knie und schloss wieder die Augen. Er wünschte sich, dass diese Umarmung nie zu Ende ginge ... Sie tanzten immer noch. Als sie schließlich zu ihrem Tisch zurückkehrten, sah er Marie mit verheißungsvollem Blick an und fragte: »Gehen wir nach Hause?«

Marie hebt den Kopf, und ihre Augen blicken, ohne wirklich etwas wahrzunehmen, auf das Wasser, auf die Boote, den Sand und die über das Meer flirrenden Lichter. Sie erinnert sich an Gespräche mit Freundinnen, nutzlose, langweilige Gespräche, die immer gleich verlaufen und ihr auf die Nerven gehen, an denen sie sich aber dennoch beteiligt. Sie hört die Stimme von Luce, die sagt: »Marie, du liebst deinen Mann aus tiefstem Herzen. Dir ist es gelungen, dich in deiner Liebe völlig zu verwirklichen. Du bist die einzige von uns, die weiß, was Glück ist.« Marie lächelt und sagt darauf immer: »Ja, das ist wahr.« Und jetzt, während sie sich daran erinnert, spielt wieder dieses sonderbare Lächeln um ihre Lippen. Sie dreht sich um, streckt sich aus und legt sich auf den Bauch. Das Lächeln ist aus ihrem Gesicht verschwunden. »Was ist Gück?«, überlegt sie, »was eigentlich bedeutet Glück?«

»Ob du willst oder nicht, ich gehe jetzt schwimmen!«, ruft Jean, während er schon zum Wasser läuft.

Sofort springt sie auf, das Gesicht zum Meer gewandt, und sucht Jean mit besorgtem Blick. Er ist ein schlechter Schwimmer, aber das hält ihn nicht davon ab, jedesmal weit hinauszuschwimmen. Als Marie ihn endlich entdeckt, lässt sie ihn nicht mehr aus den Augen. Sie verfolgt jede seiner Bewegungen. Er taucht, und sofort krampft sich in ihr etwas zusammen. Sie hält die Luft an, bis Jeans Kopf ein Stückchen weiter entfernt nass und glänzend wieder zwischen den Wellen auftaucht. Jean nähert sich dem Ufer; jetzt reicht ihm das Wasser nur noch bis zu den Hüften, er winkt Marie zu, stützt die Hände in die Hüften und sieht den anderen Badenden zu.

ANDREA CAMILLERI

Der Reisegefährte

Übel gelaunt kam Commissario Montalbano am Bahnhof von Palermo an. Sein Missmut rührte daher, dass er zu spät von einem doppelten Streik der Flugzeuge sowie der Schiffe erfahren und für seine Reise nach Rom nur ein Bett in einem Zweierabteil der zweiten Klasse bekommen hatte. Und das bedeutete schlicht und einfach, dass er eine ganze Nacht mit einem Unbekannten in einem so erstickend engen Raum verbringen musste, dass eine Isolationszelle bestimmt gemütlicher war. Außerdem hatte Montalbano im Zug noch nie schlafen können, auch wenn er sich bis an die Grenze zur Magenspülung mit Schlaftabletten vollstopfte. Um die Zeit totzuschlagen, vollzog er ein Ritual, das eigentlich nur unter der Bedingung möglich war, dass er ganz allein war. Es bestand hauptsächlich darin, dass er sich hinlegte, das Licht löschte, es keine halbe Stunde später wieder anschaltete, eine halbe Zigarette rauchte, eine Seite in einem Buch las, das er dabeihatte, die Zigarette ausdrückte, das Licht löschte und fünf Minuten später die ganze Prozedur bis zur Ankunft wiederholte. Wenn er nicht allein war, musste der Reisegefährte unbedingt starke Nerven oder einen guten Schlaf haben: Fehlten diese notwendigen Eigenschaften, konnte die Sache böse enden. Der Bahnhof war so mit Reisenden überfüllt, dass man hätte meinen können, es sei der erste August. Und das verschlechterte die Laune des Commissario noch mehr, es gab keine Hoffnung, dass das andere Bett frei blieb.

Vor seinem Waggon stand ein Typ, der in einem schmutzigen Blaumann mit Dienstmarke an der Brust steckte. Montalbano hielt ihn für einen Gepäckträger, eine vom Aussterben bedrohte Spezies, denn jetzt gibt es Gepäckwagen, wobei es den Reisenden allerdings eine Stunde Zeit kostet, bis er einen gefunden hat, der auch funktioniert.

»Geben Sie mir Ihre Fahrkarte«, forderte ihn der Mann im Overall drohend auf.

»Warum denn?«, fragte der Commissario herausfordernd.

»Weil die Schaffner streiken und ich beauftragt bin, sie zu vertreten. Ich bin befugt, Ihr Bett herzurichten, aber ich weise Sie darauf hin, dass ich Ihnen morgen früh weder einen Kaffee zubereiten noch die Zeitung bringen kann.«

Montalbano wurde noch grimmiger. Das mit der Zeitung konnte er verkraften, aber ohne Kaffee war er verloren. Schlimmer konnte es ja gar nicht anfangen.

Er ging in sein Abteil, sein Reisegefährte war noch nicht da, es war kein Gepäck zu sehen. Er hatte, bevor sich der Zug in Bewegung setzte, gerade noch Zeit, seinen Koffer auf die Ablage zu legen und den Krimi aufzuschlagen, den er vor allem deshalb ausgesucht hatte, weil das Buch so dick war. Hatte sich der andere etwa umentschlossen und die Reise doch nicht angetreten? Der Gedanke munterte ihn auf. Sie waren schon eine Weile unterwegs, als der Mann im Overall mit zwei Flaschen Mineralwasser und zwei Pappbechern erschien.

»Wissen Sie, wo der andere Signore zusteigt?«

»Soviel ich weiß, hat er ab Messina reserviert.«

Das war ein Trost, so hatte Montalbano wenigstens für gut drei Stunden seine Ruhe, denn so lange brauchte der Zug von Palermo nach Messina. Er schob die Tür zu und las weiter. Die Geschichte, die in dem Krimi erzählt wurde, fesselte ihn so sehr, dass er, als er irgendwann auf die Uhr sah, feststellte, dass sie bald in Messina sein mussten. Er rief den Mann im Overall und ließ sich sein Bett herrichten – das obere war für ihn bestimmt –, und sobald der Bedienstete fertig war, zog er sich aus, legte sich hin und las weiter. Als der Zug in den Bahnhof einfuhr, klappte er das Buch zu und löschte das Licht. Wenn der Reisegefährte ins Abteil kam, wollte er sich schlafend stellen, dann brauchten sie keine Höflichkeiten auszutauschen.

Auch als der Zug nach endlosen Rangiermanövern in die Fähre einfuhr, blieb die untere Bettstatt unerklärlicherweise leer. Die Fähre legte mit einem heftigen Ruck ab, und Montalbano begann gerade, sein Glück zu genießen, als kurz darauf die Abteiltür aufging und der Reisende seinen gefürchteten Einzug hielt. Einen Augenblick lang konnte der Commissario im matten Licht, das vom Gang hereinkam, undeutlich einen kleinen Mann sehen, mit Bürstenhaarschnitt, in einen langen, dicken Mantel gehüllt, Aktenkoffer in der Hand. Der Fahrgast roch nach Kälte, anscheinend war er zwar in Messina zugestiegen, hatte es aber vorgezogen, während der Überfahrt auf der Straße von Messina an Deck zu bleiben.

Der Neuankömmling setzte sich auf seine Liege und rührte sich nicht mehr, er machte nicht die geringste Bewegung, schaltete auch das kleine Lämpchen nicht an, das es einem erlaubt, etwas zu sehen, ohne die anderen zu stören. Über eine Stunde saß er so da, reglos. Wenn er nicht schwer geatmet hätte wie nach einem Dauerlauf, von dem man sich nur langsam erholt, hätte Montalbano meinen können, das untere Bett sei noch leer. Damit sich der Unbekannte wohlfühlen konnte, stellte sich der Commissario schlafend und fing leise an zu schnarchen, mit geschlossenen Augen, aber so wie eine Katze, die zu schlafen scheint, dabei aber alle Sterne am Himmel einzeln zählt.

Und mit einem Mal fiel er, ohne es zu merken, wirklich in einen tiefen Schlaf, wie er ihn noch nie erlebt hatte.

Er wachte auf, weil ihn fröstelte, der Zug stand in einem Bahnhof: Paola, informierte ihn eine hilfreiche Männerstimme aus dem Lautsprecher. Das Fenster war ganz heruntergelassen, die gelbe Bahnhofsbeleuchtung schickte mildes Licht ins Abteil.

Der Reisegefährte saß jetzt, immer noch in seinen Mantel gehüllt, am Fußende des Bettes, der Aktenkoffer lag auf dem Deckel des Waschbeckens. Er las einen Brief und bewegte dabei stumm die Lippen. Als er ihn fertig gelesen hatte, zerriss er ihn in winzige Stücke und legte die Schnipsel neben den kleinen Koffer. Der Commissario sah genauer hin und stellte fest, dass der weiße Haufen mit zerrissenen Briefen ziemlich hoch war. Das ging also schon eine ganze Weile so, er hatte zwei Stunden, vielleicht etwas weniger, geschlafen.

Der Zug setzte sich in Bewegung und wurde schneller, aber erst außerhalb des Bahnhofs erhob sich der Mann müde, formte seine Hände zu einer Schale, nahm die Hälfte des Haufens auf und ließ sie aus dem Fenster fliegen. Er tat dasselbe mit der verbliebenen Hälfte, dann packte er, nachdem er einen Augenblick gezögert hatte, den Aktenkoffer, in dem noch immer Briefe zum Lesen und zum Zerreißen waren, und warf ihn aus dem Fenster. An der Art, wie er die Nase hochzog, merkte Montalbano, dass der Mann weinte, und er fuhr sich tatsächlich kurz darauf mit dem Ärmel seines Mantels über das Gesicht, um seine Tränen abzuwischen. Dann knöpfte der Reisegefährte das schwere Kleidungsstück auf, zog einen schwarzen Gegenstand aus seiner Gesäßtasche und schleuderte ihn mit aller Kraft hinaus.

Der Commissario war sicher, dass sich der Mann einer Schusswaffe entledigt hatte.

Der Unbekannte knöpfte seinen Mantel zu, schloss das Fenster, zog die Gardinen zu und warf sich schwerfällig auf das Bett. Hemmungslos fing er wieder zu schluchzen an. Montalbano war ganz verlegen und stellte sein künstliches Schnarchen lauter. Ein schönes Konzert.

Allmählich ließ das Schluchzen nach; die Müdigkeit, oder

was immer es war, gewann die Oberhand, der Mann auf dem unteren Bett fiel in einen unruhigen Schlaf.

Als der Commissario feststellte, dass sie bald in Neapel waren, kletterte er die Leiter hinunter, tastete nach dem Bügel, an dem seine Kleider hingen, und zog sich leise an. Der Reisegefährte, der immer noch eingemummt war, wandte ihm den Rücken zu. Aber Montalbano hörte ihn atmen und hatte den Eindruck, der andere sei wach, wolle es aber nicht zeigen, ein bisschen, wie er selbst es zu Beginn der Reise gemacht hatte.

Als er sich bückte, um seine Schuhe zuzubinden, sah Montalbano auf dem Boden eine weiße Karte liegen; er hob sie auf, öffnete die Tür, ging rasch auf den Flur hinaus und zog die Tür hinter sich zu. Was er da in der Hand hatte, war eine Postkarte mit einem roten Herzen, das von einem Schwarm weißer Tauben vor blauem Himmel umgeben war. Sie war an Ragioniere Mario Urso, Via della Libertà 22, Patti (Prov. Messina), adressiert. Nur fünf Wörter: *ti penzo sempre con amore*, ich denk immer in Liebe an dich, und die Unterschrift: Anna.

Der Zug war unter dem Bahnsteigdach noch nicht zum Stehen gekommen, als der Commissario schon auf der verzweifelten Suche nach jemandem, der Kaffee verkaufte, den Bahnsteig entlanghastete. Er fand niemanden und war völlig außer Atem, gezwungen, bis in die Bahnhofshalle zu laufen, sich den Mund mit zwei Tässchen Espresso zu verbrennen, die er schnell hintereinander trank, und an den Kiosk zu stürzen, um die Zeitung zu kaufen.

Nun musste er rennen, denn der Zug setzte sich schon in Bewegung. Er blieb eine Weile im Gang stehen, um wieder zu Atem zu kommen, dann begann er, wie immer, mit den vermischten Nachrichten. Fast sofort fiel sein Blick auf eine Meldung aus Patti (Provinz Messina). Ein paar Zeilen nur, so viel die Nachricht eben verdiente.

Ein geachteter Buchhalter, Ragioniere Mario Urso, fünfzig Jahre alt, hatte seine junge Frau, Anna Foti, in unmissverständlicher Haltung mit R. M., dreißig Jahre alt und vorbestraft, überrascht und mit drei Pistolenschüssen getötet. R. M., der Liebhaber, der den betrogenen Ehemann zuvor mehrmals in der Öffentlichkeit verhöhnt hatte, war verschont geblieben, aber er hatte einen Schock erlitten und lag im Krankenhaus. Die Suche nach dem Mörder dauerte an, Polizei und Carabinieri waren eingeschaltet.

Der Commissario ging nicht in sein Abteil zurück, er blieb im Gang und rauchte eine Zigarette nach der anderen. Dann, als der Zug in Rom schon im Schneckentempo in den Bahnhof einfuhr, entschloss er sich, die Tür zu öffnen.

Der Mann, der immer noch in seinen Mantel gehüllt war, saß jetzt auf seinem Bett, die Arme eng um die Brust geschlungen, der Körper zitternd unter lang anhaltenden Schaudern. Er sah nichts, er hörte nichts.

Der Commissario fasste sich ein Herz und ging hinein in die zähe Angst, die fühlbare Trostlosigkeit, die sichtbare Verzweiflung, die sich in dem Abteil ballten und faulig gelb stanken. Er nahm seinen Koffer, dann legte er seinem Reisegefährten behutsam die Postkarte auf die Knie.

»Viel Glück, Ragioniere«, flüsterte er.

Und stellte sich in die Schlange der Reisenden, die sich anschickten auszusteigen.

GUY DE MAUPASSANT
Vendetta

Paolo Saverinis Witwe wohnte allein mit ihrem Sohn in einem armseligen Häuschen auf den Wällen von Bonifacio. Von der auf einem Gebirgsvorsprung erbauten, an manchen Stellen sogar über dem Meer hangenden Stadt aus kann man, über die klippengespickte Meerenge hinweg, die niedrigere Küste Sardiniens erblicken. Zu ihren Füßen befindet sich ein sie fast gänzlich umgebender Einschnitt in der Steilküste, der einem gigantischen Korridor ähnelt, ihr als Hafen dient und nach einer langen Fahrt zwischen zwei schroffen Mauern die kleinen italienischen oder sardinischen Fischerboote und jeden Fünfzehnten den alten, herzschlächtigen Dampfer, die Verbindung mit Ajaccio, bis fast an die ersten Häuser herangelangen lässt.

Auf dem hellen Berge bildet das Gehäuf der Häuser einen noch helleren Fleck. Sie wirken wie Nester wilder Vögel, wie sie sich da an den Felsen klammern; er beherrscht die gefährliche Durchfahrt, in die sich kaum je Schiffe wagen. Der ruhelose Wind quält das Meer, quält die nackte, von ihm zernagte, kaum mit Gras bewachsene Küste; er stürzt in die Meerenge und verheert deren beide Ufer. Die bleichen Schaumstreifen an den schwarzen Spitzen der unzähligen, überall die Wogen durchstechenden Felsen sehen aus wie an der Wasseroberfläche wallende und zuckende Leinwandfetzen.

Das Haus der Witwe Saverini ist unmittelbar an den Rand der Steilküste angeschweißt; seine drei Fenster blicken auf die wilde, trostlose Weite hinaus.

Sie lebte darin ganz allein mit ihrem Sohn Antoine und ihrer Hündin Sémillante, einem großen, mageren Tier von der Rasse der Hirtenhunde mit langem, rauem Behang. Der junge Mensch bediente sich ihrer zur Jagd.

Eines Abends wurde Antoine Saverini nach einem Streit tückisch durch einen Messerstich niedergestreckt, und zwar von Nicolas Ravolati, der noch in derselben Nacht nach Sardinien entkam.

Als die, die ihn gefunden hatten, der alten Mutter den toten Sohn ins Haus trugen, weinte sie nicht, sondern starrte ihn lange reglos an; dann reckte sie die runzlige Hand über die Leiche und gelobte Vendetta, Rache. Sie wollte nicht, dass jemand bei ihr blieb; sie schloss sich mit der Hündin, die heulte, bei dem Toten ein. Unausgesetzt heulte das Tier am Fußende des Bettes, den Kopf seinem Herrn entgegengestreckt, den Schwanz eingekniffen. Es rührte sich genauso wenig vom Fleck wie die Mutter, die sich jetzt über die Leiche neigte, sie anstarrte und dabei dicke, stumme Tränen weinte.

Der junge Mensch lag auf dem Rücken; er trug seinen Rock aus derbem Tuch, der an der Brust durchlöchert und zerfetzt war. Er schien zu schlafen; allein er war überall blutig: auf dem Hemd, das bei der ersten Hilfeleistung zerrissen worden war; auf der Weste, der Hose, auf Gesicht und Händen. Blutklümpchen waren im Bart und im Haar geronnen.

Die alte Mutter begann auf ihn einzureden. Beim Laut ihrer Stimme verstummte die Hündin.

»Lass, lass, du wirst gerächt, mein Kleiner, mein Junge, mein armes Kind. Schlaf, schlaf, du wirst gerächt, hörst du? Deine Mutter verspricht es dir! Und deine Mutter hält stets Wort, das weißt du ja.«

Und langsam neigte sie sich zu ihm nieder und presste ihre kalten Lippen auf die toten Lippen.

Da fing Sémillante an zu stöhnen. Sie stieß eine lang gezogene, eintönige, herzzerreißende, grausige Klage aus.

So verharrten die beiden, die Frau und das Tier, bis zum Morgen.

Am nächsten Tag wurde Antoine Saverini begraben, und bald war von ihm in Bonifacio nicht mehr die Rede.

Er hatte weder Bruder noch nah verwandte Vettern hinterlassen. Es lebte kein Mann, der die Vendetta hätte vollziehen können. Nur der Mutter, der Alten, kam sie nicht aus dem Sinn.

Vom Morgen bis zum Abend sah sie jenseits der Meerenge auf der Küste einen hellen Fleck. Das war das kleine sardische Dorf Longosardo, wohin die korsischen Banditen flüchteten, wenn ihnen der Boden allzu heiß wurde. Sie machten fast die gesamte Einwohnerschaft des ihrer Heimatküste gegenüberliegenden Weilers aus und warteten der Stunde, da sie heimfahren, da sie in die Macchia zurückkehren konnten. In diesem Dorf, das wusste die Alte, hatte Nicolas Ravolati sich in Sicherheit gebracht.

Sie war den ganzen Tag über allein; sie saß am Fenster, blickte nach drüben und sann auf Rache. Wie sollte sie, die Verlassene, Kränkliche, dem Tode Nahe, sie vollziehen? Aber sie hatte es gelobt, sie hatte es an der Leiche geschworen. Sie konnte nicht vergessen, sie konnte nicht abwarten. Was sollte sie tun? Sie fand nachts keinen Schlaf mehr; es gab für sie weder Ruhe noch Beschwichtigung; sie grübelte verbissen. Zu ihren Füßen lag im Halbschlaf die Hündin, und manchmal hob sie den Kopf und heulte in die Ferne. Seit ihr Herr nicht mehr da war, heulte sie oftmals so auf, als rufe sie ihn, als habe auch ihre untröstliche Tierseele eine Erinnerung bewahrt, und nichts könne sie auslöschen.

Eines Nachts indessen, als Sémillante abermals aufstöhnte, kam der Mutter plötzlich ein Gedanke, der Gedanke einer rachsüchtigen, wilden Menschenfeindin. Sie überlegte bis zum Morgen; beim ersten Dämmern des Tages stand sie auf; dann ging sie in die Kirche. Sie betete, sie kniete auf den Fliesen, sie warf sich vor Gott nieder, sie flehte ihn an, ihr zu helfen, ihr seinen Beistand zu leihen, ihrem armen, verbrauchten Körper die Kraft zuteilwerden zu lassen, deren sie bedurfte, um den Sohn zu rächen.

Dann ging sie heim. In ihrem Hofe stand ein altes, schadhaftes Fass, das aus der Dachtraufe den Regen auffing; sie kippte es um, ließ es leerlaufen, befestigte es mit Holzkloben und Steinen am Erdboden; dann kettete sie Sémillante in dieser Hundehütte an und ging wieder ins Haus.

Jetzt wanderte sie ruhelos in ihrer Kammer auf und ab, den starren Blick unausgesetzt dorthin gerichtet, wo Sardinien lag. Dort war er, der Mörder.

Die Hündin heulte Tag und Nacht. Morgens trug die Alte ihr Wasser hin, aber weiter nichts: keine Suppe, kein Brot.

Auch dieser Tag ging hin. Die erschöpfte Sémillante schlief. Am folgenden Tag hatte sie leuchtende Augen, ihr Fell war gesträubt, sie zerrte außer sich an der Kette.

Noch immer gab die Alte ihr nichts zu fressen. Das wütig gewordene Tier bellte mit heiserer Stimme. Auch diese Nacht ging hin.

Als es Tag geworden war, ging die alte Saverini zu einem Nachbarn und bat ihn um zwei Bündel Stroh. Dann nahm sie altes, zerlumptes Zeug, das ehedem ihr Mann getragen hatte, und stopfte es mit dem Stroh aus, um einen menschlichen Körper vorzutäuschen.

Vor Sémillantes Hütte steckte sie einen Stock in den Boden und befestigte die Puppe daran, die auf diese Weise zu stehen schien. Den Kopf fertigte sie aus einem Bündel alter Wäsche.

Die verdutzte Hündin sah diesen Strohmann an und verhielt sich still, obwohl der Hunger sie verzehrte.

Da ging die Alte zum Metzger und kaufte ein langes Stück schwarzer Blutwurst. Als sie wieder daheim war, steckte sie im Hof dicht bei der Hundehütte ein Holzfeuer an und briet ihre Blutwurst. Sémillante kam von Sinnen, sprang, geiferte, ließ die Pfanne nicht aus den Augen; der Duft drang ihr durch und durch.

Dann legte die Mutter die dampfende Wurst dem Strohmann wie einen Schlips um. Sie band sie ihm sorgfältig um den Hals, ganz nach innen. Als sie damit fertig war, kettete sie die Hündin los.

Mit einem gewaltigen Satz fuhr das Tier der Puppe an die Kehle, legte ihr die Pfoten auf die Schultern und zerfetzte ihr den Hals. Sie fiel zurück, ein Stück der Beute im Maul, sprang von Neuem zu, grub die Fangzähne in die Schnüre, riss ein paar Stückchen Futter heraus, fiel abermals zurück, sprang nochmals erbittert. Sie riss das Gesicht der Puppe mit gewaltigen Bissen ab, riss den ganzen Hals in Fetzen.

Starr und stumm, leuchtenden Auges, schaute die Alte zu. Dann kettete sie das Tier wieder an, ließ es nochmals zwei Tage lang fasten und begann mit der seltsamen Übung von Neuem.

Drei Monate lang gewöhnte sie die Hündin an diesen Kampf, an dieses durch Fangzahnbisse eroberte Futter. Sie kettete das Tier jetzt nicht mehr an; sie hetzte es durch eine Geste auf die Puppe.

Sie brachte ihm bei, sie zu zerreißen, hineinzubeißen, auch wenn in ihrer Kehle kein Futter steckte. Danach gab sie der Hündin zur Belohnung die gebratene Blutwurst.

Sobald sie den »Mann« wahrnahm, fing Sémillante an zu zittern und wandte die Augen ihrer Herrin zu. Diese rief mit zitternder Stimme: »Fass!« und hob dabei den Finger.

Als sie meinte, es sei so weit, ging die Mutter Saverini eines Sonntagmorgens zur Kirche und beichtete und kommunizierte mit ekstatischer Glut; dann zog sie Männerkleidung an, wodurch sie wie ein alter, zerlumpter Bettler wirkte, und verhandelte mit einem sardinischen Fischer, der sie und ihre Hündin ans andere Ufer der Meerenge brachte.

In einem Leinenbeutel trug sie ein großes Stück Blutwurst. Sémillante hatte zwei Tage lang gefastet. Alle paar Augenblicke ließ die alte Frau das Tier an dem duftenden Futter schnuppern und reizte es.

Sie gingen hinein nach Longosardo. Die Korsin hinkte. Sie sprach bei einem Bäcker vor und erkundigte sich, wo Nicolas Ravolati wohnte. Er hatte sein altes Schreinerhandwerk wieder aufgenommen. Er arbeitete für sich allein hinten in seiner Werkstatt.

Die Alte stieß die Tür auf und rief: »He! Nicolas!«

Er drehte sich um. Da ließ sie die Hündin los und schrie: »Fass! Fass! Schling! Schling!«

Außer sich stürzte das Tier los und packte die Gurgel. Der Mann breitete die Arme aus, umschlang den Hund, rollte am Boden. Ein paar Sekunden lang wand er sich, trommelte mit den Füßen auf den Boden; dann lag er, ohne sich zu bewegen, da, und Sémillante grub ihm die Zähne in den Hals und zerfleischte ihn.

Zwei vor ihren Türen sitzende Nachbarn haben sich deutlich erinnert, sie hätten einen alten Bettler mit einem abgemagerten schwarzen Hund weggehen sehen; der Hund habe im Laufen etwas Bräunliches gefressen, das sein Herr ihm gegeben hatte.

Die Alte war abends wieder daheim. In dieser Nacht schlief sie gut und fest.

ALBERTO MORAVIA
Der Ausbruch

Als sie dicht vor der Insel waren, fing der Außenbordmotor zu husten an und blieb dann stehen. Der Mann erhob sich, um ihn wieder anzulassen. Seine Frau betrachtete das Gewirr von Gebäuden, die sich oben auf dem höchsten Teil der Insel zusammendrängten, und fragte schließlich: »Was ist das für ein Schloss?« Ihr Mann, der sich mit dem Motor zu schaffen machte, antwortete, ohne den Blick zu heben: »Das ist kein Schloss, das ist ein Gefängnis.« Da bemerkte sie, dass über den schwindelnd hohen Stützpfeilern eine graue Wand in den Himmel ragte, deren drei Fensterreihen zugemauert schienen. »Die Fenster sind ja vermauert, warum denn?« »Das sind Wolfsrachenfenster.« »Was heißt das?« »Das heißt«, antwortete der Mann mit einem Anflug von Ungeduld, »dass man in den Zellen nur ein Fleckchen Himmel sieht, ganz weit oben.« »Und warum?« Der Mann führte die Leine in den Motor ein und zog mit einem kräftigen Ruck, aber nach wenigen Umdrehungen starb der Motor wieder ab. »Warum? Um zu verhüten, dass die Strafgefangenen Signale geben, vermute ich.« Die Frau fragte weiter: »Und wer ist in dem Gefängnis?« Diese Frage schien ihrem Mann besonders auf die Nerven zu gehen, vielleicht weil die Antwort auf der Hand lag. Mit der Schnur in der Hand richtete er sich halb auf und sagte: »Biedere Bürger, zur Sommerfrische … originelle Leute, die lieber im Gefängnis wohnen als in einem guten Hotel.« Sie sagte: »Aha, du hältst mich wohl zum Narren.« »Aber Laura, wer wird denn schon drin sein? Mörder, Diebe, Schwerverbrecher.« Die Frau wandte sich der Insel zu und kauerte sich, die Beine zwischen den Armen, auf die Bank; sie war beleidigt.

Die Erinnerung an eine Begegnung im Jahr zuvor stieg in ihr auf: Sie war mit ihrem Mann auf einem Dampfer zur Insel gekommen und hatte gesehen, wie unter den anderen Passagieren ein junger Mann zwischen zwei Polizisten aus einer Kabine an Land ging. Seine Hände waren in Ketten, und sein schönes, wenn auch freches Gesicht, das an Stirn und Schläfen von schwarzen Locken umrahmt wurde, war sehr blass. Sie hatte damals nicht gefragt, wer der junge Mann sei, obwohl sie es ahnte; es war ihr vorgekommen, als bestünde zwischen ihr, ihrem Mann und den anderen Passagieren ein stillschweigendes Übereinkommen, ihn nicht zu beachten, ja, so zu tun, als bemerkte man ihn nicht. Aber er war ihr in Erinnerung geblieben, vielleicht wegen des Kontrastes zwischen seiner Schönheit und den Ketten, die er trug. Jetzt, da sie wieder daran dachte, bereute sie es, dass sie sich nicht nach ihm erkundigt hatte: Vielleicht war der junge Mann zu lebenslanger Haft verurteilt. Allerdings war sie überzeugt, dass er nicht wegen der einen oder anderen Schandtat verurteilt war, die nur Abscheu erregt, sondern eher wegen eines jener Verbrechen aus Leidenschaft, an denen, wie man sagt, das Schicksal schuld ist. Plötzlich fuhr es aus ihr heraus: »Sobald du es mit einem Motor zu tun hast, ob im Auto oder in diesem Boot, wirst du unausstehlich.« Ihr Mann gab keine Antwort; er führte die Leine in den Motor zurück und riss aus Leibeskräften. Der Motor sprang an, und das Boot flog wieder über das ruhige Meer, gefolgt von einem dünnen Kielwasser, das wie eine weiße, duftige Spitze auf schillernder Seide wirkte.

Jetzt hatte das Motorboot die Burg passiert und flitzte am Hafen der Insel vorüber. Die Sonne war auf dieser Seite noch nicht zum Vorschein gekommen, und die am Kai aufgereihten Häuser – rote, gelbe, weiße – waren noch in den düsteren Schatten des frühen Morgens getaucht und sahen aus, als wären sie unbewohnt. Das Boot ließ den Hafen hinter sich und bog um ein Vorgebirge. Jetzt waren weder Burg noch Hafen mehr zu sehen, nur eine weiße, schräge Küste, die, immer höher ansteigend, von dichten Weinbergen gekrönt war. Das Boot fuhr ein Stück die Küste entlang, dann fing der Motor wieder zu husten an und setzte aus. Die Frau, von ihrem Mann verärgert abgewandt, schaute zur Küste hinüber und überhörte seinen unterdrückten Fluch, als er aufstand, um den Motor wieder in Gang zu bringen. Er versuchte es mehrmals hintereinander, während sie ihm eigensinnig den Rücken kehrte. Schließlich ging die Fahrt weiter, in Richtung auf einen kleinen, von zwei hohen Felsen geschützten Strand, doch kurz vor dem Ufer blieb das Boot wieder stehen. Die Frau hörte die missmutige Stimme ihres Mannes: »Ich weiß nicht, was los ist … irgendwas stimmt nicht … wir brauchen einen Mechaniker« und antwortete, ohne sich umzudrehen: »Fahren wir zum Hafen zurück! Dort findest du einen.« »Und wenn wir auf offenem Meer liegen bleiben? … Nein, ich muss hier aussteigen und ins Dorf gehen.« Sie sagte nichts, gewohnt, derlei Dinge ihrem Mann zu überlassen, und eigentlich machte es ihr gar nichts aus, dass der Motor nicht funktionierte. Diese Gleichgültigkeit, die an ihrem gebogenen, nackten Rücken abzulesen war, erboste ihren Mann: »Dir ist es egal, wie? Ich bin es ja, der den ganzen Weg zum Dorf laufen muss.«

Die Frau hob leicht die Schultern, in der irrigen Annahme, ihr Mann würde es nicht bemerken. Aber er ertappte sie dabei und sagte in höchster Gereiztheit: »Und zuck nicht so die Achseln!« »Ich hab nicht die Achseln gezuckt.« »Doch, das hast du. Dein Benehmen gefällt mir schon lange nicht mehr.« »Lass mich doch in Ruhe, du Dummkopf!« Sie spürte, dass sie – unerklärlicherweise – die Augen voller Tränen hatte, und wandte sich noch mehr der Küste zu, als wollte sie etwas Bestimmtes sehen. Und dann sah sie tatsächlich einen Mann in blauer Hose und weißem Hemd, der eilig einen Pfad vom oberen Teil der Küste zum Strand hinunterstieg. Es war freilich nur eine flüchtige Wahrnehmung, denn kaum am Strand angelangt, war der Mann verschwunden, wie wenn ihn der Erdboden verschluckt hätte. Die Frau überlegte, ob sie ihrem Mann die seltsame Erscheinung mitteilen sollte, entschied sich dann aber dagegen. Zugleich jedoch empfand sie so etwas wie ein Schuldgefühl, sie wusste nur nicht, warum.

Inzwischen hatte ihr Mann Anker geworfen, sie merkte es an seinem Hantieren und dem Klatsch auf dem Wasser. Dann sagte er: »Also, steigen wir aus?« Mechanisch beugte sie sich, die Beine aus dem Boot streckend, nach vorn und ließ sich ins knietiefe Wasser gleiten. Als sie den schwarzen, feuchten Kies des Ufers betrat, bemerkte sie rechts, in der Felswand, eine finstere, anscheinend tiefe Höhle und wusste sofort, dass der Mann, den sie flüchtig auf dem Pfad gesehen hatte, darin verschwunden war. Aber sie sagte kein Wort und spürte erneut leichte Gewissensbisse. Unterdessen war ihr Mann nachgekommen; er fasste ihren Arm und murmelte: »Verzeih mir!« »Verzeih du mir!«, antwortete sie, sich lebhaft ihrer Heuchelei bewusst; sie drehte sich um und gab ihm einen Kuss auf die Wange. Dabei dachte sie: »Wenn er nur fortginge ... mich allein ließe!« Er war völlig versöhnt und sagte: »Macht es dir etwas aus, wenn du warten musst? Ich bin gleich wieder zurück ... es dauert vielleicht ein Stündchen.« Die Frau antwortete: »Aber ich bitte dich ... es ist ja so schön hier.« Der Mann ging; er stieg den Pfad zur Küste hinauf. Sie setzte sich in einiger Entfernung vom Wasser auf den Strand, sodass sie unauffällig die Höhle überwachen konnte.

Eine Weile saß sie regungslos auf dem Kies und schaute aufs Meer hinaus, dann wandte sie fast unmerklich den Kopf zur Höhle und wunderte sich, dass ihr Mann nichts bemerkt hatte: Sie hatte richtig geraten, dort war er. Er saß in der

Höhle auf dem Boden, die blau behosten Beine übereinandergeschlagen, die Hände vor den Knien verschränkt. Oberkörper und Kopf waren nicht zu erkennen, teils wegen der tiefen Dunkelheit, teils wegen eines Felsens, der über die Öffnung herausragte. Die Frau betrachtete die vor den Knien verschränkten Hände und war sich plötzlich sicher, dass es sich um den jungen Mann handelte, den sie ein Jahr vorher in Fesseln gesehen hatte. Das waren seine Hände, sie erkannte sie wieder, die Hände, an denen sie damals die Ketten wahrgenommen hatte. Sie fragte sich, ob sie ihn ansprechen sollte, doch sie verneinte die Frage mit einer Sicherheit, die sie selbst überraschte. Von dem Augenblick an, dachte sie, als sie ihn den Pfad herunterkommen sah und ihren Mann nicht darauf aufmerksam machte, hatte sich etwas zwischen ihnen angebahnt, etwas, was stillschweigend geschehen war, stillschweigend ablaufen und stillschweigend enden würde. So vergingen die Minuten, der Mann bewegte sich nicht. Das undurchdringliche Dunkel, das sein Gesicht verhüllte, erschien ihr wie das Dunkel an sich, das geheimnisvolle, fast heilige Dunkel des Verhängnisses, das sie trennte und es ihnen verwehrte, miteinander in Beziehung zu treten. Dennoch fühlte sie sich von der Reglosigkeit des Mannes erregt, so als gelte zwischen ihnen eine Art Wette, wer sich wohl zuerst bewegen und seine Gefühle verraten würde. Plötzlich machte sie fast unwillkürlich eine Gebärde, die, wie ihr schien, ihre Erregung näher bezeichnete: Sie wusste, dass sie kleine, hübsch gerundete Ohren hatte, und so hob sie die Hand und strich sich die Haare so zurück, dass der Mann das eine Ohr sehen konnte. Der aber rührte sich nicht, und es mutete sie unwirklich, ja verrückt an, dass sie sich dazu hinreißen ließ, mit einem Sträfling zu flirten.

Wieder schaute sie auf das Meer hinaus, aufgewühlt jetzt mehr durch die eigenen Gefühle als durch die Gegenwart des Mannes. Sie war nun fest entschlossen, ihn aus der Höhle herauszulocken, koste es, was es wolle, selbst wenn er sie überfallen oder umbringen sollte. Sie erinnerte sich, dass sie in ihrer Handtasche einige Wertgegenstände hatte. Langsam brachte sie sie zum Vorschein: das goldene Zigarettenetui mit dem Rubinverschluss, das ebenfalls goldene Feuerzeug, mit dem sie sich ihre Zigaretten anzündete. Dann kramte sie mit gespielter Ungeduld weiter, fand ihre Uhr und sah nach der Zeit. Auch die Uhr war aus Gold, und sie legte sie auf den Kies neben das Etui und das Feuerzeug: ein Häufchen Gold, das ihn eigentlich reizen müsste. Aber da fiel ihr ein, dass sie sich den Mann als einen Verbrecher aus Leidenschaft vorgestellt hatte, und sie biss sich auf die Lippen; so einer würde sich nicht mit Gold locken lassen, da bedurfte es anderer Mittel.

Das Herz schlug ihr bis zum Halse, der Atem stockte, und sie spürte, wie ihr tiefe Röte in Wellen in die Wangen schoss; sie hob die Hand zur Schulter, fasste mit zwei Fingern den Träger des Badeanzuges und ließ ihn langsam am Arm heruntergleiten, bis die eine Brust so gut wie entblößt war. Dann irrte ihr Blick in Richtung Höhle. Der Mann saß immer noch da, still, unbeweglich, das Gesicht im Dunkeln. Da schaute sie auf das unnütze Häufchen Gold hinunter, das da auf dem Kies lag, und von dort aus wieder aufs Meer hinaus. Ihr Auge schweifte zurück zum Horizont, glitt dann auf den Nahbereich zurück und sah in geringer Entfernung vom Ufer das Boot, das auf dem schwarzen, stillen Wasser vor Anker lag. Da begriff sie endlich, wonach der Mann aus dem dichten Dunkel seiner Höhle so begehrlich und sehnsüchtig Ausschau hielt.

Träge und langsam erhob sie sich und reckte sich ein bisschen, wobei sie die Hände hinter dem Nacken verschränkte und den Kopf zurückbog. Dann sagte sie in Gedanken Lebewohl und schritt auf das Wasser zu. Sie ging nicht zum Boot, sondern watete auf dem sandigen Grund, während ihr das Wasser langsam mit einem unangenehmen Kribbeln am Körper hochkroch, auf die Spitze der kleinen Bucht zu, von wo aus man um den Felsen herum in die Nachbarbucht gelangen konnte. Als ihr das Wasser bis zum Hals reichte, schwamm sie los, immer weiter vom Boot fort. Sie schwamm um den Felsen herum, richtete sich dann auf und sah sich schließlich um. Nur fünf Minuten hatte sie nicht hingesehen, aber der Mann war schon im Boot; den gebeugten Rücken ihr zugewandt, machte er sich am Motor zu schaffen. Er musste etwas von Außenbordmotoren verstehen, denn im Nu sprang der Motor an, und das Boot fuhr, einen Halbkreis beschreibend, davon. Durch einen Zufall, der ihr schicksalhaft erschien, hatte sich das alles abgespielt, ohne dass sie sein Gesicht sehen konnte. Sie blieb, wo sie war, bis zum Kinn im Wasser, stumm, mit dem Gefühl, dass ihr Schweigen der letzte Akt ihrer Mittäterschaft war. Jetzt quälte sie nur noch der Gedanke: »Wenn der Motor wieder streikt, wird er glauben, ich hätte ihn in eine Falle gelockt.« Schließlich stieg sie langsam aus dem Wasser und ging zur Stelle zurück, wo sie ihre Tasche gelassen hatte.

Die Sonne war hinter der Küste emporgestiegen und ließ den feuchten Kies, das Häufchen Gold, das der Mann nicht angerührt hatte, und die blaue Weite des Meeres aufleuchten. Die Frau setzte sich neben ihre Tasche und folgte mit den Augen dem Boot, das geradewegs ins offene Meer hinauszusteuern schien. Da erschien rechts vom Strand, zum Vorgebirge hin, eine Schaluppe mit drei Mann an Bord. Der Außenborder entfernte sich immer weiter, veränderte seine Form, wurde mit der Entfernung immer kleiner; trotzdem erkannte sie klar den Mann, wie er im Heck sitzend das Steuer in der Hand hielt. Dann lag das Boot plötzlich still, da, wo das glatte, fast durchsichtige Meer sich tiefblau zu kräuseln begann. Es war stehen geblieben, der Mann war aufgestanden und beugte sich jetzt wieder über den Motor. Unterdessen hielt die Schaluppe unbeirrt auf das Boot zu. Die Frau wusste im Voraus, was nun geschehen würde, und sah resigniert zu. Eine Weile stand der Mann noch im Boot und hantierte mit dem Motor, während sich der Abstand zwischen den beiden Fahrzeugen zusehends verringerte; dann schien er aufzugeben, setzte sich wieder ins Heck und wartete in aller Ruhe. Die Schaluppe war jetzt hart an das Boot herangekommen, berührte es. Die Frau sah immer noch zu: Zwischen dem Mann und den drei Insassen der Schaluppe, inmitten des leer gefegten, im Sonnenlicht glänzenden Meeres, schien ein gemütliches, friedliches Geplauder in Gang zu kommen, wie zwischen Ausflüglern, die sich begegnen und kennenlernen. Die Sonne, die Entfernung, die Unendlichkeit des Meeres und des Himmels ließen diese Begegnung irgendwie bedeutungslos, rätselhaft, unwirklich erscheinen. Dann stand der Mann auf, und sie sah, wie er vom Boot auf die Schaluppe umstieg. Da senkte sie die Lider und schaute auf die Uhr: Es war fast eine Stunde vergangen, bald würde ihr Mann zurück sein.

IWAN BUNIN
Der Herr aus San Francisco

Weh, weh, die große Stadt Babylon,
die starke Stadt!
Offenb. Joh. 18,10

Der Herr aus San Francisco – seinen Namen hat weder in Neapel noch auf Capri irgendjemand behalten – fuhr mit Frau und Tochter für volle zwei Jahre in die Alte Welt, einzig und allein, um sich zu zerstreuen.

Er war fest davon überzeugt, ein gutes Recht auf Erholung, auf Genuss, auf eine ausgedehnte und komfortable Reise und manches andere mehr zu besitzen. Diese Überzeugung begründete er damit, dass er erstens ein reicher Mann war und sich zweitens trotz seiner achtundfünfzig Jahre gerade erst zu leben anschickte. Bis dahin hatte er nicht gelebt, sondern im besten Falle existiert, keineswegs übel zwar, aber immerhin so, dass alle Hoffnungen auf die Zukunft gesetzt blieben. Er hatte geschuftet, ohne die Hände in den Schoß zu legen, die Chinesen, die er zu Tausenden bei sich arbeiten ließ, wussten sehr wohl, was das bedeutete. Und schließlich sah er, dass schon viel geschafft war und er fast auf der gleichen Stufe mit denen stand, die er sich einst zum Vorbild genommen hatte, sodass er beschloss, sich eine Atempause zu gönnen. Die Leute, zu denen er nun gehörte, pflegten den Lebensgenuss mit einer Reise nach Europa, nach Indien, nach Ägypten zu beginnen. Genauso entschied sich auch er. Natürlich wollte er dabei vor allem sich selbst für die Jahre der Arbeit entschädigen; aber er freute sich auch für Frau und Tochter. Seine Frau hatte sich nie durch Empfänglichkeit für neue Eindrücke ausgezeichnet, doch reisten schließlich alle älteren Amerikanerinnen leidenschaftlich gern. Was aber seine Tochter anging, ein schon herangewachsenes, ein wenig kränkliches junges Mädchen, so war die Reise für sie schlechthin eine Notwendigkeit: Stellten sich denn, gar nicht zu reden vom gesundheitlichen Nutzen, auf Reisen nicht äußerst glückliche Begegnungen ein? Saß man da manchmal bei Tisch nicht neben einem Milliardär oder besah zusammen mit ihm Fresken?

Der Herr aus San Francisco hatte sich eine umfangreiche Reiseroute zurechtgelegt. Im Dezember und Januar hoffte er sich der Sonne Süditaliens, der Denkmäler der Antike, der Tarantella, der Serenaden fahrender Sänger und dessen zu erfreuen, was Menschen in seinen Jahren besonders fein empfinden: der wenn auch nicht ganz uneigennützigen Liebe junger Neapolitanerinnen. Den Karneval gedachte er in Nizza oder Monte Carlo zu verbringen, wo um diese Zeit die erlesenste Gesellschaft zusammenströmt – genau jene, von der alle Wohltaten der Zivilisation abhängen: der Schnitt des Smokings wie die Sicherheit der Throne, Kriegserklärungen wie das Florieren der Hotels – und wo sich die einen mit Eifer Autorennen und Segelregatten hingeben, andere dem Roulettespiel, dem, was hergebrachterweise als Flirt bezeichnet wird, oder dem Abschießen von Tauben, die sich so wunderhübsch über dem smaragdgrünen Rasen der Gärtchen, vor dem Hintergrunde des vergissmeinnichtfarbenen Meeres in die Lüfte schwingen und gleich darauf als weiße Klümpchen zur Erde fallen. Den Anfang des März wollte er Florenz widmen und zur Passionszeit in Rom sein, um ein Miserere zu hören. Ferner waren in seine Pläne sowohl Venedig als auch Paris einbezogen, ein Stierkampf in Sevilla, ein Badeaufenthalt auf den Britischen Inseln, Athen und Konstantinopel, Palästina und Ägypten und sogar Japan – dieses selbstverständlich erst auf der Heimreise.

Und zunächst machte sich alles ganz vortrefflich.

Es war Ende November, und fast bis unmittelbar vor Gibraltar fuhr man durch eisigen Nebel oder durch nassen Schneesturm, aber man blieb wohlbehalten. Es waren viele Passagiere an Bord, das Schiff, die berühmte »Atlantis«, glich einem riesigen Hotel mit allen Bequemlichkeiten, einer Nachtbar, orientalischen Bädern, einer eigenen Zeitung, und das Leben floss äußerst gleichmäßig auf ihm dahin. Man stand früh auf, unter Trompetenklängen, die schon zu dämmriger Stunde grell durch die Gänge hallten, da über der graugrünen Wasserwüste der schweren, im Nebel wogenden See langsam und unwirtlich der Morgen heraufzog; man streifte sich flanellene Pyjamas über und trank Kaffee, Schokolade oder Kakao; dann setzte man sich in Marmorwannen, trieb ein wenig Gymnastik, um den Appetit anzuregen und das Allgemeinbefinden zu heben, unterzog sich der Toilette für den Tag und schritt zum ersten Frühstück; bis elf Uhr war man gehalten, munter über die Decks zu promenieren, die kühle Frische des Ozeans einzuatmen oder zur neuerlichen Anregung des Appetits Shuffleboard und andere Spiele zu spielen, worauf man sich um elf mit belegten Broten und Bouillon stärkte; gestärkt las man dann mit Vergnügen die Zeitung und sah mit Zuversicht dem zweiten Frühstück entgegen, das nur noch nahrhafter und abwechslungsreicher als das erste war. Die folgenden zwei Stunden waren der Ruhe gewidmet; alle Decks standen um diese Zeit voller Liegestühle, auf denen in Wolldecken gehüllte Reisende lagen und zum bewölkten Himmel und den außenbords vorübergleitenden schaumbedeckten Wellenkämmen blickten oder süß entschlummerten. Um fünf Uhr wurden die nun Erheiterten und Erfrischten mit starkem, duftendem Tee und Gebäck gelabt; um sieben kündeten Trompetensignale von dem, was das Ziel dieses ganzen

Daseins und seine eigentliche Krönung war. Und der Herr aus San Francisco rieb sich vor andrängender Lebenslust die Hände und eilte in seine üppige Luxuskabine, um sich umzukleiden.

Abends starrten die Decks der »Atlantis« wie mit zahllosen feurigen Augen in die Finsternis hinaus, während eine große Menge von Bedienten in den Küchen, Geschirrwäschereien und Weinkellern arbeitete. Der Ozean, der hinter den Bordwänden wogte, war furchterregend, aber man dachte nicht an ihn, sondern vertraute fest auf die Macht, die der Kapitän über ihn besaß, ein rothaariger Mann, ungeheuer groß und massig, der immer ein wenig schläfrig schien, in seiner Uniform mit den breiten goldenen Ärmelstreifen einem riesigen Götzen glich und nur sehr selten seine geheimnisvollen Gemächer verließ, um sich unter den Leuten zu zeigen; auf dem Vorschiff heulte mit höllischer Düsterkeit oder kreischte mit wildem Grimm alle Augenblicke eine Sirene auf, aber nur wenige von den Dinierenden hörten sie: Sie wurde von einem ausgezeichneten Streichorchester übertönt, das im marmorgetäfelten, mit Fenstern nach beiden Seiten versehenen Saal unermüdlich und auf erlesene Art musizierte; der Saal war mit samtigen Teppichen ausgelegt und in festliches Licht getaucht, von dekolletierten Damen, Herren im Frack oder Smoking, gut gewachsenen Stewards und ehrerbietigen Maîtres d'Hôtel übervölkert, von denen einer – der, der die Weinbestellungen entgegennahm – sogar eine Halskette trug wie der Lord-Mayor irgendeiner großen englischen Stadt. Der Smoking und die gestärkte Wäsche ließen den Herrn aus San Francisco bedeutend jünger erscheinen. Hager, nicht allzu groß, unharmonisch geschnitten, aber solide zusammengenäht, auf Hochglanz poliert und in Maßen angeregt, saß er inmitten des gold- und perlengleichen Glanzes der Halle, eine Flasche bernsteinfarbenen Johannisberger, Gläser und Gläschen aus feinstem Kristall und einen krausen Strauß Hyazinthen vor sich. Sein gelbliches Gesicht mit dem gestutzten silbergrauen Schnurrbart hatte etwas Mongolisches, zwischen den großen Zähnen blitzten Goldplomben, der starke, kahle Schädel schimmerte wie altes Elfenbein. Seine Frau, groß, breit und ruhig, war prächtig, aber ihrem Alter gemäß gekleidet; kompliziert, doch leicht und duftig, mit unschuldsvoller Offenherzigkeit – die Tochter, hochgewachsen und schlank, mit wundervollem, reizend angeordnetem Haar, nach Veilchentabletten duftendem Atem und hauchzarten rosigen Pickelchen um die Lippen und zwischen den leicht überpuderten Schultern.

Das Diner dauerte über eine Stunde, und nach dem Diner wurde getanzt, während die Männer – darunter selbstverständlich auch der Herr aus San Francisco – die Beine hochnahmen, aufgrund der letzten Börsenberichte über die Schicksale der Völker entschieden, Havannazigarren rauchten, bis sie himbeerrote Gesichter bekamen, und sich an der Bar mit Likören betranken, wo Neger in roten Jacken bedienten, deren Augenweiß an hartgekochte, geschälte Eier erinnerte. Der Ozean türmte sich hinter der Bordwand zu schwarzen Bergen, der Schneesturm pfiff steif durch das schwerer gewordene Takelwerk, das ganze Schiff bebte, während es den Sturm und die Wellenberge bezwang und wie ein Pflug in die schwankenden, immer wieder sich aufbäumenden, schaumgeschweiften Kolosse einschnitt; die durch den Nebel halb erstickte Sirene heulte in Todesängsten, die Wachhabenden auf ihrem Auslug erstarrten vor Kälte und waren von ihrer übermäßigen Aufmerksamkeit wie benebelt. Der unterseeische Bauch des Schiffes glich dem finsteren, heißen Schoß des Infernos, seinem letzten und neunten Kreis: Da fraßen die glühenden Mäuler riesiger Feuerstellen mit dumpfem Gelächter Berge von Steinkohle in sich hinein, die halb nackte Männer unter Gepolter schaufelten, glutrot vom Feuer und triefend von beißendem, schmutzigem Schweiß. Hier oben aber, in der Bar, warf man sorglos die Beine über die Sessellehnen, schlürfte Kognak und Liköre und versank im Gewoge des würzigen Rauchs, während im Tanzsaal alles strahlte, Licht, Wärme und Heiterkeit ausströmte, die Paare sich im Walzertakt drehten oder im Tango wiegten und die Musik in wollüstig-schamloser Schwermut immer nur um das eine, immer nur um dasselbe flehte. Es gab da in der glänzenden Menge einen gewissen großen Nabob, rasiert und hager, an einen Prälaten erinnernd, in einem altmodischen Frack, dann einen berühmten spanischen Schriftsteller, eine in aller Welt bekannte Schönheit und ein elegantes, verliebtes Paar, das sein Glück nicht verbarg und von allen mit Neugier beobachtet wurde. Er tanzte nur mit ihr, und alles, was sie taten, wirkte bei ihnen so bezaubernd, so fein, dass nur der Kapitän allein wusste: Dieses Paar war vom Lloyd für Geld angestellt, Liebe zu spielen, und fuhr zu diesem Zweck seit geraumer Zeit bald mit dem, bald mit jenem Schiff mit.

In Gibraltar freuten sich alle über die Sonne; es war wie zu Beginn des Frühlings. An Bord der »Atlantis« erschien ein neuer Passagier, der die allgemeine Aufmerksamkeit fesselte: der inkognito reisende Erbprinz eines asiatischen Reichs, klein, völlig hölzern, eine goldene Brille auf der Nase, schmaläugig und mit breitem Gesicht, ein wenig unangenehm dadurch, dass sein großer schwarzer Schnurrbart dünn und durchscheinend wirkte wie der eines Toten; sonst aber war der Erbprinz einfach, bescheiden und nett. Auf dem Mittelmeer wurde es wieder recht winterlich; grobe, pfauenschweifbunte Wellen, bei hellstem Glanz und völlig klarem Himmel aufgewühlt von den lustig und ungestüm daherwehenden Nordwinden, bewegten die See. Am Tage darauf verblasste der Himmel, und der Horizont umnebelte sich. Man näherte sich dem Land, Ischia und Capri tauchten auf, und auch Neapel wurde durchs Fernglas sichtbar; es breitete sich, wie aus Zuckerstücken gefügt, am Fuß eines blaugrauen Hanges aus.

Viele Ladys und Gentlemen hatten bereits leichte, mit dem Fell nach außen gekehrte Pelzjacken angelegt; demütige, immer nur flüsternde halbwüchsige chinesische Boys, krummbeinig, mit pechschwarzen, bis an die Fersen reichenden Zöpfen und mädchenhaft dichten Wimpern, arbeiteten sich nach und nach mit Plaids und Spazierstöcken, Koffern und Necessaires zu den Treppen vor. Die Tochter des Herrn aus San Francisco stand auf Deck neben dem Prinzen, der ihr am Vorabend dank einem glücklichen Zufall vorgestellt worden war, und tat, als blicke sie aufmerksam in die Ferne, in die er wies, wobei er ihr irgendetwas erklärte und hastig und mit gedämpfter Stimme auf sie einsprach. Seinem Wuchs nach erschien er neben den anderen wie ein Knabe, er wirkte unschön und seltsam mit seiner Brille, dem steifen Hut, dem englischen Mantel, dem rosshaarähnlichen schütteren Schnurrbart und der dünnen dunklen Haut, die über dem flachen Gesicht gespannt und ein wenig lackiert erschien. Und doch hörte das Mädchen ihm zu und verstand vor Aufregung nicht, was er sagte; ihr Herz hämmerte in unbegreiflichem Entzücken; alles, aber auch alles an ihm war nicht so wie bei den anderen: Seine mageren Hände, die reine Haut, unter der das alte kaiserliche Blut pulsierte, selbst seine europäische, sehr schlichte, aber irgendwie ganz besonders saubere Kleidung bargen einen unerklärlichen Zauber. Der Herr aus San Francisco seinerseits, mit grauen Gamaschen über den Lackschuhen, blickte in einem fort zu der berühmten Schönheit, die neben ihm stand, einer großen, wunderbar gewachsenen Blondine mit Augen, die nach der letzten Pariser Mode getuscht waren; sie hielt ein winziges, krummes, räudiges Hündchen an einer silbernen Kette und unterhielt sich immerzu mit dem Tier. Und die Tochter, die sich leicht unbehaglich und geniert fühlte, war bemüht, den Vater zu übersehen.

Er war auf der Reise ziemlich freigebig und vertraute fest auf die Sorgsamkeit aller derer, die sich um sein Essen und

Trinken kümmerten, ihn von morgens bis abends, jedem seiner Wünsche zuvorkommend, bedienten, seine Sauberkeit und seine Ruhe überwachten, seine Sachen schleppten, Gepäckträger für ihn herbeiriefen und seine Koffer in die Hotels schafften. So war es überall, so war es auf der Überfahrt gewesen, so würde es auch in Neapel sein.

Neapel wuchs und kam näher; die Musiker waren bereits, mit ihren Blasinstrumenten blitzend, auf Deck versammelt und betäubten plötzlich alle mit den triumphierenden Klängen eines Marsches; der hünenhafte Kapitän erschien in Paradeuniform auf der Kommandobrücke und winkte wie ein gütiger heidnischer Gott den Passagieren grüßend mit der Hand, und dem Herrn aus San Francisco schien wie allen anderen, der Marsch des stolzen Amerika dröhne für ihn allein und der Glückwunsch des Kapitäns zu der glücklichen Ankunft gelte persönlich ihm. Und als die »Atlantis« endlich im Hafen war, als der vielstöckige, mit Menschen übersäte Koloss am Kai festmachte und die Landungsstege hinüberpolterten, wie viele Portiers und Portiergehilfen mit goldbetressten Mützen, wie viele Kommissionäre aller Art, wie viele pfeifende Jungen und abgerissene Riesenkerle mit Päckchen bunter Ansichtskarten in der Hand stürzten da auf ihn zu, um ihre Dienste anzubieten! Und er lächelte über die Hungerleider, während er auf das Auto ebenjenes Hotels zuschritt, in dem auch der Prinz vielleicht wohnen mochte, und brachte gelassen, bald englisch, bald italienisch zwischen den Zähnen hervor: »Go away! Via!«

Das Leben kam in Neapel sogleich ins gewohnte Gleis: Morgens das Frühstück im düsteren Speisesaal, ein bewölkter, nicht grade vielversprechender Himmel, die Schar der Fremdenführer am Eingang der Halle; dann einige Lächelblicke der rosigen, warmen Sonne, die Aussicht vom hoch in der Luft hängenden Balkon auf den Vesuv, der bis an den Fuß herunter in leuchtenden Morgendämpfen verschwimmt, auf den gleich Silber und Perlen flimmernden

Golf und auf den feinen Umriss von Capri am Horizont, auf winzige Eselchen, die über die klebrige Uferstraße vor ihren zweirädrigen Karren dahineilen, und auf die Trupps der mit herausfordernder, flotter Musik irgendwohin marschierenden kleinen Soldaten; danach das Platznehmen im Wagen, die langsame Fahrt durch die von Menschen wimmelnden, engen und grauen Korridore der Straßen, an hohen, vielfenstrigen Häusern vorbei, und die Besichtigung leblos-sauberer, gleichmäßig und angenehm, aber trübselig wie durch Schnee erhellter Museen oder kalter, nach Wachs duftender Kirchen, in denen überall dasselbe ist: ein majestätischer, durch einen schweren Ledervorhang geschlossener Eingang und innen eine ungeheure Leere, Schweigen, auf spitzenumhülltem Altar in der Tiefe die rötlichen, stillen Lichter eines siebenarmigen Leuchters, eine einsame alte Frau inmitten des hölzernen dunklen Gestühls, glatte Grabplatten unter den Füßen und, von irgendjemand gemalt und gewiss hochberühmt, eine »Kreuzesabnahme«; um eins das zweite Frühstück auf dem Monte San Martino, wo sich zur Mittagsstunde nicht wenig Leute allerersten Klasse treffen und wo der Tochter des Herrn aus San Francisco eines Tages beinahe unwohl wurde: Es kam ihr vor, als säße im Saal der Prinz, obwohl sie aus den Zeitungen schon wusste, er befinde sich in Rom; um fünf Uhr der Tee im eleganten Hotelsalon, wo Teppiche und flammende Kamine eine angenehme Wärme verbreiten; und schließlich aufs Neue die Vorbereitungen zum Diner, aufs Neue der mächtige, herrische Ruf des Gongs durch alle Stockwerke, aufs Neue die lange Kette der seidenrauschenden, von Spiegeln zurückgestrahlten dekolletierten Damen auf den Treppen, aufs Neue der weit und gastlich sich öffnende Prunkraum des Speisesaals, die roten Jacken der Musikanten auf dem Podium und die schwarze Kellnerschar um den Maître d'Hôtel herum, der eine dicke rosige Suppe mit ungewöhnlicher Meisterschaft in die Teller füllt. Und wieder waren beim Diner sowohl das Essen als auch die Weine, die Mineralwasser, Süßigkeiten und Früchte so üppig, dass gegen elf Uhr abends Stubenmädchen von Zimmer zu Zimmer eilten und Gummibeutel mit heißem Wasser zum Wärmen der Mägen austrugen.

Doch der Dezember fiel in diesem Jahre nicht allzu glücklich aus; sprach man mit dem Portier vom Wetter, so zuckte er nur schuldbewusst die Achseln und brummte, dass man sich auf ein solches Jahr einfach nicht mehr besinnen könne, obwohl es nicht das erste war, in dem er das brummte und sich darauf berufen musste, es gingen überall schreckliche Dinge vor sich: An der Riviera gieße und stürme es wie nie zuvor, in Athen liege Schnee, auch der Ätna sei völlig von Schnee verweht, sodass er in den Nächten leuchte, und aus Palermo flüchteten vor lauter Kälte die Fremden. Die Morgensonne täuschte Tag für Tag; von Mittag an trübte es sich ein und begann zu regnen, immer dichter und kälter; die Palmen vor dem Eingang des Hotels bekamen einen blechernen Glanz, die Stadt erschien besonders eng und schmutzig, die Museen überaus eintönig, die Zigarrenstummel der dicken Droschkenkutscher, deren Gummiumhänge im Winde flatterten wie Flügel, unerträglich übel riechend, das energische Peitschengeknalle über den dünnen Hälsen der Mähren ofensichtlich geheuchelt, das Schuhwerk der Signori, die die Straßenbahngleise fegten, schauderhaft und die Frauen, die im Regen mit schwarzen, unbedeckten Köpfen durch den Schlamm patschten, abscheulich kurzbeinig, gar nicht erst zu reden von der Feuchtigkeit und dem Gestank faulen Fisches, die über dem schäumenden Meer am Kai aufstiegen.

Der Herr und die Frau aus San Francisco begannen sich morgens zu zanken; ihre Tochter ging bleich und mit Kopfweh umher, oder sie wurde lebhaft, begeisterte sich für alles und war dann sowohl reizend wie wunderschön; wunderbar waren auch die zarten, komplizierten Gefühle, hervorgerufen durch die Begegnung mit jenem unschönen Menschen, in dessen Adern so ungewöhnliches Blut floss; denn zu guter Letzt ist es vielleicht ja auch gar nicht wichtig, was das Herz eines Mädchens erweckt: ob nun Geld, Ruhm oder Adel der Herkunft. Von allen Seiten wurde versichert, dass in Sorrent und auf Capri die Dinge ganz anders lägen. Dort sei es sowohl wärmer als auch sonniger, die Zitronenbäume blühten, es herrschten ehrlichere Sitten, und die Weine seien weniger verfälscht. Und die Familie aus San Francisco beschloss, mit allen ihren Koffern nach Capri aufzubrechen; nachdem man die Insel besichtigt, an der Stelle der Paläste des Tiberius auf den Steinen herumgegangen, die märchenhaften Gewölbe der Blauen Grotte besucht und den Dudelsackpfeifern aus den Abruzzen gelauscht haben würde, die vor dem Weihnachtsfest einen ganzen Monat lang die Insel durchstreifen und Hymnen zum Preise der Jungfrau Maria singen, wollte man nach Sorrent übersiedeln.

Am Tage der Abreise – einem für die Familie aus San Francisco sehr denkwürdigen Tage! – kam die Sonne nicht einmal morgens zum Vorschein. Ein schwerer Nebel verbarg den Vesuv bis herunter zum Fuß und hing grau und tief über dem bleiernen Meeresgewoge. Capri war überhaupt nicht zu sehen, als wenn es die Insel gar nicht gäbe. Der kleine Dampfer, der auf sie zustrebte, wurde dermaßen von einer Seite auf die andere gerollt, dass die Familie aus San Francisco auf den Sofas der armseligen Gemeinschaftskajüte daniederlag, die Beine in Reiseplaids gewickelt, die Augen vor lauter Übelkeit fest geschlossen. Madame litt, wie sie meinte, schlimmer als alle anderen; es überwältigte sie wiederholt, ihr war, als ob sie stürbe, während die Stewardess, die schon seit vielen Jahren tagaus, tagein, bei Hitze und bei Kälte auf diesen Wellen schaukelte und dennoch unermüdlich blieb, immer nur lachte, wenn sie mit einem Becken gelaufen kam. Das Fräulein war schrecklich bleich und hielt ein Scheibchen Zitrone zwischen den Zähnen. Der Herr lag, mit einem weiten Mantel und einer großen Mütze bekleidet, auf dem Rücken und brachte während der ganzen Überfahrt die Kiefer nicht auseinander; sein Gesicht war dunkel, der Schnurrbart weiß, und der Kopf schmerzte ihm ganz entsetzlich: Er hatte infolge des schlechten Wetters in letzter Zeit abends zu viel getrunken und sich zu ausgiebig an den »lebenden Bildern« in gewissen obskuren Lokalen ergötzt. Und der Regen peitschte gegen die klirrenden Scheiben, er rann auf die Sofas herab, während der Wind heulend an den Masten rüttelte und im Verein mit der herandrängenden See das Schiffchen völlig auf die Seite legte, wobei dann jedes Mal irgendetwas polternd zu Boden fiel. An den Anlegestellen in Castellammare und Sorrent wurde es ein wenig besser; aber auch hier wogte es noch gewaltig, die Küste mit ihren Felsklippen und Gärten, den Pinien, den rosa und weißen Hotels, den dunstigen, kraus umgrünten Bergen flog vor dem Fenster auf und nieder, als ob man sich auf einer Schaukel befände; an der Bordwand stießen sich Boote, die Passagiere der dritten Klasse brüllten aus Leibeskräften, irgendwo würgte ein Kind einen Schrei heraus, als würde es erdrückt, der feuchte Wind pfiff durch die Türen, und ohne einen Augenblick zu verstummen, lockte ein Bengel auf einer schaukelnden Barke unter der Flagge des Hotels Royal reißerisch und durchdringend, aber mit fehlerhafter Aussprache, die Passagiere: »Kgoya-al! Hotel Kgoyal-al …« Und der Herr aus San Francisco, der sich fühlte, wie es ihm zukam – als ganz und gar alter Mann –, dachte schon ärgerlich und voller Missmut an alle diese Royals, Splendids und Excelsiors, an diese habgierigen, nach Knoblauch riechenden Menschlein, die sich Italiener nannten. Als er an einer Anlegestelle die Augen öffnete und sich auf seinem Sofa emporrichtete, sah er eine felsige Steilwand vor sich, an der unmittelbar am Wasser, neben Booten, irgendwelchen Lumpen, Blechkanistern und braunen Netzen ein Haufen so jämmerlicher, durch und durch verschimmelter Steinhäuschen aufeinander klebte, dass Verzweiflung in ihm aufkam, während er sich sagte, gerade das sei ja das eigentliche Italien, das zu genießen er hergereist war. Endlich, als es schon dämmerte, schob sich, am Fuß gleichsam von roten Lichtern durchbohrt, die Insel in ihrer Schwärze heran, der Wind wurde weicher, wärmer, wohlriechender, und über die beruhigten, wie dunkles Öl schimmernden Wellen glitten goldene Riesenschlangen von den Hafenlaternen auf das Schiff zu. Dann polterte plötzlich der Anker und tauchte klatschend ins Wasser ein, von allen Seiten erhoben sich, einander überbietend, die wilden Rufe der Barkenführer, und sogleich fühlte man sich erleichtert, die Gemeinschaftskajüte erstrahlte, man empfand das Bedürfnis, zu essen, zu trinken, zu rauchen, sich zu bewegen ... Zehn Minuten später stieg die Familie aus San Francisco in eine große Barke, betrat fünf Minuten danach die Steine der Uferstraße, nahm in einem hell erleuchteten Wägelchen Platz und strebte unter Surren den Steilhang hinauf, zwischen Weinbergen, die voller Pfähle steckten, zwischen halb verfallenen Steinmauern, zwischen nassen, knorrigen, hier und da durch Strohdächer geschützten Apfelsinenbäumen hindurch, die mit den schimmernden orangefarbenen Früchten und ihrem dicken, gleichsam lackierten Laub bergab vorüberglitten, an den geöffneten Fenstern des Wägelchens vorbei ... Lieblich riecht in Italien die Erde nach einem Regen, und jede seiner Inseln hat einen eigenen, besonderen Geruch!

Die Insel Capri war an diesem Abend feucht und dunkel. Im Augenblick jedoch wurde sie kurze Zeit lebendig und erhellte sich da und dort. Oben auf dem Berge stand vor der Zahnradbahn wieder die Schar derer bereit, deren Pflicht es war, den Herrn aus San Francisco würdig zu empfangen. Es kamen auch andere Fremde an, die aber keine Beachtung verdienten: einige Russen, die auf Capri lebten, nachlässig und zerstreut, bebrillt und bärtig, die Kragen ihrer altersgrauen Mäntel hochgeschlagen, und eine Gruppe langbeiniger deutscher Jünglinge, rundköpfig, im Tiroler Kostüm und mit leinenen Rucksäcken auf den Schultern, die niemandes Dienste beanspruchten, sich überall wie zu Hause fühlten und keineswegs freigebig waren. Der Herr aus San Francisco freilich, der gelassen sowohl die einen wie die anderen mied, wurde sofort bemerkt. Man beeilte sich, ihm und seinen Damen beim Aussteigen behilflich zu sein, und lief voraus, um ihm den Weg zu zeigen; aufs Neue umringten ihn Jungen und jene kräftigen Capreser Weiber, die Koffer und Kisten ehrbarer Touristen auf ihren Köpfen beförderten. Ihre Holzsandalen, die an Fußbänkchen erinnerten, klapperten über den opernhaften kleinen Platz, über dem eine Lichtkugel im feuchten Winde schaukelte, die Bande der Jungen pfiff wie ein Vogelschwarm und schlug Purzelbäume, und wie auf einer Bühne schritt zwischen ihnen der Herr aus San Francisco auf einen mittelalterlichen Bogen zu, unter dem die hallende Gasse hindurchführte, vorbei an scheinbar zusammengewachsenen Häusern, steil abfallend auf den strahlenden Eingang eines Hotels zu, mit einem Palmenwedel über den flachen Dächern zur Linken und blauen Sternen am schwarzen Himmel oben und vorn. Und wieder war es, als sei das feuchte steinerne Städtchen auf dieser Felseninsel im Mittelmeer zu Ehren der Gäste aus San Francisco erwacht, als hätten nur sie allein den Wirt des Hotels so glücklich und gastfroh gestimmt, als habe gerade auf sie der chinesische Gong gewartet, der durch die Stockwerke heulte und zum Essen rief, kaum dass sie die Halle betreten hatten.

Der Wirt, ein äußerst eleganter junger Mann, der sie mit einer ausgesucht höflichen Verbeugung empfing, machte den Herrn aus San Francisco für einen Augenblick stutzig. Als er ihn ansah, fiel ihm plötzlich ein, dass er in den wirren Träumen, die ihm in der letzten Nacht zusetzten, ebendiesen Gentleman erblickt hatte, genauso einen wie ihn, in demselben Besuchsrock mit abgerundeten Schößen und mit der gleichen, spiegelnden, glatten Frisur. Fast wäre er erstaunt stehen geblieben. Da aber in seiner Seele schon seit sehr langer Zeit auch nicht ein Senfkorn von irgendwelchen sogenannten mystischen Gefühlen übrig geblieben war, schwand sein Erstaunen sogleich dahin. Scherzend erzählte er Frau und Tochter, während man durch den Hotelkorridor ging, von dem seltsamen Zusammentreffen von Wirklichkeit und Traum. Allerdings sah ihn die Tochter in diesem Augenblick besorgt an: Kummer presste ihr plötzlich das Herz zusammen, das Gefühl einer schrecklichen Einsamkeit auf dieser fremden und dunklen Insel.

Gerade erst war eine Allerhöchste Persönlichkeit, die auf Capri geweilt hatte, abgereist: ein Reuß XVII. Und man wies den Gästen aus San Francisco die Appartements an, die er bewohnt hatte. Zu ihrer Bedienung bestimmte man das hübscheste und geschickteste Stubenmädchen, eine Belgierin mit schlanker, fester, geschnürter Taille und einem gestärkten Häubchen, das einer kleinen vielzackigen Krone glich, den stattlichsten Zimmerkellner, einen kohlrabenschwarzen, glutäugigen Sizilianer, und den anstelligsten Hausdiener, den fülligen, kleinen Luigi, der schon manchen derartigen Posten in seinem Leben bekleidet hatte. Und eine Minute später klopfte beim Herrn aus San Francisco behutsam der Maître d'Hôtel, ein Franzose; er kam, um sich zu erkundigen, ob die zugereisten Herrschaften zu speisen wünschten, und für den Fall einer bejahenden Antwort, an der im Übrigen wohl nicht zu zweifeln war, zu melden, dass man heute Langusten, Roastbeef, Spargel, Fasanen und anderes mehr zu bieten habe. Unter dem Herrn aus San Francisco schwankte noch der Fußboden, so schwindlig hatte ihn dieses schäbige italienische Dampferchen gemacht, aber er schloss eigenhändig und ohne sich zu beeilen, wenn mangels Übung auch nicht so ganz geschickt, das Fenster, das sich beim Eintritt des Maître d'Hôtel geöffnet hatte und aus dem Garten neben dem Duft nasser Blumen entfernte Küchengerüche einströmen ließ; er entgegnete deutlich und wiederum ohne Eile, dass man zwar speisen werde, aber an einem Tischchen, das weiter weg von der Tür, in die Tiefe des Saales gerückt werden müsse, und dass man den Wein des Landes zu trinken wünsche; und jedem seiner Worte pflichtete der Maître d'Hôtel in den verschiedensten Tonarten bei, die aber alle nur besagten, dass die Berechtigung der Wünsche des Herrn aus San Francisco in keiner Weise zweifelhaft sei noch sein könne und alles wunschgemäß erfüllt werden würde. Zuletzt neigte er den Kopf und fragte diskret: »Wäre das alles, Sir?«

Und er fügte, nachdem er ein zögerndes »Yes« zur Antwort erhalten hatte, hinzu, es gäbe heute Abend in der Halle eine Tarantella zu sehen, getanzt von Caramella und Giuseppe, einem in ganz Italien und in der »gesamten Touristenwelt« bekannten Paar.

»Ich habe Caramella auf Ansichtskarten gesehen«, sagte der Herr aus San Francisco mit einer Stimme, die nichts Bestimmtes zum Ausdruck brachte. »Und ist dieser Giuseppe ihr Mann?«

»Ihr Vetter, Sir«, erwiderte der Maître d'Hôtel.

Und der Herr aus San Francisco zögerte noch ein wenig, dachte über irgendetwas nach, sagte aber nichts weiter und entließ den Maître d'Hôtel mit einem Kopfnicken.

Dann machte er sich aufs Neue daran, sich wie zur Trauung instand zu setzen. Er schaltete sämtliche Lichtquellen ein, sodass in allen Spiegeln ein Widerschein von Glanz und Helligkeit, von Möbeln und geöffneten Koffern war, rasierte sich, wusch sich und klingelte alle Augenblicke, während draußen auf dem Gang andere ungeduldige Klingelzeichen hallten und die seinen unterbrachen: Sie kamen aus den Zimmern seiner Tochter und seiner Frau. Und Luigi mit seiner roten Schürze stürzte mit so entsetzter Miene, dass die Zimmermädchen Tränen lachten, wenn sie mit Steingut-eimern an ihm vorübereilten, und mit einer Leichtigkeit, wie sie vielen Dicken eigen ist, auf jedes Klingelzeichen zur Tür, klopfte mit den Fingerknöcheln und erkundigte sich gespielt schüchtern, mit einer Ehrerbietung, die an Idiotie grenzte: »Ha sonato, signore?«

Und hinter der Tür hörte man eine gelassene, knarrende, beleidigend höfliche Stimme: »Yes, come in!«

Was fühlte, was dachte der Herr aus San Francisco an diesem für ihn so bedeutsamen Abend? Wie jedermann, der eine bewegte Seefahrt hinter sich hat, verspürte er nur das dringende Bedürfnis, zu essen, dachte mit Vergnügen an den ersten Löffel Suppe und an den ersten Schluck Wein und vollzog das gewohnte Werk des Toilettemachens sogar mit einer gewissen Ungeduld, die für Gefühle und Überlegungen keine Zeit ließ.

Nachdem er gewaschen und rasiert war und geschickt einige falsche Zähne eingesetzt hatte, feuchtete er vor einem Spiegel die Reste seiner perlgrauen Haare an und strich sie mit silbergefassten Bürsten um den braungelben Schädel herum; über den kräftigen alten Körper mit der vom guten Essen geweiteten Taille streifte er ein cremefarbenes Seidentrikot, über die mageren Beine schwarze Seidensocken, über die Plattfüße Pumps; er ging ein wenig in die Knie, während er die schwarzen, durch seidene Träger gehaltenen Hosen und das schneeweiße, über der Brust sich wölbende Hemd in Ordnung brachte, legte die blitzenden Manschettenknöpfe an und mühte sich redlich damit ab, den Kragenknopf in den steifen Kragen zu praktizieren. Der Boden schwankte noch unter seinen Füßen, die Fingerspitzen taten ihm heftig weh, der Kragenknopf kniff immer wieder schmerzhaft in die schlaffe Haut unter dem Adamsapfel, aber er ließ nicht nach und schaffte es schließlich doch. Seine Augen blitzten vor Energie, und der übermäßig knappe Kragen presste ihm den Hals zusammen, sodass sein Gesicht blau anlief; er setzte sich für einen Augenblick vor den Trumeau, der ihn in ganzer Größe spiegelte und auch sein Bild in anderen Spiegeln wiedergab.

»Das ist ja schauderhaft!«, stöhnte er, wobei er den energischen Kopf senkte und sich nicht fragte, nicht zu verstehen suchte, was denn so schauderhaft war; dann ging er mit aufmerksamem, geübtem Blick über die kurzen Finger mit den Gichtknoten an den Gelenken, über die großen, gewölbten, mandelfarbenen Nägel hin und wiederholte überzeugt: »Einfach schauderhaft.«

In diesem Augenblick erdröhnte, das Haus wie einen heidnischen Tempel durchhallend, zum zweiten Male der Gong. Der Herr aus San Francisco stand eilig auf, zog die Krawatte an, wodurch der Kragen noch enger wurde, zwängte den Bauch in die tief ausgeschnittene Weste, schlüpfte in die Smokingjacke, zupfte die Manschetten heraus und besah sich noch einmal im Spiegel. Diese dunkelhäutige Caramella, mit funkelnden Augen und einer Mulattin ähnlich, in ihrem bunten, vorwiegend orangefarbenen Kleid muss wohl ganz außerordentlich tanzen, dachte er. Und er trat munter auf den Korridor hinaus, ging über den Läufer zum Nachbarzimmer, dem seiner Frau, und fragte laut an, wie weit man wäre.

»In fünf Minuten!«, antwortete hinter der Tür hell und schon wieder vergnügt eine Mädchenstimme.

»Ausgezeichnet«, sagte der Herr aus San Francisco.

Und er schritt ruhig über Gänge und Treppen, die mit roten Läufern belegt waren, um sich im Leseraum umzusehen. Die Bedienten, die ihm begegneten, drückten sich voller Respekt an die Wand, während er an ihnen vorüberging, als ob er sie nicht bemerke. Eine alte Dame, die sich zum Essen verspätet hatte, eilte, obschon gebeugt und mit milchweißem Haar, in einem ausgeschnittenen, hellgrauen Seidenkleid, vor ihm her, so rasch sie konnte, aber doch komisch und mehr wie ein Huhn, sodass er sie mühelos überholte. Vor der Glastür zum Speisesaal, in dem bereits alles versammelt und schon beim Essen war, blieb er vor einem Tischchen stehen, das mit Zigarrenkisten und Schachteln mit ägyptischen Zigaretten vollgestellt war, nahm sich eine große Manila und warf drei Lire auf den Tisch; auf der Winterveranda glitt sein flüchtiger Blick durch ein offenes Fenster ins Freie: Aus der Dunkelheit wehte ihm zarte Luft entgegen, er ahnte den Wipfel einer alten Palme, die ihre riesig erscheinenden Zweige vor dem gestirnten Himmel ausbreitete, das ferne, gleichmäßige Rauschen des Meeres drang an sein Ohr. Im stillen, behaglichen, nur über den Tischen erhellten Lesezimmer raschelte irgendein grauhaariger Deutscher, der an Ibsen erinnerte, eine runde, silberne Brille trug und irre, erstaunte Augen hatte, im Stehen mit einer Zeitung. Der Herr aus San Francisco musterte ihn kalt, ließ sich in einem tiefen Ledersessel nieder, der neben einer grün beschirmten Lampe in der Ecke stand, setzte den Kneifer auf, zuckte mit dem Kopf, weil ihn der Kragen würgte, und verbarg sich hinter einem Zeitungsblatt. Er überflog die Überschriften einiger Artikel, las wenige Zeilen über den nie zum Ende kommenden Balkankrieg und wandte mit gewohnter Bewegung das Blatt um, als die Zeilen plötzlich mit einem gläsernen Funkeln vor ihm aufflammten, sein Hals sich anspannte, die Augen aus den Höhlen traten, der Kneifer von der Nase glitt. Es riss ihn vornüber, er schnappte nach Luft und begann krampfhaft zu röcheln; der Unterkiefer klappte herunter und ließ überall im Munde die Goldplomben aufblitzen, der Kopf fiel auf die Schulter herab und zuckte, die Hemdbrust wölbte sich wie ein Segel, während der Körper selbst zu Boden glitt, sich wand, verzweifelt gegen irgendjemand kämpfte und mit den Absätzen den Teppich zusammenschob.

Wäre im Leseraum nicht der Deutsche gewesen, man hätte das schreckliche Ereignis im Hotel rasch und geschickt zu vertuschen gewusst, hätte den Herrn aus San Francisco am Kopf und bei den Füßen ergriffen und ihn im Nu über Hintertreppen möglichst weit weggeschafft; keine Menschenseele unter den Gästen hätte von dem, was er angestellt hatte, irgendetwas gemerkt. Doch der Deutsche kam mit Geschrei aus dem Lesezimmer gelaufen und alarmierte den Speisesaal und das ganze Haus. Viele sprangen mitten im Essen auf und warfen die Stühle um, viele liefen erblassend zum Leseraum, und in allen Sprachen wurde gefragt: »Was ist denn, was ist geschehen?«, aber niemand wusste vernünftig zu antworten, niemand war da, der etwas verstand, da sich die Menschen auch heute noch am meisten über den Tod wundern und um nichts auf der Welt an ihn glauben wollen. Der Wirt eilte von einem Gast zum anderen, versuchte die Flüchtenden aufzuhalten und durch die hastige Versicherung zu beruhigen, es sei nichts weiter geschehen: eine Lappalie, ein kleiner Ohnmachtsanfall von einem Herrn aus San Francisco ... Aber niemand hörte ihm zu, und viele sahen, wie Kellner und Hausdiener dem Herrn die Krawatte, die Weste, die zerknitterte Smokingjacke, aus irgendeinem Grunde sogar die Pumps von seinen schwarzseidenbestrumpften Plattfüßen rissen. Er aber wehrte sich noch. Er rang hartnäckig mit dem Tod, wollte sich ihm auf keinen Fall ergeben, ihm, der so unerwartet und roh über ihn hergefallen war. Er schlenkerte mit dem Kopf, röchelte wie ein Gemeuchelter und verdrehte die Augen wie ein Betrunkener. Als man ihn eilig auf Zimmer 43 trug und auf das Bett legte – es war das kleinste, schlechteste, feuchteste und kälteste Zimmer im unteren Stock am Ende des Gangs –, kam seine Tochter gelaufen, mit aufgelöstem Haar, den Morgenrock auseinandergeschlagen, mit hochgeschnürter, entblößter Brust, dann, groß und schwer, schon fertig angezogen zum Essen, seine Frau, deren Mund vor Schrecken ganz rund war. Doch hier bewegte er nicht einmal mehr den Kopf.

Eine Viertelstunde später kam im Hotel alles einigermaßen in Ordnung. Aber der Abend war unwiderruflich dahin. Manche kehrten in den Speisesaal zurück und beendeten das unterbrochene Essen, allerdings schweigend und mit gekränkten Gesichtern, während der Wirt bald zu dem, bald zu jenem trat, im Bewusstsein seiner tragischen Schuld mit ohnmächtiger, aber begreiflicher Gereiztheit die Achseln zuckte, jedem versicherte, dass er sehr wohl verstehe, »wie unangenehm« das alles sei, und sich mit seinem Wort dafür verbürgte, er werde »alles in seiner Macht Stehende tun«, um die Unannehmlichkeiten zu beseitigen; die Tarantella musste abgesagt werden, überflüssiges Licht wurde ausgedreht, und die meisten Gäste gingen in eine Bierstube; es wurde so still, dass man deutlich die Uhr in der Halle ticken hörte, wo nur noch ein Papagei hölzern vor sich hin quarrte, während er in seinem Käfig Anstalten für die Nachtruhe traf: Er brachte es fertig, in unmöglicher Stellung einzuschlafen – die eine Pfote um eine höher befestigte Stange gekrallt ... Der Herr aus San Francisco lag auf dem billigen Eisenbett, unter groben Wolldecken, auf die von oben das trübe Licht eines einzigen Lämpchens fiel. Auf seine nasse und kalte Stirn hing ein Eisbeutel herab. Das bläuliche, bereits leblose Gesicht war am Erkalten, das röchelnde Gluckern, das sich dem offenen, goldüberblitzten Munde entrang, wurde schwächer. Es war nicht mehr der Herr aus San Francisco, der röchelte, ihn gab es nicht mehr, es war irgendein anderer. Die Frau, die Tochter, der Arzt und die Dienerschaft standen dabei und blickten ihn an. Plötzlich geschah, was sie erwartet und was sie befürchtet hatten: Das Röcheln riss ab. Und langsam, sehr langsam ergoss sich Blässe über das Gesicht des Gestorbenen, und seine Züge verfeinerten und verklärten sich zu einer Schönheit, die ihm schon lange zukam.

Der Wirt trat ein. »Già è morto«, flüsterte ihm der Arzt zu. Der Wirt zuckte mit leidenschaftslosem Gesicht die Achseln. Die Frau des Toten, der die Tränen still über die Wangen rollten, kam auf ihn zu und sagte mit schüchterner Stimme, man müsse den Toten jetzt auf sein Zimmer bringen.

»O nein, Madame«, entgegnete rasch und korrekt, aber keineswegs liebenswürdig, und zwar nicht englisch mehr, sondern französisch der Wirt, für den die Kleinigkeiten, die von den Zugereisten aus San Francisco nun noch in seine Kasse wandern konnten, in keiner Weise mehr interessant waren. »Das ist völlig unmöglich, Madame«, sagte er, wobei er zur Erläuterung hinzusetzte, dass die Appartements sehr wertvoll für ihn wären und, wenn er ihren Wunsch erfüllte, ganz Capri davon erfahren und die Reisenden die Räume meiden würden.

Das Fräulein, das ihn die ganze Zeit sonderbar angesehen hatte, setzte sich auf einen Stuhl, presste ihr Taschentuch vor den Mund und brach in Schluchzen aus. Madame versiegten auf einmal die Tränen, und ihr Gesicht flammte auf. Sie bestand mit erhobener Stimme auf ihrer Forderung, wobei sie bei ihrer Muttersprache blieb und immer noch nicht glauben wollte, dass der Respekt vor ihnen endgültig verloren sei. Der Wirt wies sie mit höflicher Würde in die Schranken: Wenn die Hausordnung Madame nicht zusage, würde er es nicht wagen, sie zurückzuhalten; und er erklärte mit aller Festigkeit, dass der Leichnam noch heute beim Morgengrauen fortgeschafft werden müsse, dass die Polizei schon benachrichtigt sei, dass ein Vertreter von ihr sogleich erscheinen und die erforderlichen Formalitäten vollziehen werde. Ob man auf Capri denn einen fertigen Sarg, und wenn auch einen einfachen, bekommen könne, fragte Madame. Leider nein, auf keinen Fall, und die Anfertigung würde zu lange dauern. Man werde sich behelfen müssen. Das englische Sodawasser zum Beispiel komme in großen länglichen Kisten an. Die Zwischenwände ließen sich ja entfernen.

Nachts lag das ganze Hotel im Schlaf. In Zimmer 43 öffnete man das Fenster – es ging auf eine Gartenecke hinaus, wo vor der hohen, oben mit Glasscherben besteckten Steinmauer eine verkümmerte Banane wuchs –, man löschte das

Licht, verschloss die Tür und entfernte sich. Der Tote blieb im Dunkeln, die blauen Sterne sahen vom Himmel auf ihn herab, in der Wand stimmte ein Heimchen sein wehmütig-unbekümmertes Lied an. Im spärlich erleuchteten Gang saßen auf einem Fensterbrett zwei Zimmermädchen mit einer Stopfarbeit in der Hand. Luigi kam dazu, in Pantoffeln, einen Packen Kleidungsstücke über dem Arm.

»Pronto?«, fragte er besorgt, mit hellem Flüstern, während sein Auge zur Schreckenstür ging, hinten, am Ende des Korridors. Und er schlenkerte in der gleichen Richtung leicht mit der freien Hand. »Partenza!«, rief er im Flüsterton, wie man bei Abfertigung eines Zuges auf einem italienischen Bahnhof zu rufen pflegt, und die Zimmermädchen sanken sich an die Schulter und wären vor lautlosem Lachen beinahe erstickt.

Luigi lief federnd bis unmittelbar vor die Tür, klopfte leicht an und fragte, den Kopf zur Seite geneigt, ehrerbietigst und mit gedämpfter Stimme: »Ha sonato, signore?«

Und mit gepresster Kehle, den Unterkiefer vorgeschoben, gab er – gleichsam hinter der Tür hervor – knarrend, zögernd und traurig sich selbst zur Antwort: »Yes, come in!«

In aller Frühe aber, als vor dem Fenster des Zimmers 43 der Morgen graute und im zerfetzten Laub der Bananenstaude ein feuchter Wind zu rascheln begann, als der blaue Morgenhimmel die Insel Capri überwölbte und sich der Gipfel des Monte Solaro, rein und klar, gegen die Sonne zu vergoldete, die über den fernen, blauen Bergen Italiens heraufkam, als die Steinhauer, die die Touristenwege auf der Insel instand zu setzen hatten, zur Arbeit gingen, brachte man eine längliche Kiste, wie sie beim Sodawassertransport verwendet wird, auf Zimmer 43. Sie wurde bald darauf sehr schwer und drückte dem Portiergehilfen schmerzhaft gegen die Knie, als er in einem gemieteten Einspänner eilig mit ihr die weiße Chaussee im Zickzack über die Hänge Capris hinunterfuhr, zwischen Steinmauern und Weinbergen hindurch, immer weiter abwärts, bis unmittelbar ans Meer. Der Fuhrmann, schwächlich und mit geröteten Augen, in einem alten, kurzärmeligen Jäckchen und abgetragenen Schuhen, war verkatert – er hatte die Nacht hindurch in einer Kneipe gewürfelt – und peitschte in einem fort auf sein kräftiges, nach sizilianischer Art herausgeputztes Pferdchen ein, das eifrig mit den vielen Schellen an seinem mit bunten Wollfransen verzierten Zaum und an den Bügelspitzen des hohen, kupferverzierten Kumtsattels klingelte, während über seiner gestutzten Stirnmähne eine halbmeterlange, zitternde Vogelfeder hochstand. Der Fuhrmann schwieg, er war bedrückt von seiner Liederlichkeit, von seinen Lastern, bedrückt, weil er die Kupfermünzen in seinen Taschen während der Nacht bis auf die letzte verspielt hatte. Doch der Morgen war frisch, und in solcher Luft über dem Meer und unter dem Morgenhimmel ist ein Rausch bald verflogen, und die Sorglosigkeit kehrt zum Menschen zurück; auch tröstete den Fuhrmann der unverhoffte Verdienst, den irgendein Herr aus San Francisco ihm verschafft hatte, der jetzt in der Kiste hinter seinem Rücken lag und mit dem leblosen Kopf schlenkerte. Der kleine Dampfer, der, platt wie ein Käfer, tief unten lag, im zarten und starken Blau, das den Golf von Neapel mit solcher Dichte und Sattheit erfüllt, gab schon die letzten Sirenentöne von sich. Sie hallten munter auf der ganzen Insel wider, von der jede Uferkrümmung, jeder Höhenkamm, jeder Felsen von überall her so deutlich zu sehen war, als ob die Luft gar nicht vorhanden wäre. In der Nähe der Anlegestelle wurde der Portiergehilfe von einem Auto eingeholt, in dem der Portier mit den Damen heranbrauste; beide waren bleich und hatten eingefallene, übernächtige und verweinte Augen. Zehn Minuten später rauschte der Dampfer wieder durchs Wasser und strebte auf Sorrent, auf Castellammare zu, die Familie aus San Francisco für immer von Capri entführend. Und auf der Insel kehrten aufs Neue Ruhe und Frieden ein.

Auf dieser Insel hatte vor zweitausend Jahren ein Mann gelebt, der, völlig in seine grausamen, üblen Taten verstrickt, aus irgendeinem Grunde die Macht über Millionen Menschen besaß und, kopflos geworden, von der Sinnwidrigkeit dieser Macht und vor Angst, es könne ihn jemand meucheln, maßlose Grausamkeiten beging, sodass ihn die Menschheit für immer in ihrem Gedächtnis behielt und die, die in ihrer Gesamtheit ebenso unerklärlicherweise und im Grunde auch ebenso grausam wie er heute die Welt beherrschen, von überall her zusammenströmen, um die Reste des Steinhauses zu besichtigen, in dem er über einer der steilsten Schroffen auf dieser Insel gelebt hat. An diesem wunderbaren Morgen schliefen alle, die eben zu diesem Zweck nach Capri gekommen waren, noch in ihren Hotels, obwohl zu den Hoteleingängen schon rot gesattelte mausgraue Eselchen geführt wurden, auf die auch heute wieder, ausgeschlafen und gesättigt, junge und alte Amerikaner und Amerikanerinnen, deutsche Herren und Damen klettern, hinter denen auch heute wieder über die steinigen Pfade und immer bergauf bis unmittelbar zum Gipfel des Monte Tiberio die bettelarmen alten capresischen Weiber mitlaufen würden, einen Stock in der sehnigen Hand. Die Reisenden schliefen tief und fest, nachdem sie darüber beruhigt waren, dass sich der Tote aus San Francisco bereits auf dem Weg nach Neapel befand. Er hatte ursprünglich mitreiten wollen, sie aber stattdessen nur erschreckt, indem er sie an den Tod erinnerte; so war es auf der Insel still, und die Läden in der Stadt blieben noch geschlossen. Gehandelt wurde allein auf dem kleinen Marktplatz mit Fisch und Gemüse, sodass nur einfaches Volk da war, unter dem wie immer ohne jede Beschäftigung Lorenzo herumstand, ein hochgewachsener alter Barkenführer, ein sorgloser Tagedieb und eine Pracht von Mann, der in ganz Italien berühmt war und schon vielen Malern als Modell gedient hatte; er hatte zwei in der Nacht gefangene Hummer mitgebracht und für ein Butterbrot verkauft, sodass sie bereits in der Schürze des Kochs von ebendemselben Hotel raschelten, in dem die Familie aus San Francisco übernachtet hatte, und konnte nun ruhig, und sei's bis zum Abend, dastehen, mit königlicher Würde um sich blicken und seine Lumpen, seine Tonpfeife und das rote, auf das eine Ohr herabgezogene Wollbarett zur Schau stellen. Über die Abhänge des Monte Solaro aber, auf der antiken phönikischen Straße, stiegen von Anacapri aus zwei Bergbewohner aus den Abruzzen die steinernen, in den Fels gehauenen Stufen hinab. Der eine trug einen Dudelsack, ein großes Ziegenfell mit zwei Pfeifen, unter seinem Lederumhang, der andere eine Art hölzerne Hirtenflöte. So wanderten sie, und das ganze Land, heiter, sonnig und schön, breitete sich vor ihnen aus: die felsigen Höcker der Insel, die sich fast vollständig zu ihren Füßen erstreckte, das märchenhafte Blau, in dem sie schwamm, die leuchtenden Morgendämpfe über dem Meer im Osten, unter der blendend hellen Sonne, die, höher und höher steigend, schon kräftig wärmte, und die dunstig-azurblauen, noch morgendlich unbestimmten Massive Italiens, seiner nahen und fernen Berge, deren Schönheit das menschliche Wort nicht zu beschreiben vermag. Auf halbem Wege verlangsamten sie ihren Schritt; über der Straße, in einer Grotte der felsigen Wand des Monte Solaro, stand, ganz von Sonne umgossen, von ihrer Wärme, von ihrem Glanz, in gipsernem, schneeweißem Gewande, eine rostiggoldene, verwitterte Herrscherkrone auf dem Haupt, die Muttergottes, sanft und gütig, die Augen zum Himmel, zur ewigen, seligen Wohnstatt des dreifach gesegneten Sohnes, erhoben. Die beiden entblößten die Köpfe, legten die Instrumente an die Lippen, und einfältige, demütig-freudige Hymnen flossen dahin: Hymnen an die Sonne, an den Morgen, an sie, die unbefleckte Fürbitterin der Leidenden auf dieser bösen und schönen Welt, an den, der in der Höhle von Bethlehem aus ihrem Schoße geboren ward, in der ärmlichen Hirtenherberge, drüben im fernen Lande Juda.

Der tote Körper des alten Mannes aus San Francisco aber kehrte zu den Küsten der Neuen Welt zurück, ins Grab. Nachdem er viele Erniedrigungen, viel menschliche Missachtung erduldet hatte und eine runde Woche aus einem Hafenspeicher in den anderen gewandert war, fand er schließlich auf jenes berühmte Schiff zurück, mit dem er erst vor so kurzer Zeit und unter so vielen Ehren in die Alte Welt gereist war. Aber jetzt verbarg man ihn vor den Lebenden; man ließ ihn in seinem geteerten Sarg tief in den schwarzen Laderaum hinunter. Und wieder begab sich das Schiff auf seine weite Reise. Es fuhr nachts an der Insel Capri vorbei, und seine Lichter, die langsam im dunklen Meere versanken, erschienen, wenn man sie von der Insel aus sah, traurig und trüb. Doch dort, auf dem Schiff, in den hellen, im Glanze der Kronleuchter und des Marmors strahlenden Sälen, fand diese Nacht wie gewöhnlich ein üppiger Ball statt.

Ein Ball fand auch in der zweiten und dritten Nacht statt – wieder mitten in einem tobenden Schneesturm; der Ozean heulte gleich einem Begräbnischor und bäumte sich zu Bergen, die Trauerflor aus silbernem Schaum trugen. Der Teufel, der von Gibraltar, vom steinernen Tor zweier Welten, herab das Schiff verfolgte, während es in Nacht und Sturm hinausfuhr, vermochte vor lauter Schnee seine zahllosen feurigen Augen kaum zu erkennen. Der Teufel war riesenhaft wie ein Felsen, noch riesenhafter als er aber war das Schiff mit den vielen Decks, mit den vielen Schornsteinen, das stolze Werk des Neuen Menschen mit seinem alten Herzen. Der Sturm rüttelte an seinen Masten, an seinen breitmündigen, vom Schnee weißen Schornsteinen, aber das Schiff widerstand, war fest, Ehrfurcht gebietend und unheimlich. Auf seinem obersten Deck ragten einsam im wirbelnden Schnee jene behaglichen, schwach erleuchteten Räume, wo, in einen hellhörigen, nervösen Schlummer versunken, der massige Führer thronte gleich einem heidnischen Gott über dem Schiff. Er hörte das schwere Heulen der Sirenen, ihr wütendes, vom Sturm halb ersticktes Aufkreischen, aber er beruhigte sich mit der Nähe dessen, was, letztlich unerklärlich für ihn selbst, nebenan hinter der Kabinenwand war: der Nähe jener großen, gleichsam gepanzerten Kammer, die sich in einem fort mit geheimnisvollem Summen erfüllte, mit dem Flackern und trockenen Flüstern von blauen Blitzen, die aufflammten und um einen blassen, mit einem metallischen Halbreif über dem Kopf wachenden Funker herum zerbarsten. Ganz unten, im unterseeischen Bauch der »Atlantis«, schimmerten mit ihrem matten Stahl, dampfzischend und siedendes Wasser und Öl verlierend, die Hunderte von Zentnern schweren Kolosse der Kessel und vielerlei anderer Maschinen, kurz jener Küche, die, aus der Tiefe herauf durch höllische Feuerschlünde zum Glühen gebracht, die Fortbewegung des Schiffes bewirkte, brodelten in ihrer Geballtheit furchterregende Kräfte, die sich bis unmittelbar in den Kiel, in einen unendlich langen, von schwachem elektrischem Licht erhellten Tunnel fortpflanzten, wo sich mit einer die menschliche Seele bedrückenden Gleichmäßigkeit die riesige Welle in ihrem öligen Lager drehte, gleich einem lebenden Ungeheuer, das sich in diesem Tunnel streckte wie in einem unterirdischen Schlund.

Der Mittelpunkt der »Atlantis« aber, die Ball- und Speisesäle, strahlten Licht und Heiterkeit aus, summten von den Gesprächen einer geputzten Menge, verströmten den Duft frischer Blumen, sangen und klangen von der Musik des Streichorchesters. Und wieder wand sich gequält, gelegentlich aneinandergerissen wie im Krampf, in dieser Menge, im Glanz der Lichter, Seiden und Brillanten, im Glanze nackter Frauenschultern das schmale und biegsame Paar der für Geld engagierten Verliebten: das sündhaft-bescheidene, hübsche Mädchen mit den gesenkten Wimpern und der unschuldsvollen Frisur und der junge Mann, wohlgewachsen, mit schwarzem, wie angeklebtem Haar, blass von Puder, in hocheleganten Lackschuhen, in langschößigem, knappem

Frack, ein Schöntuer, einem riesigen Blutegel ähnlich. Und niemand wusste, dass dieses Paar längst müde war, sich zu den Klängen der schamlos-schwermütigen Musik mit seiner vorgetäuschten seligen Qual zu quälen, und dass tief, sehr tief unten, auf dem Boden des dunklen Laderaums, ein Sarg stand, unweit des düsteren, glutheißen Schoßes des Schiffs, das sich mit Mühe durchzusetzen versuchte gegen die Nacht, gegen den Ozean, gegen den Sturm.

GABRIEL GARCÍA MÁRQUEZ
Siebzehn vergiftete Engländer

Als Erstes bemerkte Frau Prudencia Linero bei der Ankunft im Hafen von Neapel, dass er genauso roch wie der Hafen von Ríohacha. Natürlich erzählte sie es keinem, denn auf dem greisen Überseedampfer, vollgeladen mit Italienern aus Buenos Aires, die zum ersten Mal nach dem Krieg in die Heimat zurückkehrten, hätte sie keiner verstanden, dennoch fühlte sie sich mit ihren zweiundsiebzig Jahren und nach achtzehn Tagen schlechten Wetters auf See nun weniger allein, weniger ängstlich und fern von ihren Leuten und ihrem Zuhause.

Seit dem Morgengrauen hatte man die Lichter von Land gesehen. Die Passagiere waren früher als sonst aufgestanden, trugen frische Kleidung, und die Ungewissheiten der Ankunft machten ihnen das Herz schwer, sodass dieser letzte Sonntag an Bord der einzig richtige der ganzen Reise zu sein schien. Frau Prudencia Linero war eine der wenigen, die zur Messe gingen. Anders als an den vorangegangenen Tagen, als sie in Halbtrauer gekleidet auf dem Schiff herumgelaufen war, hatte sie, um von Bord zu gehen, eine braune Kutte aus rohem Leinen angezogen, gegürtet mit einer Kordel des heiligen Franz, und ein paar Sandalen aus derbem Leder, die, nur weil sie so neu waren, nicht wie Pilgerschuhe aussahen. Das war eine Vorauszahlung: Sie hatte Gott gelobt, dieses Habit bis zum Tode zu tragen, wenn er ihr die Gnade gewähre, nach Rom zu reisen und den Heiligen Vater zu sehen. Und sie hielt diese Gnade für schon bewilligt. Am Ende der

Messe zündete sie zum Dank eine Kerze für den Heiligen Geist an, weil er ihr die Kraft gegeben hatte, die Unwetter der Karibik zu überstehen, und sprach ein Gebet für jedes ihrer neun Kinder und vierzehn Enkel, die in jenem Augenblick in einer Windnacht von Ríohacha von ihr träumten.

Als sie nach dem Frühstück an Deck kam, hatte sich das Leben auf dem Schiff verändert. Die Gepäckstücke lagen gestapelt im Tanzsaal, dazwischen alle möglichen Touristenmitbringsel, die sich die Italiener auf den magischen Märkten der Antillen gekauft hatten. Auf der Theke der Bar stand ein Käfig aus schmiedeeisernem Filigran mit einem Papagei aus Pernambuco. Es war ein strahlender Morgen Anfang August. Ein Sonntag, beispielhaft für jene Nachkriegssommer, in denen das Licht sich so aufführte, als sei es eine tägliche Offenbarung, und das riesige Schiff bewegte sich ganz langsam, mit dem Keuchen eines Kranken, durch eine leuchtende, stille See. Die finstere Festung der Herzöge von Anjou zeichnete sich erst schwach am Horizont ab, die über die Reling gebeugten Passagiere glaubten jedoch vertraute Plätze wiederzuerkennen, zeigten darauf, ohne sie sicher ausmachen zu können, und schrien vor Jubel in südlichen Dialekten. Frau Prudencia Linero, die sich alte Freunde an Bord geschaffen hatte, die Kinder gehütet hatte, während die Eltern tanzten, und die sogar dem ersten Offizier einen Knopf an die Uniformjacke genäht hatte, erschienen die Menschen plötzlich fremd und anders. Das gesellige Miteinander, die menschliche Wärme, die ihr erlaubt hatten, das erste Heimweh in der Gluthitze der Tropen zu überleben, waren verschwunden. Die ewigen Lieben auf hoher See endeten beim Anblick des Hafens. Frau Prudencia Linero, der die unbeständige Natur der Italiener nicht bekannt war, dachte, das Übel müsse nicht in den Herzen der anderen, sondern in ihrem eigenen liegen, da sie in einer Schar von Rückkehrern die einzige Ankommende war. So sind wohl alle Reisen, dachte sie, und litt zum ersten Mal in ihrem Leben an dem

Schmerz, Ausländerin zu sein, während sie von der Reling aus die Reste so vieler untergegangener Welten am Meeresgrund betrachtete. Plötzlich erschreckte sie der Entsetzensschrei eines wunderschönen jungen Mädchens an ihrer Seite.

»*Mamma mia*«, sagte es, auf den Grund deutend. »Seht mal da.«

Es war ein Ertrunkener. Frau Prudencia Linero sah ihn auf dem Rücken zwischen zwei Strömungen schweben, es war ein glatzköpfiger Mann in reifen Jahren, eine wohlgestalte Erscheinung, und seine offenen und fröhlichen Augen hatten genau die Farbe des Himmels bei Tagesanbruch. Er trug einen Frack mit einer Brokatweste, Lackstiefeletten und eine frische Gardenie am Revers. In der rechten Hand hielt er ein würfelförmiges Päckchen, in Geschenkpapier gewickelt, und seine zu bläulichem Eisen erstarrten Finger umklammerten die Schleife des Bandes, den einzigen Halt, den er im Augenblick des Sterbens gefunden hatte.

»Er muss bei einer Hochzeit hinuntergefallen sein«, sagte ein Schiffsoffizier. »Das passiert häufig im Sommer in diesen Gewässern.«

Es war das Bild eines Augenblicks, denn schon fuhren sie in die Bucht ein, und andere weniger düstere Motive lenkten die Aufmerksamkeit der Passagiere ab. Frau Prudencia Linero dachte jedoch weiter an den Ertrunkenen, den armen Kerl, dessen Frackschöße in der Bugwelle des Schiffes wogten.

Kaum war das Schiff in die Bucht eingelaufen, kam ihm ein hinfälliger Schlepper entgegen und zog es zwischen den Wracks zahlreicher im Krieg zerstörter Kreuzer hindurch. Das Wasser verwandelte sich in Öl, während das Schiff sich seinen Weg durch den rostigen Schrott bahnte, und die Hitze war sogar noch ärger als in Ríohacha um zwei Uhr mittags. Auf der anderen Seite der Fahrrinne erschien strahlend in der Elf-Uhr-Sonne plötzlich die gesamte Stadt aus Phantasiepalästen und alten bunten, an die Hänge gedrängten Hütten. Von dem aufgewühlten Grund stieg ein unerträglicher Gestank auf, den Frau Prudencia Linero sogleich als den Atem fauliger Krebse im Hof ihres Hauses erkannte.

Während des Anlegemanövers erkannten die Passagiere mit freudigem Geschrei ihre Verwandten im Getümmel am Kai. Die meisten waren herbstliche Matronen mit prächtigen Brüsten, schwitzend in ihren Trauerkleidern, mit den schönsten und meisten Kindern der Welt und kleinen und emsigen Gatten, von der unsterblichen Gattung derer, die nach ihren Frauen die Zeitung lesen und sich auch bei Hitze wie strenge Notare kleiden.

Inmitten dieses Jahrmarkttrubels stand ein sehr alter Mann, eine untröstliche Erscheinung in einem Bettlermantel, und holte aus seinen Taschen immer wieder eine Handvoll zarter Küken. Sofort war der Kai mit ihnen übersät, sie piepsten wie verrückt allenthalben, und einzig und allein weil sie Zaubertierchen waren, rannten viele noch lebendig weiter, nachdem die Menge, ohne auf das Wunder zu achten, über sie hinweggetrampelt war. Der Zauberer hatte einen Hut offen auf den Boden gelegt, aber niemand warf ihm vom Schiff aus auch nur eine barmherzige Münze zu.

Gebannt von dem wundersamen Spektakel, das ihr zu Ehren stattzufinden schien, denn nur sie war dankbar dafür, bemerkte Frau Prudencia Linero nicht, dass irgendwann die Gangway herabgelassen wurde, eine menschliche Woge überschwemmte das Schiff, es war ein Ansturm und ein Geheul wie bei einem Piratenüberfall. Verstört von dem Jubel und dem Gestank nach ranzigen Zwiebeln der vielen Familien in der Sommerhitze, hin und her gestoßen von den Trägertrupps, die mit Fäusten um das Gepäck kämpften, fühlte sie sich von dem gleichen ruhmlosen Tod wie die Küken am Kai bedroht. Sie setzte sich dann auf ihre Holztruhe mit den verstärkten Ecken aus bemaltem Blech und blieb dort unbeirrt sitzen, schuf einen Bannkreis von Gebeten gegen die Versuchungen und Gefahren in heidnischem Land. So fand sie der Erste Offizier, als das Erdbeben vorüber und niemand außer ihr im geschleiften Salon zurückgeblieben war.

»Keiner darf sich jetzt hier noch aufhalten«, sagte der Offizier einigermaßen freundlich zu ihr. »Kann ich Ihnen irgendwie weiterhelfen?«

»Ich muss auf den Konsul warten«, sagte sie.

So war es. Zwei Tage vor Auslaufen des Schiffes hatte ihr ältester Sohn an den Konsul in Neapel, einen Freund, telegrafiert und ihn darum gebeten, sie am Hafen abzuholen und ihr bei den Formalitäten für die Weiterreise nach Rom zu helfen. Ihr Sohn hatte den Namen des Schiffes und die Ankunftszeit durchgegeben und darauf hingewiesen, dass sie an dem Franziskanerhabit zu erkennen sei, das sie für die Ankunft anlegen werde. Sie hielt sich so strikt an ihre Vorschriften, dass der Erste Offizier ihr erlaubte, noch eine Weile zu warten, obwohl es Mittagessenszeit für die Mannschaft war, man die Stühle auf die Tische gestellt hatte und die Decks eimerweise mit Wasser sauber gespült wurden. Mehrere Male musste die Truhe weggerückt werden, damit sie nicht nass wurde, aber Frau Prudencia Linero wechselte den Platz, ohne sich aus der Fassung bringen zu lassen, ohne ihre Gebete zu unterbrechen, bis man sie aus den Aufenthaltsräumen herausholte und sie schließlich in der prallen Sonne zwischen den Rettungsbooten saß. Kurz vor zwei fand der Erste Offizier sie dort, in ihrem Büßergewand fast im Schweiß ertrinkend. Sie betete ohne Hoffnung einen Rosenkranz, denn sie war verschreckt und traurig und konnte kaum den Drang zu weinen bezähmen.

»Es ist sinnlos weiterzubeten«, sagte der Offizier, nicht mehr so freundlich wie beim ersten Mal. »Sogar Gott geht im August auf Urlaub.«

Er erklärte ihr, halb Italien sei zu dieser Zeit am Strand, vor allem sonntags. Zwar sei es wahrscheinlich, dass der

Konsul wegen seiner amtlichen Aufgaben nicht in Urlaub sei, aber er öffne sein Büro sicherlich erst wieder am Montag. Das einzig Vernünftige sei, in ein Hotel zu gehen, sich eine Nacht in aller Ruhe zu erholen und am nächsten Tag beim Konsulat anzurufen; die Nummer stünde zweifellos im Telefonbuch. Frau Prudencia Linero musste sich also mit diesem Urteil abfinden, und der Offizier half ihr bei den Einreise- und Zollformalitäten sowie beim Geldwechsel und setzte sie in ein Taxi mit dem bedenklichen Hinweis, man solle sie in ein anständiges Hotel bringen.

Das hinfällige Taxi, das an einen Leichenwagen erinnerte, fuhr rumpelnd durch die verlassenen Straßen. Frau Prudencia Linero dachte einen Moment, der Fahrer und sie seien die einzigen Lebenden in einer Stadt von Gespenstern, die an Drähten mitten über der Straße hingen, sie dachte aber auch, dass ein so viel und so leidenschaftlich redender Mann nicht Zeit haben konnte, einer armen einsamen Frau ein Leid zuzufügen, die, um den Papst zu sehen, die Gefahren des Ozeans herausgefordert hatte.

Am Ende des Straßenlabyrinths war das Meer wieder zu sehen. Das Taxi rumpelte weiter, an einem glühend heißen und einsamen Strand entlang, wo zahlreiche kleine grellbunte Hotels standen. Aber es hielt bei keinem, sondern fuhr direkt auf das unansehnlichste Gebäude zu, das in einer öffentlichen Grünfläche mit großen Palmen und grünen Bänken lag. Der Fahrer stellte die Truhe auf den schattigen Bürgersteig und versicherte der zweifelnden Frau Prudencia Linero, dies sei das anständigste Hotel von Neapel.

Ein schöner und freundlicher Gepäckträger wuchtete sich die Truhe auf die Schulter und nahm sich der Frau an. Er führte sie bis zu dem Aufzug aus Metallgeflecht, der behelfsmäßig in den Treppenschacht gebaut worden war, und begann mit voller Stimme und beunruhigender Entschlossenheit eine Arie von Puccini zu schmettern. Es war ein altertümliches Gebäude mit neun renovierten Stockwerken, und in jedem befand sich eine Pension. Frau Prudencia Linero hatte plötzlich das Gefühl zu halluzinieren, als sie in einem Hühnerkäfig, umgeben von einer Treppe aus hallendem Marmor, ganz langsam hinauffuhr und die Leute bei ihren tiefsten Zweifeln, in kaputten Unterhosen und beim sauren Aufstoßen in ihren Wohnungen aufstörte. Im dritten Stock hielt der Aufzug mit einem Ruck an, der Träger hörte nun zu singen auf, öffnete die Tür aus zusammenklappbaren Rhomben und wies Frau Prudencia Linero mit einer eleganten Verbeugung darauf hin, dass sie hier zu Hause sei.

Sie sah im Vestibül einen schmalen Jüngling hinter einer Holztheke mit farbigen Glasintarsien, daneben Schattenpflanzen in kupfernen Blumentöpfen. Ihr gefiel es sofort, denn der Angestellte hatte die gleichen Seraphimlocken wie ihr jüngster Enkel. Ihr gefiel der Name des Hotels, der in eine Messingplakette eingraviert war, ihr gefiel der Geruch nach Phenylsäure, ihr gefielen die hängenden Farne, die Stille, die goldenen Lilien auf der Tapete. Sie machte dann einen Schritt aus dem Aufzug, und ihr Herz krampfte sich zusammen. Eine Gruppe englischer Touristen in kurzen Hosen und Strandsandalen döste in einer langen Reihe von Wartesesseln. Es waren siebzehn Männer, und sie saßen symmetrisch aufgereiht da, als seien sie nur ein Einziger, der in einer Spiegelgalerie mehrfach erschien. Frau Prudencia Linero erfasste sie mit einem Blick, ohne sie unterscheiden zu können, und das Einzige, was sie beeindruckte, war die lange Reihe rosiger Knie, Schweineteilen gleich, die an den Haken einer Metzgerei hingen. Sie machte keinen weiteren Schritt zur Empfangstheke, sondern wich erschreckt zurück und betrat wieder den Aufzug.

»Fahren wir in ein anderes Stockwerk«, sagte sie.

»Diese Pension ist die einzige mit Speisesaal, *signora*«, sagte der Träger.

»Macht nichts«, sagte sie.

Der Träger machte eine Geste des Einverständnisses und

sang bis zur Pension im fünften Stockwerk den noch fehlenden Teil des Liedes. Dort wirkte alles weniger ordentlich und hell. Die Inhaberin war eine frühlingshafte Matrone, die ein schlichtes Spanisch sprach, und niemand hielt in den Sesseln des Vestibüls Siesta. Tatsächlich gab es keinen Speisesaal, doch das Hotel hatte eine Absprache mit einem nahen Esslokal, das die Gäste zu einem Sonderpreis verpflegte. Also entschied Frau Prudencia Linero, ja, sie bleibe eine Nacht. Die Eloquenz und die Freundlichkeit der Besitzerin überzeugten sie ebenso wie die eigene Erleichterung darüber, dass hier kein Engländer mit rosigen Knien im Vestibül schlief.

Im Schlafzimmer waren die Läden um zwei Uhr mittags geschlossen, und das Dämmerlicht bewahrte die Kühle und Stille eines entlegenen Waldes und war gut zum Weinen. Kaum war sie allein, schob Frau Prudencia Linero die zwei Riegel vor und urinierte zum ersten Mal seit dem Morgen, ein schwacher und mühsamer Strahl, der sie ihre während der Reise verlorene Identität zurückgewinnen ließ. Dann zog sie die Sandalen aus und nahm die Kordel der Kutte ab und legte sich mit der Herzseite auf das Ehebett, das zu breit und zu einsam für ihre Einsamkeit war, und ließ die andere Quelle ihrer zurückgehaltenen Tränen fließen.

Es war nicht nur das erste Mal, dass sie Ríohacha verlassen hatte, sondern auch einer der seltenen Fälle, dass sie das Haus verlassen hatte, seitdem ihre Kinder geheiratet hatten und ausgezogen waren und sie allein mit zwei barfüßigen Indias zurückgeblieben war, um den seelenlosen Körper ihres Mannes zu versorgen. Ihr halbes Leben verging in dem Schlafzimmer, mit dem Blick auf das, was von dem einzigen Mann übrig geblieben war, den sie geliebt hatte und der auf dem Bett ihrer jungen Liebe auf einer Matratze aus Ziegenfellen fast dreißig Jahre dahindämmerte.

Im letzten Oktober hatte der Kranke in einem plötzlichen Anfall von Geistesgegenwart die Augen geöffnet, die Seinen erkannt und darum gebeten, einen Fotografen zu holen. Man holte den Alten aus dem Park mit seinem riesigen Apparat mit schwarzem Balg und Tuch und der Magnesiumplatte für die Innenaufnahmen. Der Kranke selbst leitete die Aufnahmen. »Eine für Prudencia, für die Liebe und das Glück, das sie mir im Leben geschenkt hat«, sagte er. Das Foto wurde mit dem ersten Magnesiumblitz aufgenommen. »Jetzt zwei weitere für meine angebeteten Töchter, Prudencita und Natalia«, sagte er. Sie wurden aufgenommen. »Zwei weitere für meine Söhne, mustergültig in der Familie wegen ihrer Zärtlichkeit und ihrer Vernunft«, sagte er. Und so ging es weiter, bis das Papier und das Magnesium aufgebraucht waren und der Fotograf heimgehen musste, um sich neu einzudecken. Um vier Uhr nachmittags, als man im Schlafzimmer schon keine Luft mehr bekam wegen des Magnesiumqualms und des Trubels der Verwandten, Freunde und Bekannten, die herbeikamen, um sich ihre Abzüge des Bildes zu holen, schied der Invalide im Bett dahin und winkte allen noch einmal, als entschwinde er an der Reling eines Schiffes aus der Welt.

Sein Tod brachte der Witwe nicht die Erleichterung, die alle erwartet hatten. Im Gegenteil, sie blieb so verstört zurück, dass ihre Kinder zusammenkamen, um herauszufinden, wie man sie trösten könne. Sie sagte ihnen, sie wolle nichts anderes, als nach Rom zu fahren, um den Papst kennenzulernen. »Ich gehe allein und im Franziskanerhabit«, teilte sie ihnen mit. »Es ist ein Gelöbnis.«

Das einzig Angenehme, was ihr aus jenen Jahren der Krankenwache blieb, war die Lust am Weinen. Auf dem Schiff, wo sie die Kabine mit zwei Klarissinnen teilte, die in Marseille ausstiegen, hatte sie, um unbeobachtet weinen zu können, länger im Badezimmer bleiben müssen. Daher war das Hotelzimmer in Neapel seit ihrer Abfahrt von Ríohacha der erste zum Weinen geeignete Ort, den sie fand. Und sie hätte bis zum nächsten Tag, bis zur Abfahrt ihres Zuges nach

Rom geweint, hätte die Wirtin nicht um sieben geklopft, um sie darauf hinzuweisen, dass sie, wenn sie nicht rechtzeitig in das Gasthaus ginge, nichts mehr zu essen bekäme.

Der Hotelangestellte begleitete sie. Eine frische Brise wehte jetzt vom Meer, und unter der blassen Sieben-Uhr-Sonne hielten sich noch einige Badegäste am Strand auf. Frau Prudencia Linero folgte dem Angestellten durch die unwegsamen, steilen und engen Sträßchen, die gerade erst aus dem sonntäglichen Mittagsschlaf erwachten, und fand sich auf einmal unter einer schattigen Pergola wieder, wo Esstische mit rot-weiß gewürfelten Tischtüchern standen, darauf statt Vasen Einmachgläser voller Papierblumen. Die einzigen Gäste zu dieser frühen Stunde waren die Angestellten selbst und ein armer Priester, der abseits in einer Ecke Zwiebeln mit Brot aß. Beim Hereinkommen spürte sie die Blicke aller auf ihrer braunen Kutte, aber da ihr bewusst war, dass zur Buße die Lächerlichkeit gehörte, ließ sie sich davon nicht stören. Die Kellnerin dagegen weckte in ihr einen Funken Mitleid, denn sie war blond und schön und sprach, als sänge sie, und Frau Prudencia Linero dachte, es müsse den Leuten in Italien nach dem Krieg schon sehr schlecht gehen, wenn ein Mädchen wie dieses in einem Gasthaus bedienen musste. Doch sie fühlte sich, umgeben von der blühenden Laube, wohl, und der Duft von Lorbeerfleisch aus der Küche weckte ihren Hunger, der ihr bei dem Kummer des Tages vergangen war. Zum ersten Mal seit langer Zeit hatte sie keine Lust zu weinen.

Dennoch konnte sie das Essen nicht genießen. Teils weil es ihr Mühe machte, sich mit der blonden Kellnerin zu verständigen, obwohl die nett und geduldig war, und teils weil es als einziges Fleisch Singvögel zu essen gab, wie sie in den Häusern Ríohachas in Käfigen aufgezogen wurden. Der Priester, der in der Ecke aß und schließlich als Dolmetscher einsprang, versuchte ihr klarzumachen, dass die Not des Krieges in Europa noch nicht vorbei sei, man müsse es also als Wunder ansehen, dass es wenigstens Vögel des Waldes zu essen gäbe. Sie aber wies sie zurück.

»Das wäre für mich, als ob ich ein eigenes Kind äße«, sagte sie.

Also musste sie sich mit einer Nudelsuppe, einem Teller gekochtem Kürbis mit ranzigen Speckstreifen und einem Stück Brot, hart wie Marmor, begnügen. Während sie aß, kam der Priester zu ihr, flehte sie um der Barmherzigkeit willen an, ihn zu einer Tasse Kaffee einzuladen, und setzte sich zu ihr. Er war Jugoslawe, hatte aber in Bolivien missioniert und sprach ein schwerfälliges, aber ausdrucksstarkes Spanisch. Auf Frau Prudencia Linero wirkte er gewöhnlich, ohne eine Spur von Läuterung, sie bemerkte, dass er würdelose Hände mit gesprungenen, schmutzigen Fingernägeln hatte, und sein Zwiebelatem war so durchdringend, dass er fast schon wie ein Charaktermerkmal wirkte. Aber, wie auch immer, er war in Gottes Dienst, und es war auch neu und angenehm, jemanden zu treffen, mit dem man sich so fern von zu Hause verständigen konnte.

Sie unterhielten sich in aller Ruhe, unberührt von den dumpfen Stallgeräuschen, die sie nach und nach einkreisten, während die anderen Tische von Gästen besetzt wurden. Frau Prudencia Linero hatte schon ein abschließendes Urteil über Italien: Es gefiel ihr nicht. Nicht so sehr, weil die Männer etwas dreist waren, was schlimm genug war, auch nicht, weil hier Vögel gegessen wurden, was schon zu viel war, sondern wegen der herzlosen Art, Ertrunkene einfach im Wasser treiben zu lassen.

Der Priester, der sich nach dem Kaffee auf ihre Rechnung ein Glas Grappa hatte bringen lassen, versuchte ihr die Leichtfertigkeit ihres Urteils klarzumachen. Während des Krieges war nämlich ein äußerst effizienter Dienst eingerichtet worden, um die zahlreichen in der Bucht von Neapel auftauchenden Wasserleichen zu bergen, zu identifizieren und in geweihter Erde zu bestatten.

»Über Jahrhunderte«, schloss der Priester, »haben die Italiener gelernt, dass es nur ein Leben gibt, und sie versuchen es, so gut sie können, zu leben. Das hat sie berechnend und wankelmütig gemacht, sie aber auch von der Grausamkeit geheilt.«

»Sie haben ja nicht einmal das Schiff angehalten«, sagte sie.

»Sie benachrichtigen über Funk die Hafenbehörde«, sagte der Priester. »Zu dieser Stunde ist er bereits geborgen und in Gottes Namen beerdigt.«

Die Diskussion hatte ihrer beider Stimmung verändert. Frau Prudencia Linero hatte fertig gegessen, und erst jetzt merkte sie, dass alle Tische besetzt waren. An den Nachbartischen aßen schweigend fast nackte Touristen, darunter einige verliebte Pärchen, die sich küssten, statt zu essen. An den Tischen hinten nahe der Theke saßen die Leute aus dem Viertel, würfelten und tranken einen farblosen Wein. Frau Prudencia Linero begriff, dass sie nur einen Grund hatte, in diesem unerquicklichen Land zu sein.

»Glauben Sie, dass es sehr schwierig ist, den Papst zu sehen?«, fragte sie.

Der Priester antwortete, nichts sei im Sommer leichter als das. Der Papst mache Urlaub in Castelgandolfo und empfange jeden Mittwochnachmittag Pilger aus aller Welt in öffentlicher Audienz. Der Eintritt sei gar nicht teuer: zwanzig Lire.

»Und wie viel verlangt er, wenn er einem die Beichte abnimmt?«, fragte sie.

»Der Heilige Vater nimmt niemandem die Beichte ab«, sagte der Priester etwas entrüstet, »ausgenommen Königen natürlich.«

»Ich sehe nicht ein, warum er einer armen Frau, die von so weit her kommt, diesen Gefallen abschlagen sollte«, sagte sie.

»Selbst einige Könige haben, obwohl sie König waren, bis

zu ihrem Tod darauf gewartet«, sagte der Priester. »Aber gestatten Sie: Das muss ja eine ungeheuerliche Sünde sein, dass Sie sich allein auf eine solche Reise begeben haben, um sie dem Heiligen Vater zu beichten.«

Frau Prudencia Linero dachte einen Augenblick darüber nach, und dann sah der Priester sie zum ersten Mal lächeln.

»Heilige Maria Mutter Gottes!«, sagte sie. »Ihn zu sehen wäre mir schon genug.« Und fügte mit einem Seufzer aus tiefster Seele hinzu: »Das ist der Traum meines Lebens gewesen.«

Tatsächlich war sie immer noch verschüchtert und traurig und wollte einzig und allein sofort weg, nicht nur von diesem Ort, sondern aus Italien. Der Priester dachte wohl, bei dieser Irren gäbe es nichts mehr zu holen, wünschte ihr also viel Glück und ging an einen anderen Tisch, wo er darum bat, ihm aus Barmherzigkeit einen Kaffee zu spendieren.

Als Frau Prudencia Linero das Gasthaus verließ, fand sie eine verwandelte Stadt vor. Das Sonnenlicht um neun Uhr abends überraschte sie, und die gellende Menge, die, von einer neuen Brise aufgemuntert, in die Straßen eingefallen war, machte ihr Angst. Man konnte es im Geknatter so vieler wild gewordener Vespas kaum aushalten. Die wurden von Männern mit nacktem Oberkörper gefahren, umarmt von ihren schönen Frauen auf dem Rücksitz, und sie bahnten sich schlängelnd und bockend ihren Weg durch herabhängende Schweine und Melonenstände.

Es herrschte Volksfeststimmung, für Frau Prudencia Linero war es jedoch eine Katastrophenstimmung. Sie verlor die Richtung. Plötzlich befand sie sich zur Unzeit in einer Straße mit schweigsamen Frauen, die in den Türen ihrer sich gleichenden Häuser saßen. Die dort rot blinkenden Lichter jagten ihr einen Angstschauder durch den Leib. Ein gut gekleideter Mann mit einem Ring aus massivem Gold und einem Diamanten in der Krawatte verfolgte sie mehrere Straßen lang, sprach auf Italienisch, dann auf Englisch und

Französisch auf sie ein. Da er keine Antwort bekam, zeigte er ihr eine Postkarte von einem Päckchen, das er aus der Tasche zog, und ein einziger Blick genügte ihr, um zu spüren, dass sie durch die Hölle ging.

Sie floh in Panik, stieß am Ende der Straße wieder auf das dämmrige Meer und diesen Gestank nach faulen Muscheln wie im Hafen von Ríohacha, und da kam ihr Herz wieder in Tritt. Sie erkannte die bunt gestrichenen Hotels am leeren Strand, die Trauertaxen, den Diamanten des ersten Sterns am unermesslichen Himmel. Am Ende der Bucht, einsam am Kai, erkannte sie das Schiff, auf dem sie gekommen war, riesig und mit erleuchteten Decks, und sie begriff, dass es schon nichts mehr mit ihrem Leben zu tun hatte. Dort bog sie nach links ab, konnte aber wegen einer Menge Neugieriger, die von einer Patrouille der Carabinieri in Schach gehalten wurde, nicht weitergehen. Eine Schlange von Rettungswagen wartete mit offenen Türen vor dem Gebäude ihrer Pension.

Frau Prudencia Linero, die höher stand, konnte über die Schultern der Neugierigen hinweg die englischen Touristen sehen. Man trug sie auf Bahren heraus, einen nach dem anderen, und alle waren reglos und würdevoll und sahen immer noch wie ein mehrfach wiederholter Einziger aus in der förmlichen Kleidung, die sie für das Abendessen angelegt hatten, Flanellhose, schräg gestreifte Krawatte und eine dunkle Jacke mit dem aufgestickten Wappen des Trinity College auf der Brusttasche. Die aus den Balkonen gebeugten Anwohner und die auf der Straße aufgehaltenen Neugierigen zählten sie wie in einem Stadion im Chor, während sie herausgetragen wurden. Es waren siebzehn. Man legte sie zu zweit in die Rettungswagen und fuhr sie mit heulenden Kriegssirenen fort.

Betäubt von so viel Erstaunlichem, stieg Frau Prudencia Linero in den Aufzug, in dem sich Gäste der anderen Pensionen drängten, die in unverständlichen Sprachen redeten.

Sie stiegen in den einzelnen Stockwerken aus, außer im dritten, das offen und erleuchtet dalag, es war jedoch niemand am Empfang oder in den Sesseln des Vestibüls, wo Frau Prudencia Linero die rosigen Knie der siebzehn schlafenden Engländer gesehen hatte. Die Pensionsinhaberin im fünften Stock kommentierte außer sich vor Erregung die Katastrophe.

»Alle sind tot«, sagte sie auf Spanisch zu Frau Prudencia Linero. »Sie haben sich beim Abendessen an der Austernsuppe vergiftet. Austern im August, das müssen Sie sich mal vorstellen!«

Sie übergab Frau Prudencia Linero die Zimmerschlüssel, ohne weiter auf sie zu achten, während sie in ihrem Dialekt zu den anderen Gästen sagte: »Da es bei uns keinen Speisesaal gibt, wacht auch jeder, der sich hier schlafen legt, lebendig wieder auf.« Frau Prudencia Linero, wieder mit einem Tränenkloß im Hals, schob die Riegel in ihrem Zimmer vor. Dann rückte sie den kleinen Schreibtisch und den Sessel vor die Tür und zuletzt die Truhe als unbezwingbare Barrikade gegen das Grauen eines Landes, in dem so viele Dinge gleichzeitig passierten. Danach zog sie ihr Witwennachthemd an, legte sich ins Bett, auf den Rücken, und betete siebzehn Rosenkränze für die ewige Seelenruhe der siebzehn vergifteten Engländer.

BILL BRYSON

Neapel, Sorrent und Capri

Ich bezahlte meine Hotelrechnung und begab mich zum Bahnhof Roma-Termini. Wie in den meisten öffentlichen Einrichtungen Italiens ging es dort zu wie im Tollhaus. Vor jedem Fahrkartenschalter gebärdeten sich die Kunden, als redeten sie sich bei den absolut desinteressiert und müde wirkenden Schalterbeamten ihren ganzen Ärger von der Seele. Dabei wollten sie lediglich eine Fahrkarte kaufen. Es ist immer wieder erstaunlich, mit wie viel Gefühl die Italiener selbst bei den simpelsten Angelegenheiten bei der Sache sind.

Vierzig Minuten musste ich in der Schlange warten. Vor mir rauften sich Leute die Haare und schienen der Verzweiflung nahe, bis sie schließlich ihre Fahrkarten ausgehändigt bekamen und mit plötzlich glücklichen Gesichtern abzogen. Ich konnte nicht herausfinden, was sie für Probleme hatten, denn ich war zu sehr damit beschäftigt, die vielen Leute zu verscheuchen, die sich wie selbstverständlich vordrängeln wollten, als hielte ich ihnen eine Tür auf. Einer versuchte es sogar zweimal. Um sich in einer römischen Warteschlange zu behaupten, braucht man eine Spitzhacke.

Endlich, eine Minute vor der Abfahrt meines Zuges, war ich an der Reihe. Ich kaufte eine einfache Fahrkarte zweiter Klasse nach Neapel – es war ganz leicht; keine Ahnung, warum die Leute vor mir so ein Theater gemacht hatten. Dann rannte ich auf den Bahnsteig und tat, was ich schon immer tun wollte: Ich sprang auf einen fahrenden Zug auf –

oder, um genauer zu sein, ich plumpste hinein, wie ein vom Bahnsteig geschleuderter Postsack.

Der Zug war überfüllt, aber ich fand dennoch einen Fensterplatz, kam langsam wieder zu Atem und wischte mir ein paar Tropfen Blut vom Schienbein. Unterdessen rumpelte der Zug durch die Wohnsilos in den endlosen Vorstädten Roms, wurde schneller und rollte schließlich in eine staubige Landschaft, übersät von halb fertigen Häusern, an denen kein Anzeichen dafür sprach, dass sie jemals fertiggestellt werden würden. Die Fahrt nach Neapel sollte zweieinhalb Stunden dauern, und fast jeder der Fahrgäste nutzte die Zeit für ein Nickerchen und öffnete nur gelegentlich die Augen, um festzustellen, an welchem verschlafenen Bahnhof der Zug gerade hielt, oder um dem Schaffner seine Fahrkarte zu zeigen. Die meisten Leute wirkten ärmlich und waren unrasiert (selbst einige Frauen), was im krassen Gegensatz zur weltgewandten Eleganz Roms stand. Ich mutmaßte, dass im Zug überwiegend Neapolitaner saßen, die in Rom arbeiteten und nun nach Hause zu ihren Familien fuhren.

Ich betrachtete die Landschaft – eine von blassgrünen Bergen umgebene Ebene mit vereinzelten leblosen Dörfern, die ebenfalls von unfertigen Häusern durchsetzt waren – und frönte meinen Ornella-Muti-Phantasien. Es war warm im Zug, kein Lüftchen regte sich, sodass auch ich bald einnickte. Doch schon nach wenigen Minuten wurde ich durch ein herzzerreißendes Wehklagen aufgeschreckt. Eine übergewichtige Zigeunerin zog mit ihrem schmutzigen Baby durch alle Wagen, trug lautstark ihre unglückliche Lebensgeschichte vor und bat um Geld, aber niemand gab ihr etwas. Schließlich schob sie mir das Baby unter die Nase. Sein kleines, schokoladenbraun besabbertes Gesicht war so unglaublich hässlich, dass ich um ein Haar »Aiihh!« geschrien und schützend meine Arme vors Gesicht gehalten hätte. Um nicht von dem klebrigen, braunen Tropfen bekleckert zu werden, der sich von Juniors Unterlippe zu lösen drohte, zog ich, so schnell ich konnte, tausend Lire aus der Tasche und gab sie der Frau. Mit der Gleichgültigkeit eines Schaffners, der eine Fahrkarte kontrolliert, nahm sie das Geld ohne ein Wort des Dankes und setzte lamentierend ihren Weg durch den Zug fort. Der Rest der Reise verlief ohne Vorkommnisse.

Kaum war ich in Neapel aus dem Zug gestiegen, wurde ich von siebenundzwanzig Taxifahrern in Empfang genommen. Alle wollten sie mich an einen hübschen und höchstwahrscheinlich weit entfernten Ort bringen, doch ich winkte ab und begab mich zu Fuß vom verwahrlosten Hauptbahnhof zum benachbarten und ebenfalls verwahrlosten Circumvesuviana-Bahnhof. Auf dem Weg dorthin bot sich mir ein einziges Bild der Verwahrlosung. Den gesamten Gehsteig entlang saßen Leute an wackligen Tischen und verkauften Zigaretten oder billigen Krimskrams. Alle entlang der Straße geparkten Autos waren schmutzig und verbeult. Alle Geschäfte wirkten finster und staubig, und die Auslagen in ihren Fenstern waren ausgeblichen und manchmal in der sengenden Sonne bis zur Unkenntlichkeit verblasst. Ich wollte eigentlich ein oder zwei Tage in Neapel bleiben, um dann nach Sorrent und Capri weiterzufahren, doch was ich hier sah, war so abstoßend, dass ich beschloss, mich gleich wieder auf den Weg zu machen und Neapel erst dann einen Besuch abzustatten, wenn ich mich der Stadt gewachsen fühlte.

Ich stand mit der Fahrkarte in der Hand auf dem Bahnsteig des Circumvesuviana und merkte, dass die Rushhour allmählich begann. Der Zug war vollgestopft mit schwitzenden Menschen und obendrein langsam. Ich saß zwischen zwei fetten Frauen, die sich die ganze Zeit über meinen Kopf hinweg unterhielten, sodass ich weder in meinem Buch lesen noch mich meinen Ornella-Muti-Phantasien widmen konnte. Dennoch schätzte ich mich glücklich, überhaupt einen Sitzplatz ergattert zu haben, wenn er auch nur fünfzehn Zentimeter breit war. Dafür saß es sich herrlich weich so eingepfercht zwischen dem schwabbelnden Fleisch der beiden Frauen. Fast während der ganzen Fahrt ruhte mein Kopf auf der Schulter der einen oder anderen, und ich blickte voller Bewunderung zu ihren Gesichtern auf, was sie nicht im Geringsten zu stören schien.

Wir ließen die Slums von Neapel hinter uns, dann die Slums der Vorstädte und fuhren dann durch den verwahrlosten Landstrich zwischen dem Vesuv und dem Meer und hielten alle paar Hundert Meter an irgendeinem vorstädtischen Bahnhof, an dem hundert Leute aus- und hundertzwanzig Leute einstiegen. Selbst die Städte Pompeji und Herculaneum oder Ercolano, wie sie es heute nennen, waren unansehnlich. Nichts als Wäscheleinen und schäbige Betonkästen. Von den Ruinen war vom Zug aus nichts zu sehen. Dann ging es bergauf, durch eine Reihe von Tunnels. Und plötzlich änderte sich das Bild. Es wurde kühl, und die Dörfer – manchmal nur eine Handvoll Häuser und eine Kirche in einer Lücke zwischen zwei Tunnels – waren unglaublich malerisch. Und in der Ferne schimmerte das blaue Meer.

Ich habe mich auf den ersten Blick in Sorrent verliebt. Vielleicht lag es an der Tageszeit oder am Wetter oder an meiner Erleichterung, Neapel entronnen zu sein, jedenfalls schien es ein perfektes Städtchen zu sein, wie es sich da vor mir, vom Bahnhof bis hinunter an den Golf von Neapel, ausbreitete. In seinem Herzen lag ein kleiner, von Straßencafés umgebener Platz, die Piazza Tasso. Von dort zweigte ein Gewirr kühler, schattiger Gassen ab, in denen das italienische Leben pulsierte. Ansonsten schien Sorrent aus etwa einem Dutzend gewundener Straßen zu bestehen, gesäumt von netten Geschäften und Restaurants und von kleinen, angenehm altmodischen Hotels, die hinter dichtem Laubwerk versteckt lagen. Es war wunderschön, perfekt. Hier wollte ich leben, und zwar ab sofort.

Ich nahm ein Zimmer im Hotel Eden, ein mittelgroßes Hotel aus den Fünfzigerjahren. Es befand sich in einer Seitenstraße, war nicht gerade billig, aber tadellos in Schuss. Von meinem Zimmer aus konnte ich über den Dächern der Häuser und durch die Bäume das Meer glitzern sehen. Nachdem ich mich fünf Minuten im Zimmer umgesehen und mir zu meinem Glück gratuliert hatte, brach ich zu einem Streifzug durch das Labyrinth von Gassen an der Piazza Tasso auf und bewunderte die schicken, prall gefüllten Schaufenster am Corso Italia. Schließlich ließ ich mich an einem Tisch vor Tonino's Snack Bar an der Piazza nieder, bestellte eine Cola und sah den Menschen zu, die gut gelaunt an mir vorüberzogen.

In der Stadt wimmelte es von englischen Touristen mittleren Alters. Hin und wieder schnappte ich von einem der Nachbartische ein paar Gesprächsfetzen auf. Es war immer dasselbe. In dieser geräuschvollen und leicht quengeligen Tonart, die sich englischer Frauen mittleren Alters bemächtigt, plapperte die Frau unaufhörlich drauflos. »Ich wollte mir doch heute Strumpfhosen kaufen. Hab ich ganz vergessen. Du solltest mich doch daran erinnern, Gerald! Diese hier haben eine Laufmasche von hier bis Amalfi. Hoffentlich haben die hier überhaupt Strumpfhosen. Wenn ich nur wüsste, nach welcher Größe ich fragen muss. Hätte ich mir doch bloß zu Hause noch ein Paar eingesteckt! ...« Aber Gerald hörte grundsätzlich nicht zu, natürlich nicht, denn er schielte heimlich zu einer BH-losen Schönheit hinüber, die lässig an einer Laterne lehnte und mit ein paar einheimischen Jünglingen auf Vespa-Rollern plauderte. Seine Frau schien er nur vage als chronisches Ärgernis am Rande seiner Existenz wahrzunehmen. Überall in Sorrent begegneten mir diese englischen Paare: Sie beäugte alles mit einem kritischen Blick, als wäre sie als Geheimagent des Ministeriums für Hygiene im Einsatz, und er trottete müde und resigniert hinterher.

In einem Restaurant etwas abseits der Piazza aß ich zu Abend. Es war voll, aber sehr freundlich, und das Essen war ebenso reichlich wie vorzüglich – Sahneravioli mit einer ordentlichen Portion Scaloppine alla Sorrentina und einem einfachen, aber großen Salat sowie eine Riesenportion hausgemachtes Eis, das mir Tränen der Freude in die Augen trieb.

Während ich mir nach diesem üppigen Mahl einen Kaffee und eine Zigarette genehmigte, geschah etwas Bemerkenswertes. Eine Gruppe von acht Personen trat ein. Alle sahen sie reich und blasiert und ungemein zwielichtig aus; die Frauen in Pelze gehüllt, die Männer mit Kaschmirmänteln und Sonnenbrillen. Und binnen einer Minute brach ein Tumult aus, der die Aufmerksamkeit aller Anwesenden auf sich zog.

Offensichtlich hatten die Neuankömmlinge einen Tisch reserviert, der nun nicht bereitstand – im ganzen Lokal war kein einziger Tisch frei –, und sie schienen fest entschlossen, daraus einen Skandal zu machen. Der Geschäftsführer ließ händeringend die Beschimpfungen über sich ergehen und scheuchte seine Kellner wie Kulissenschieber mit Stühlen, Tischdecken und Blumenvasen durch das Lokal, in dem verzweifelten Bemühen, in einem bereits überfüllten Raum einen Tisch für acht Personen zu improvisieren. Der Einzige, der sich nicht aktiv an diesem Tohuwabohu beteiligte, war der Kopf der Gruppe, ein Mann, der eine beinahe unheimliche Ähnlichkeit mit Adolfo Celli hatte und sich mit seinem über die Schultern gehängten Tausend-Dollar-Mantel abseits des Geschehens hielt. Er sagte kein Wort, flüsterte nur hin und wieder etwas in das Ohr eines pockengesichtigen Kumpanen.

Der Oberkellner stürzte herbei und berichtete unter Verbeugungen, dass ein Tisch für sechs Personen so weit hergerichtet sei und dass man hoffe, auch die übrigen zwei Personen in Kürze unterbringen zu können, aber wenn die Damen in der Zwischenzeit die Güte hätten, Platz zu nehmen ... Seine Stirn berührte fast den Boden. Doch seine Worte wurden nur als weitere Kränkung empfunden. Adolfo flüsterte wieder mit seinem Kumpanen, woraufhin Letzterer verschwand, vermutlich um sein Maschinengewehr zu holen oder um mit einem Bulldozer durch die Hauswand zu brechen.

Und genau in diesem Moment sagte ich: »Scusi« (mein Italienisch wurde von Tag zu Tag besser), »Sie können meinen Tisch haben. Ich wollte sowieso gerade gehen.« Ich kippte meinen Kaffee hinunter, sammelte mein Wechselgeld ein und stand auf. Der Geschäftsführer sah mich an, als hätte ich ihm das Leben gerettet, was ja vielleicht tatsächlich der Fall war, und der Oberkellner dachte ernsthaft darüber nach, mich auf den Mund zu küssen, überschüttete mich jedoch stattdessen unterwürfig mit Danksagungen. Noch nie habe ich mich einer so allgemeinen Beliebtheit erfreut. Die Kellner strahlten übers ganze Gesicht, und viele der Gäste betrachteten mich, wenn ich das so sagen darf, mit einem Ausdruck tiefster Bewunderung. Selbst Adolfo neigte kaum merklich den Kopf – eine Geste, die eine Spur von Dankbarkeit und Achtung verriet. Während mein Tisch weggetragen wurde, geleiteten mich Geschäftsführer und Oberkellner zur Tür, verbeugten sich unablässig und dankten mir und schwenkten unentwegt einen Staubwedel über meinen Schultern. In seiner Überschwänglichkeit bot mir der Oberkellner sogar seine Tochter an. An der Tür wandte ich mich noch einmal um, verharrte einen Moment, um die mir entgegengebrachte Hochachtung auszukosten, winkte, mit einem Hollywood-Lächeln im Gesicht, zum Abschied in den Raum und trat in den Abend hinaus.

Den Bauch voller Pasta und im Herzen das gute Gefühl, in einer unruhigen Ecke Sorrents Frieden gestiftet zu haben, schlenderte ich in der Dämmerung dieses milden Abends über den Corso Italia und dann zur Via del Capo hinauf, die sich die Küste entlang nach Positano schlängelt. An dieser Straße hat man Hotels in die Felswände gehauen, um die spektakuläre Aussicht über den Golf von Neapel ausnutzen zu können. Die Namen der Hotels erinnerten an längst vergangene Zeiten – das Belair, das Bellevue Syrene, das Admiral, das Caravel –, und die Hotels schienen sich innerhalb der letzten vierzig Jahre nicht ein bisschen verändert zu haben. Eine Stunde stand ich auf das Geländer am Straßenrand gestützt und blickte überwältigt auf die Bucht hinaus. Auf der anderen Seite lagen der Vesuv und Neapel und ein wenig weiter links die Inseln Procida und Ischia. Rund um die Bucht funkelten die ersten Lichter, und am Himmel gingen allmählich die Sterne auf. Die Luft war warm und roch nach frischem Brot. Ich war der Vollkommenheit so nahe wie noch nie in meinem Leben.

Auf der Landspitze an der gegenüberliegenden Seite der Bucht lag das Städtchen Pozzuoli, ein Vorort von Neapel und die Heimatstadt von Sophia Loren. Die Bürger von Pozzuoli können von sich behaupten, auf dem geologisch instabilsten Fleckchen Erde dieses Planeten zu leben. Viertausendmal im Jahr bebt der Boden unter ihren Füßen. Manchmal werden bis zu hundert Erdbeben am Tag registriert. Die Einwohner von Pozzuoli sind so daran gewöhnt, dass ihnen der Putz von der Decke in die Suppe fällt und dass ihre Großmütter unter einstürzenden Schornsteinen begraben werden, dass sie kaum mehr Notiz davon nehmen.

In Kalabrien gehören Erdbeben zum täglichen Leben. Bei dem Beben von 1980 haben in Neapel hundertzwanzigtausend Menschen ihr Dach über dem Kopf verloren, und jederzeit ist mit einem noch stärkeren Beben zu rechnen. Dabei sind die Dörfer an so steile Berghänge gebaut, dass sie aussehen, als würden sie schon beim leisesten Grollen der Erde ins Meer hinabrutschen. Und noch dazu grummelt ständig der nach wie vor beängstigend aktive Vesuv im Hintergrund. Zuletzt brach er 1944 aus; damit ist dies seine längste Ruheperiode seit dem Mittelalter. Hört sich alles nicht gerade ermutigend an, oder?

Lange starrte ich über das Wasser zu den Lichtern von Pozzuoli hinüber und horchte auf ein dumpfes Grollen oder auf die Geräusche berstender Erde, aber nichts dergleichen war zu hören, nur das Brummen eines Flugzeuges hoch über mir, wo ein blinkender roter Punkt gemächlich über den Himmel wanderte, und das beruhigende Rauschen des Verkehrs im Hintergrund.

Über die abenteuerlich steile und prachtvolle Via de Maio ging ich am nächsten Morgen zum Hafen von Sorrent hinunter und setzte im strahlendsten Sonnenschein an Bord eines fast leeren Luftkissenbootes nach Capri über, eine bergige, grüne Felsnase fünfzehn Kilometer vor der Westspitze der Halbinsel Sorrent.

Der erste Eindruck von Capri war nicht gerade vielversprechend. Um den Hafen hatten sich ein paar unansehnliche Läden, Cafés und Kartenverkaufsstellen der verschiedenen Reedereien angesiedelt, die allesamt geschlossen zu sein schienen. Mit Ausnahme eines Seemanns, der träge das Boot am Kai vertäute, war keine Menschenseele zu sehen. Vom Hafen führte eine Straße fast senkrecht einen Berg hinauf, und am Straßenrand verkündete ein Schild CAPRI 6 KM.

»Sechs Kilometer«, kreischte ich.

Ich hatte zwei völlig unbrauchbare Reiseführer von Italien im Gepäck, so unbrauchbar, dass es sich nicht einmal lohnt, ihre Titel zu benennen, höchstens vielleicht zu sagen, dass der eine hätte »Lass uns einen anderen Reiseführer kaufen« heißen sollen; der andere war »Fodor's« (ich habe grad eben gelogen), und keinem von beiden war auch nur andeutungsweise zu entnehmen, dass das Städtchen Capri kilometerweit vom Hafen entfernt lag, und zwar auf dem

Gipfel eines vertikalen Berghanges. In beiden Büchern klang es, als müsse man nur das Schiff verlassen, und schon wäre man da. Doch vom Hafen aus betrachtet, schien das Städtchen hoch oben in den Wolken zu liegen.

Die Seilbahn, die den Berg hinauffuhr, war außer Betrieb. (Ätsch!) Am Hafen standen weder Busse noch Taxis, nicht einmal ein Esel. Seufzend setzte ich mich in Bewegung. Auch wenn einige hübsche Villen und der Blick über das Meer ein wenig für die Strapazen entschädigten – es war ein zermürbender Aufstieg. In lang gezogenen Serpentinen schlängelte sich die Straße den Berg hinauf, und nach einer Weile erreichte ich eine sich steil bergauf windende Treppe, die von der Straße auf einem direkteren Weg in die Stadt zu führen schien. Ich entschied mich für die Treppe. Nie zuvor habe ich eine so lange Treppe gesehen. Sie nahm und nahm kein Ende. Zu beiden Seiten war sie von getünchten Hausmauern umschlossen und führte stellenweise durch einen Tunnel aus duftenden Sträuchern. Es war wunderschön, doch etwa nach der dreihundertsten Stufe war ich so verschwitzt und außer Atem, dass ich für all die Schönheit keinen Sinn mehr hatte.

Die unregelmäßige Struktur des Berges ließ ständig den Eindruck entstehen, als läge der Gipfel in greifbarer Nähe, doch dann bog ich um eine Ecke, und vor mir erhoben sich weitere hundert Stufen, und die Stadt lag noch immer in weiter Ferne. Ich stolperte weiter, taumelte keuchend von Wand zu Wand. Speichel rann mir aus dem Mund. Drei Frauen in Schwarz, die mir mit ihren Einkaufstaschen entgegenkamen, beobachteten mich mit besorgtem Interesse. Nur der Gedanke, dass ich der erste Mensch sein würde, der Capri aus eigener Kraft erklommen hat, hielt mich aufrecht. Was immer mich da oben erwarten würde, es würde mir gehören, mir allein. Endlich standen die Häuser dichter beieinander, und die Treppen gingen in eine steile, kopfsteingepflasterte Gasse über. Ich schritt durch einen Torbogen und stand unversehens auf einem der hübschesten Plätze, die ich je gesehen habe. Es wimmelte von deutschen und japanischen Touristen. Mir strömten die Tränen übers Gesicht.

Ich nahm ein Zimmer im Hotel Capri. »Toller Name. Wie lange habt ihr gebraucht, um darauf zu kommen?«, fragte ich den Manager des Hotels, doch der schenkte mir nur diesen gewollt verächtlichen Blick, den europäische Hotelmanager immer für amerikanische Touristen und andere Insekten übrig haben. Ich weiß gar nicht, warum er so arrogant war, denn es handelte sich ganz sicher nicht um ein Fünf-Sterne-Hotel. Es hatte nicht einmal einen Pagen, sodass der Manager selbst mich zum Zimmer begleiten musste, wenn er es auch mir überließ, mich mit dem Gepäck abzuschleppen. Wir stiegen eine herrschaftliche Treppe hinauf, auf der zwei Arbeiter damit beschäftigt waren, einen freundlichen Ockerfarbton auf die Marmorstufen tröpfeln zu lassen und gelegentlich ein wenig davon über die Wände zu verteilen. Im zweiten Stock führte mich der Mann in ein winziges Zimmer. Da er der Manager war, wusste ich nicht, ob ich ihm ein Trinkgeld geben sollte, wie ich es bei einem Pagen getan hätte, oder ob ich ihn damit beleidigen würde. Ich entschied mich schließlich für einen, meiner Ansicht nach, intelligenten Kompromiss. Ich gab ihm ein Trinkgeld, aber nur ein sehr bescheidenes, woraufhin er mich ansah, als hätte ich ihm eine alte Mullbinde in die Hand gedrückt. Also hatte ich die Situation doch falsch eingeschätzt. »Vielleicht lachen Sie das nächste Mal über meine Witze«, murmelte ich gut gelaunt, während ich die Tür vor seiner Nase schloss.

Capri war wunderbar, ein Städtchen von grenzenlosem Charme, voller Villen und winziger Zitrushaine und mit einer atemberaubenden Aussicht über den Golf von Neapel bis hin zum Vesuv. In seinem Herzen lag die Piazza Umberto I, ein kleiner Platz, umstanden von cremefarbenen Gebäuden und gefüllt mit Tischen und Korbstühlen, die zu den Cafés an der anderen Straßenseite gehörten. An einem Ende des Platzes erhob sich würdevoll eine alte weiße Kirche, während sich am anderen Ende eine von einem Geländer umgebene Terrasse befand, von der aus man einen weiten Blick über das Meer tief unter einem hatte.

Ich kann mich an keinen Ort erinnern, in dem es sich so angenehm umherstreifen ließ. Das Städtchen bestand aus einem Gewirr von Gassen und Gässchen, die von weißen Mauern eingefasst waren. Viele waren nicht einmal einen Meter breit, und alle waren sie auf verwirrende Weise miteinander verbunden, sodass ich mich ständig unerwartet an einer Stelle wiederfand, die ich zehn Minuten vorher in entgegengesetzter Richtung verlassen hatte. Alle paar Meter gaben schmiedeeiserne Tore in den Mauern den Blick auf weiße Häuser in einem Dickicht aus blühenden Sträuchern frei. Und alle paar Meter kreuzten sich zwei Gassen, von denen eine sich den steil abfallenden Hang hinunterschlängelte, oder eine Treppe wand sich zu einer Häusergruppe hoch oben unter den Wolken hinauf. Jedes Haus, das ich sah, wollte ich haben.

Große Straßen gab es überhaupt nicht, abgesehen von der einen, die vom Hafen in die Stadt und weiter nach Anacapri an der anderen Seite der Insel führte. Was abseits dieser Straße lag, war nur zu Fuß zu erreichen, und das bedeutete oft einen beschwerlichen Marsch. Für Lieferanten von Waschmaschinen muss Capri der schrecklichste Ort der Welt sein.

Die meisten Geschäfte lagen hinter der Kirche, in wieder einem anderen Labyrinth aus Gassen und kleinen Plätzen von unbeschreiblichem Charme. Alle Läden hießen Gucci, Yves St. Laurent oder hatten einen ähnlich exklusiven Namen, was die Vermutung nahelegt, dass Capris Sommergäste reich und unerträglich sein müssen. Glücklicherweise hatten die meisten Läden noch geschlossen, und auch von den mit Seglermützen ausstaffierten Typen und ihren mit Juwelen behängten Frauen, die im Sommer ihre Kasse klingeln lassen, war auf der Insel noch nichts zu sehen.

Ich folgte einer Gasse, die vollständig von den oberen Stockwerken der Häuser überdacht war und sich stetig bergauf durch die Stadt wand. Als die Villen rechts und links allmählich größer wurden und die Grundstücke weitläufiger, öffnete sich die Gasse wieder dem Himmel. Sie stieg so steil an, dass ich bald schon wieder außer Atem war. Mühsam setzte ich einen Fuß vor den anderen. Die Landschaft war viel zu schön, um umzukehren. Wie von einem Magneten angezogen trieb es mich aufwärts. Endlich wurde der Weg eben und führte durch ein Kiefernwäldchen, in dem die Luft von dem Geruch erwachender Pflanzensäfte erfüllt war. Während an der einen Seite stattliche Villen den Pfad säumten – wie haben die Leute bloß ihre Möbel hierher geschafft? –, bot die andere Seite einen schwindelerregenden Blick über die Insel: die Berghänge übersät mit weißen Häusern, von Hibiskus und Bougainvillea und hundert anderen Pflanzenarten überwuchert.

Es dämmerte fast. Ein paar Hundert Meter vor mir machte der Weg einen Bogen durch die Bäume, um dann unvermittelt in einer Aussichtsplattform zu enden, die wie eine kleine Veranda im Himmel über einem atemberaubenden Abgrund hing. Ich hatte das Gefühl, dass der Zufall mich an einen Ort geführt hatte, an dem seit Jahren kein Mensch mehr gewesen war, jedenfalls kein Tourist. Noch nie habe ich etwas auch nur halb so Schönes gesehen: Über den Hang auf der einen Seite ergoss sich das Städtchen Capri, auf der anderen Seite funkelten die Lichter der Häuser, die sich um die Bucht von Anacapri scharten, und vor mir fielen die Klippen schroff zum Meer ab, das in der Tiefe im sattesten Aquamarin gegen die Felsen schlug. Ich befand mich so hoch über dem Meer, dass ich das Donnern der Brandung nur als leises Flüstern wahrnahm. Die Scheibe des Mondes strahlte weiß vom blassblauen Abendhimmel, eine leichte Brise spielte mit meinen Haaren, und in der Luft hing der Duft von Zitrusbäumen, Geißblatt und Kiefern. Vor mir lag, still und verlockend, das offene Meer. Zweihundertfünfzig Kilometer nichts als Wasser, bis Sizilien. Ich würde alles, wirklich alles tun, um diese Aussicht zu besitzen. Ich würde dafür durchs Feuer gehen. Ich würde meine Mutter an Robert Maxwell verkaufen und meine Staatsbürgerschaft ablegen. Ich würde sogar mit Andrew Neil die Haare tauschen.

Dann bemerkte ich über mir, fast direkt über diesem geheimen Ort, die Veranda einer etwas zurückliegenden Villa. Es gab also jemanden, der diese Aussicht besaß, der jeden Morgen mit seinem Müsli und seinem Orangensaft, in einen Yves-St.-Laurent-Bademantel gehüllt und mit Gucci-Pantoffeln an den Füßen, dort oben sitzen und auf dieses mediterrane Paradies hinausblicken konnte. Mir kam der Gedanke, dass dieser Jemand wohl Donald Trump sein müsse oder sein italienisches Pendant, jemand, der alle zehn Jahre ungefähr zwei Minuten in diesem Haus verbringt und dann so sehr damit beschäftigt ist, irgendwelche Geschäfte abzuwickeln und per Telefon die Leute über den Tisch zu ziehen, dass er keine Zeit für die Aussicht hat. Ist es nicht seltsam, wie ein solcher Reichtum für Reiche immer etwas von »Perlen vor die Säue« hat? Mit diesem ermutigenden Gedanken machte ich mich auf den Rückweg in die Stadt.

In einem fabelhaften, freundlichen, fast leeren Restaurant in einer Seitenstraße aß ich zu Abend. Ich saß an einem Fenster mit Blick aufs Meer und fühlte mich von all der Leichtigkeit und Vollkommenheit wie benommen. Ich begann, diese elende Art von Schuld zu empfinden, die nur verstehen kann, wer einmal unter Engländern gelebt hat – diese schreckliche Gewissheit, dass jegliches Vergnügen, das über eine Tasse milchigen Tee und einen Vollkornkeks hinausgeht, einem sündigen Laster gleichkommt. Instinktiv wusste ich, dass ich zu Hause dafür würde bezahlen müssen – ich würde ganze Abende in eisiger Zugluft sitzen, stundenlang durch matschige Moore stapfen und mindestens zweimal bei Wimpy essen müssen, bevor auch nur ein Teil meiner Schuld gesühnt wäre. Aber immerhin fühlte ich mich schuldig, weil ich mich den schönen Seiten des Lebens so hemmungslos hingegeben hatte, und dieser Gedanke tröstete mich ein wenig.

Es war nach acht, als ich das Restaurant verließ, doch in den benachbarten Läden herrschte noch reger Betrieb – man kaufte Wein und Käse, holte einen Laib Brot ab, ließ sich sogar noch die Haare schneiden. Die Italiener wissen sich die Dinge einzuteilen. Ich trank im Caffè Funicolare ein paar Bier und schlenderte dann zum Hauptplatz hinüber. Die deutschen und japanischen Touristen waren verschwunden. Vermutlich waren sie mit der letzten Fähre aufs Festland zurückgekehrt oder lagen längst in ihren Betten. Nun hatten die Einheimischen ihren Platz wieder für sich. Zu fünft oder sechst standen sie plaudernd in der warmen Abendluft, vor dem Hintergrund der in der Ferne leuchtenden Lichter von Neapel. Scheinbar war es hier üblich, sich nach dem Abendessen zu einem Schwätzchen auf dem Platz zu versammeln. Auf der Treppe der Kirche hockten die Jugendlichen, während die kleineren Kinder zwischen den Erwachsenen herumtobten. Jeder schien unglaublich glücklich zu sein. Ich sehnte mich danach, dazuzugehören, auf dieser grünen Insel mit der herrlichen Aussicht, den freundlichen Menschen und dem guten Essen zu leben und allabendlich zu diesem schönen Platz zu schlendern, um mit meinen Nachbarn zu plaudern.

Ich hielt mich ein wenig abseits und sah den Leuten zu. Wie auf einer Cocktailparty ließen sie sich von einer Gruppe zur anderen treiben, sammelten schließlich ihre Kinder ein und gingen wieder nach Hause; doch dafür kamen andere Leute hinzu. Niemand schien länger als eine halbe Stunde zu bleiben, und dennoch dauerte die Versammlung bis in den späten Abend. Ein junger Mann, offenbar ein Neuling auf Capri, stand schüchtern am Rande einer Gruppe von Männern und lächelte über deren Witze. Doch schon nach wenigen Minuten hatte man ihn in die Runde aufgenommen. Einer der Männer hatte ihn buchstäblich am Arm ins Gespräch gezogen, und bald schwatzte er mit jedermann.

Ich stand eine Ewigkeit dort, vielleicht anderthalb Stunden, und als ich mich endlich auf den Rückweg zum Hotel machte, wurde mir klar, dass ich mich bis über beide Ohren, unsterblich und hoffnungslos in Italien verliebt hatte.

Der nächste Tag begann düster. Ein Dunstschleier lag über den Berghängen hinter der Stadt, und Neapel an der anderen Seite der Bucht schien über Nacht vom Erdboden verschwunden zu sein. Da war nur eine tote Ebene, das Meer, und dahinter eine Nebelwand. Eigentlich wollte ich zu den Ruinen der Tiberius-Villa auf dem Gipfel des Berges laufen, wo der alte Gauner einst seine unliebsamen Gäste über den Schutzwall auf die Felsen in der Tiefe werfen ließ. Als ich jedoch aus dem Hotel trat, regnete es, sodass ich den Vormittag damit verbrachte, von Café zu Café zu schlendern und einen Cappuccino nach dem anderen zu trinken, ohne dabei den Himmel aus den Augen zu lassen. Gegen Mittag war es dann zu spät für einen Besuch der Ruinen, es sei denn, ich hätte meinen Aufenthalt auf Capri um einen Tag verlängert, was ich mir zeitlich nicht leisten konnte. Also ging ich widerwillig zum Hotel Capri zurück, packte meine Sachen, zahlte die Rechnung und stieg die steilen, glitschigen Stufen zum Hafen hinunter, wo ich mit der nächsten Fähre nach Neapel übersetzte.

Nach Sorrent und Capri wirkte Neapel noch deprimierender als bei meinem ersten Besuch. Ich lief etwa einen Kilometer am Wasser entlang, doch von den glücklichen Fischern, die ihre Netze flickten und »Santa Lucia« sangen, wie ich es mir so schön vorgestellt hatte, war weit und breit nichts zu sehen. Stattdessen zierten verfallende Wracks und Berge von Müll die Gegend.

Ohne einen Stadtplan und nur mit einer äußerst vagen Ortskenntnis wagte ich mich in die Stadt, in der Hoffnung, zufällig einen schattigen und von netten kleinen Hotels gesäumten Platz zu entdecken. Schließlich musste es selbst in Neapel hübschere Ecken geben. Aber ich stieß nur auf diese Straßen, die so typisch für Neapel sind – schäbige, nur halb asphaltierte Gassen, in denen der Putz von den Hauswänden bröckelte, in denen Wäscheleinen zwischen Balkonen gespannt waren, die nie die Sonne sahen. Es wimmelte von dicken Frauen und Kindern, die oft halb nackt, nur mit schmutzigen T-Shirts bekleidet, unbeaufsichtigt in den Straßen spielten.

Es kam mir vor, als wäre ich auf einen anderen Kontinent geraten. Noch heute leben im Zentrum von Neapel siebzigtausend Familien in sogenannten *bassi* – Mietskasernen ohne Bad und fließend Wasser, manchmal sogar ohne ein Fenster. In diesen Behausungen wohnen bis zu fünfzehn Familienmitglieder in einem einzigen Raum. Vicaria, der schlimmste dieser Bezirke in Neapel, in dem ich mich nun befand, soll die höchste Bevölkerungsdichte Europas aufweisen. Dementsprechend hoch ist die Kriminalitätsrate, vor allem bei den leichteren Delikten wie Autodiebstahl (neunundzwanzigtausend Fälle in einem Jahr) und Straßenraub. Ich fühlte mich dennoch relativ sicher, denn ich wurde von niemandem beachtet, mit Ausnahme einiger Jugendlicher, die mir Schimpfworte nachriefen. Mit meinem Rucksack war ich unverkennbar ein Tourist, und ich gebe zu, dass ich die Gurte an jenem Tag besonders fest geschnallt hatte. Doch die *scippatori*, die berühmten Handtaschendiebe auf ihren Vespas, ließen sich nicht blicken. Zweifellos ahnten sie, dass es bei mir nichts weiter zu holen gab als ein paar schmutzige Unterhosen, eine halbe Tafel Schokolade und eine zerfledderte Ausgabe von H. V. Mortons »A Traveller in Southern Italy«.

Die Neapolitaner sind an schlechte Zeiten gewöhnt. Nach

dem Krieg herrschte ein solcher Hunger in der Stadt, dass die Leute alles aßen, was sie in die Finger bekamen, sogar sämtliche Fische in den Aquarien. Man schätzt, dass sich damals ein Drittel der Frauen prostituiert hat, nur um zu überleben. Und selbst heute verdient ein Arbeiter in Neapel durchschnittlich nicht einmal die Hälfte von dem, was er in Mailand verdienen würde. Doch viele ihrer Probleme hat sich die Stadt selbst geschaffen, vor allem durch Korruption und Inkompetenz.

Laut »The Economist« hat Neapel ab 1986 drei Jahre lang seine Stromrechnungen für die Straßenbeleuchtung nicht bezahlt und auf diese Weise Schulden in Höhe von umgerechnet 1,1 Milliarden Dollar auflaufen lassen. Der gesamte Dienstleistungsbereich dieser Stadt steht seit Jahren am Rande des Zusammenbruchs. In Neapel sind doppelt so viele Müllmänner wie im deutlich größeren Mailand beschäftigt, und dennoch häuft sich in den Straßen der Unrat, und die Arbeit der Straßenreinigung ist eine einzige Katastrophe. Die Stadt ist einfach nicht zu regieren.

Ich kam am Istituto Tecnico Commerciale vorbei, wo es gerade einen Aufruhr zu geben schien, sowohl innerhalb als auch außerhalb des Gebäudes. Studenten warfen Bücher und Papiere aus den Fenstern der oberen Stockwerke und debattierten lauthals mit ihren Kommilitonen auf der Straße. Ob es sich hier um eine Form des Protestes oder lediglich um einen Teil der täglichen Routine handelte, vermochte ich nicht zu entscheiden. Ich kann nur sagen, dass ich überall Müll und Chaos vorfand – schreiende Menschen, hupende Autos, blökende Krankenwagen.

Nach Capri waren all der Lärm und Dreck schwer zu ertragen. Ich lief und lief, und es wurde nicht besser. Schließlich stand ich auf der größten Einkaufsstraße der Stadt, der Via Roma, deren Geschäfte zwar überwiegend schick und gepflegt waren, aber auch hier sammelte sich der Müll in jeder Ecke, und es wimmelte von Menschen, sodass es fast unmöglich war, seiner Wege zu gehen, ohne ständig vom Gehsteig an den Rand des fließenden Verkehrs abgedrängt zu werden. Und ich sah nicht ein Hotel, das aussah, als wären seine Betten länger als zwanzig Minuten belegt.

Zu meiner großen Überraschung fand ich mich unerwartet auf der Piazza Garibaldi wieder, vor den Toren des Hauptbahnhofs. Quer durch Neapel bin ich direkt darauf zu marschiert. Verschwitzt und mit Blasen an den Füßen blickte ich auf die Stadt zurück, die ich soeben durchquert hatte, und überlegte, ob ich ihr noch eine Chance geben sollte. Aber ich konnte sie nicht länger ertragen und bahnte mir stattdessen den Weg durch die siebenundzwanzig Taxifahrer, betrat die Bahnhofshalle und löste eine Fahrkarte nach Florenz. Es konnte nur besser werden.

GIOVANNI VERGA
Träumerei

Einmal, als der Zug an Aci-Trezza vorüberfuhr, seid Ihr ans Wagenfenster getreten und habt ausgerufen: »Da unten möchte ich einen Monat bleiben!«

Wir kehrten zurück und verbrachten dort zwar nicht einen Monat, aber immerhin achtundvierzig Stunden. Die Einheimischen sperrten die Augen auf, als sie Eure riesigen Koffer sahen, und glaubten sicherlich, Ihr würdet einige Jahre bleiben. Am Morgen des dritten Tages aber wart Ihr es müde, immerzu nur Grün und Blau zu sehen und die Karren zu zählen, die auf der Straße vorüberfuhren. Ihr standet am Bahnhof, spieltet ungeduldig mit der dünnen Kette Eures Riechfläschchens und recktet den Hals, um einen Eisenbahnzug zu entdecken, der niemals auftauchen wollte. In jenen achtundvierzig Stunden führten wir all das aus, was man in Aci-Trezza unternehmen kann: Wir wanderten durch den Staub der Straße und kletterten auf die Klippen. Unter dem Vorwand, rudern zu lernen, zogt Ihr Euch unter dem Handschuh kleine Blasen zu, die zu Küssen herausforderten. Wir verbrachten eine äußerst romantische Nacht auf dem Meer und warfen Netze aus, nur um etwas zu tun, was es den Ruderknechten der Mühe wert erscheinen ließ, sich Rheumatismus zuzuziehen. Und die Morgendämmerung überraschte uns hoch oben auf dem Riff; ein bescheidenes und blasses Dämmern, das ich noch jetzt vor Augen habe, über einem dunkelgrünen Meer, durchzogen von breiten, violetten Streifen, und das wie eine Liebkosung über der

Gruppe von kleinen Häusern schwebte, die eng aneinandergeschmiegt am Strand lagen und schliefen, während hoch oben auf der Klippe, vor dem durchsichtigen und tiefen Himmel, sich Eure zarte Gestalt klar abhob, mit den klug ausgedachten Linien, die Eure Schneiderin Euch verlieh, und mit dem feinen und eleganten Profil, das Ihr selbst hinzufügtet. – Ihr trugt ein graues Kleidchen, das eigens dazu gemacht schien, mit den Farben der Dämmerung übereinzustimmen. – Ein schönes Bildchen, fürwahr! Und man erriet, dass auch Ihr darum wusstet, an der Art, wie Ihr Euch in Euren Schal hülltet und mit großen, weit geöffneten und müden Augen diesem seltenen Schauspiel und zugleich der sonderbaren Tatsache, dass Ihr nun da wart, zulächeltet. Was ging wohl damals in Eurem Köpfchen vor, angesichts der aufgehenden Sonne? Fragtet Ihr sie vielleicht, in was für einem andern Erdteil sie Euch in einem Monat wiederfinden würde? Ihr sagtet nur harmlos: »Ich verstehe nicht, wie man hier ein ganzes Leben verbringen kann.«

Und doch – seht Ihr –, die Sache ist einfacher, als sie zu sein scheint. Es genügt schon, das ist das Wichtigste, dass man nicht hunderttausend Lire Einkünfte besitzt, sondern dafür – zwischen jenen riesigen Klippen, die sich ins Blau fügen und die Euch vor Bewunderung in die Hände klatschen ließen – ein wenig von allen Mühsalen des Lebens erduldet. So wenig braucht es, damit die armen Teufel, die uns schlaftrunken am Boot erwarteten, zwischen ihren baufälligen und malerischen Hütten – die Euch, so aus der Ferne betrachtet, seekrank zu sein schienen – all das finden, was Ihr in Paris, in Nizza und in Neapel vergeblich sucht.

Es ist dies etwas Seltsames. Aber vielleicht ist es gut, dass es so ist, für Euch und für alle Euresgleichen. Jenes Häufchen von Hütten wird von Fischern bewohnt, von »Seeleuten«, sagen sie, so wie andere »Amtsleute« sagen würden, und bei jenen ist die Haut härter als das Brot, das sie essen, wenn sie überhaupt welches zu beißen bekommen, denn das Meer ist nicht immer so sanft wie damals, als es Eure Handschuhe küsste. An seinen dunklen Tagen, an denen es rollt und braust, muss man sich damit begnügen, es vom Strand aus zu betrachten, untätig, oder ausgestreckt auf dem Bauch liegend, und das ist noch besser für den, der nichts gegessen hat. An solchen Tagen stehen viele Leute unter der Tür der Schenke, aber es klingen nur wenige Geldstücke auf das Blech des Schanktischs, und die Gassenjungen, die im Dorf so zahlreich sind, als wäre das Elend ein Dünger, schreien und prügeln sich, als hätten sie den Teufel im Leib.

Von Zeit zu Zeit kommen Typhus oder Cholera, eine Missernte oder die Sturmflut und reißen große Lücken in jenes Gewimmel von Menschen, von denen man glauben könnte, sie würden sich nichts Besseres wünschen, als ausgetilgt zu werden und zu verschwinden. Und doch vermehren sie sich am selben Ort immer wieder, und ich vermöchte Euch nicht zu sagen, wie und weshalb.

Ist es Euch nie passiert, dass Ihr nach einem Herbstregen einen Zug von Ameisen gestört habt, wenn Ihr gedankenlos den Namen Eures augenblicklichen Verehrers in den Sand des Pfades schriebt? Manches von den armen Tierchen wird von der Spitze Eures Schirms getroffen worden sein und sich in Krämpfen gewunden haben. Aber die andern alle werden nach fünf Minuten Panik und Hin- und Herrennens von Neuem mit dem Mut der Verzweiflung ihren kleinen braunen Hügel erklommen haben. Ihr würdet vermutlich nicht dorthin zurückgekehrt sein; ich auch nicht. Aber um solche Hartnäckigkeit, die in gewissem Sinn etwas Heroisches hat, verstehen zu können, müssen auch wir uns ganz klein machen, unsern Horizont auf ein paar Erdschollen beschränken und mit dem Mikroskop die winzigen Ursachen ergründen, welche die kleinen Herzen schlagen lassen. Wollt auch Ihr einen Blick durch diese Linse werfen? Ihr, die Ihr das Leben von der andern Seite des Fernrohrs her betrachtet? Das Schauspiel wird Euch sonderbar erscheinen und Euch deshalb vielleicht ergötzen.

Wir sind sehr befreundet gewesen, erinnert Ihr Euch? Und Ihr habt mich gebeten, Euch ein paar Seiten zu widmen. Weshalb? *A quoi bon?*, wie Ihr sagt. Was könnte das, was ich schreibe, jemandem bedeuten, der Euch kennt? Und für jemanden, der Euch nicht kennt, was seid Ihr da? Nun gut: Ich habe mich eines Tages an Eure Laune erinnert, als ich jene arme Frau wiedersah, der Ihr – unter dem Vorwand, ihre Orangen zu kaufen, die in einer Reihe auf dem Bänklein vor der Tür lagen – ein Almosen zu geben pflegtet. Das Bänklein steht nicht mehr dort; man hat den Mispelbaum im Hof umgehauen, und das Haus hat ein neues Fenster bekommen. Nur die Frau hatte sich nicht verändert; sie saß ein wenig weiter abseits und streckte den Fuhrleuten die Hand hin und kauerte auf dem Steinhaufen, der den alten Grenzwachtposten von der Straße absperrt. Und ich, der ich mit der Zigarre im Mund vorbeispazierte, ich habe daran gedacht, dass auch sie, arm, wie sie ist, Euch eines Tages weiß und stolz hat vorüberwandeln sehen.

Geratet nicht in Zorn darüber, dass ich auf solche Weise und bei dieser Gelegenheit an Euch dachte. Außer den frohen Erinnerungen, die Ihr in mir zurückgelassen habt, besitze ich hundert andere, undeutliche, verworrene, sich widersprechende, da und dort entstandene, ich weiß nicht mehr, wo – vielleicht sind einige davon Erinnerungen aus Träumen, die ich mit offenen Augen träumte. Und in dem Durcheinander, das sie in meinem Geist verursachten – während ich auf jenem Feldweg ging, wo so viele frohe und schmerzliche Dinge vorüberzogen –, beschwor das über ihre Schultern geworfene Tuch jener fröstelnden, kleinen, zusammengekauerten Frau irgendetwas Trauriges herauf, das mich an Euch denken ließ, die Ihr übersättigt seid von allem, sogar von den Schmeicheleien, die eine Modezeitschrift Euch vor die Füße wirft, wenn sie Euch dann und wann wegen Eurer

Eleganz erwähnt – die Ihr so übersättigt seid, dass Ihr den launigen Wunsch erfinden musstet, Euren Namen auf den Seiten eines Buches zu sehen.

Während ich dies Buch schreibe, denkt Ihr vielleicht schon nicht mehr daran. Und doch werden Euch die Erinnerungen, die ich Euch sende und die – in jedem Sinn des Wortes – so weit von Euch, die Ihr trunken seid von Festen und Blumen, entfernt sind, in den glühenden Nächten Eures immerwährenden Karnevals wie ein sanfter Windhauch berühren. An dem Tag, da Ihr dorthin zurückkehrt – wenn Ihr es überhaupt jemals tut – und wir wiederum Seite an Seite sitzen und mit den Fußspitzen nach Steinchen stoßen und mit den Gedanken an Träume rühren, an jenem Tag werden wir vielleicht von jenen andern Trunkenheiten sprechen, die das Leben anderswo bereithält. Ihr könnt Euch auch ausdenken, dass meine Gedanken sich in jenen der Welt unbekannten Winkel zurückgezogen haben – nur weil Ihr Euren Fuß dorthin gesetzt habt – oder um meine Augen von dem Glitzern zu lösen, das Euch überallhin folgt, von Edelsteinen oder von Fiebergluten – oder weil ich Euch an allen Orten, wo die Mode ein frohes Dasein schafft, umsonst gesucht habe. Ihr seht, dass Ihr Euch immer noch an erster Stelle befindet, hier wie im Theater!

Erinnert Ihr Euch noch an den Alten, der am Steuer unseres Bootes saß? Ihr schuldet ihm diesen Tribut Eurer Dankbarkeit, denn er hat es zehnmal verhindert, dass Eure schönen blauen Strümpfe nass wurden. Jetzt ist er dort unten im Stadtspital gestorben, der arme Teufel, in einem weiten, ganz weißen Saal, zwischen weißen Leintüchern, und hat weißes Brot gegessen, das ihm von den weißen Händen der mildtätigen Schwestern dargereicht wurde, deren einziger Fehler es war, dass sie die unbeholfenen Klagen nicht verstehen konnten, die der Ärmste in seinem halbwilden Dialekt vorbrachte.

Allein, wenn er sich etwas hätte wünschen dürfen, würde

er in jenem dunklen Winkel haben sterben wollen, nahe beim Feuer, wo so viele Jahre lang sein Lager gewesen war, »unter seinem Dach«, und so sehr hätte er sich das gewünscht, dass er weinte, als sie ihn wegbrachten, und winselte, wie alte Leute das tun. Er hatte immer zwischen jenen vier Mauern gelebt, angesichts des schönen und so heimtückischen Meeres, mit dem er tagtäglich kämpfen musste, um ihm so viel abzuringen, dass er sein Leben fristen konnte, ohne ihm seine Gebeine überlassen zu müssen. Und doch, in den Augenblicken, in denen er sich ruhig und gelassen am Sonnenglanz erfreute, zusammengekauert auf der Ruderbank, die Knie zwischen den Armen, in jenen Augenblicken würde er den Kopf nicht nach Euch umgewendet haben, um Euch anzusehen, und Ihr hättet in seinen erstaunten Augen umsonst nach dem stolzen Widerschein Eurer Schönheit gesucht, wie Ihr es gewohnt seid, wenn so manche hochmütige Stirnen sich neigen, um Euch in den glänzenden Salons zu huldigen, und Ihr Euch in den neidischen Blicken Eurer besten Freundinnen spiegelt.

Das Leben ist reich, wie Ihr seht, in seiner unerschöpflichen Vielfalt. Und Ihr könnt ohne Gewissensbisse auf Eure Weise jenen Teil des Reichtums genießen, der Euch zugefallen ist. Jenes Mädchen zum Beispiel, das hinter den Töpfen mit dem Basilienkraut auftauchte, als das Rauschen Eures Gewandes das Gässchen in Aufruhr versetzte – wenn jenes Mädchen ein anderes, ihm so gut bekanntes Gesicht am gegenüberliegenden Fenster erblickte, lächelte es, als wäre es ebenfalls mit Seide bekleidet. Wer weiß, von was für bescheidenen Freuden es an seinem Fensterbrett hinter dem duftenden Basilienkraut träumte, wenn sein Blick eifrig nach dem andern Haus hinüberspähte, das mit Weinlaub umkränzt war! Und das Lachen seiner Augen hätte nicht in so bitterem Weinen geendet – dort, in der großen Stadt, fern von dem harten Boden, der es hatte zur Welt kommen sehen und der es kannte –, wenn sein Großvater nicht im Spital gestorben wäre und sein Vater nicht den Tod in den Wellen gefunden hätte und seine ganze Familie nicht wie von einem Windstoß, der über sie hinwegblies, zerstreut worden wäre – von einem unheilvollen Windstoß, der einen seiner Brüder bis in das Gefängnis von Pantelleria brachte, »ins Elend!«, wie sie dort unten sagen.

Ein milderes Schicksal erfuhren die, welche starben: der eine, der Älteste, bei Lissa; es war jener, der Euch wie ein bronzener David vorkam, aufrecht, mit seiner Harpune in der Faust, im hellen Schein der Bootslampe. Groß und stark, wie er war, geriet auch er in Glut, wenn Ihr ihn mit Euren kecken Augen ansaht. Und dennoch ist er als guter Seemann gestorben, auf dem Fockbaum, aufrecht im Takelwerk, während er seine Mütze emporreckte und die Fahne ein letztes Mal mit dem männlichen und wilden Schrei des Inselbewohners grüßte. Und der andere, jener, der es auf dem kleinen Inselchen nicht wagte, Euren Fuß zu berühren, als er ihn von den Schlingen befreite, die er für die Kaninchen ausgelegt und in denen Ihr Euch, unachtsam, wie Ihr seid, verfangen hattet – er kam in einer dunklen Winternacht um, ganz allein in den entfesselten Wogen, während zwischen der Barke und dem Strand, wo die Seinen auf ihn warteten und wie verrückt hin und her liefen, sechzig Meilen Finsternis und Sturm lagen. Ihr hättet Euch nicht vorstellen können, welch verzweifelten und finsteren Mutes er fähig war, um gegen einen solchen Tod anzukämpfen, jener Mann, der sich von dem Meisterwerk Eures Schuhmachers einschüchtern ließ.

Besser haben die es, die gestorben sind und nicht »des Königs Brot« essen, wie der Ärmste, der in Pantelleria geblieben ist, oder jenes andere Brot verzehren, wie die Schwester – sie alle, die nicht mehr herumgehen müssen, wie jene Frau mit den Orangen, und von der Gnade Gottes leben, einer Gnade, die Aci-Trezza ziemlich karg zugeteilt ist. Jene Toten brauchen wenigstens nichts mehr! Das sagte auch der

Knabe der Gastwirtin, als er zum letzten Mal ins Spital ging, um nach dem Alten zu fragen und ihm insgeheim von den gebackenen Muscheln zu bringen, die so gut zum Aussaugen sind, wenn man keine Zähne mehr hat, und dann das Bett mit straff gezogenen Decken leer fand. Worauf er heimlich in den Hof entwischte und sich vor eine ganz mit zerfetztem Papier beklebte Tür stellte und durch das Schlüsselloch in einen großen leeren Saal hineinblickte, der auch im Sommer weit und kühl war und wo er das Ende eines langen Marmortisches erspähte, auf dem ein Leintuch starr und steif über etwas ausgebreitet lag. Und wie er so daran dachte, dass diese Toten da wenigstens nichts mehr brauchen, begann er zum Zeitvertreib eine Muschel nach der andern auszuschlürfen, denn jetzt waren sie ja überflüssig geworden. Ihr, die Ihr den Muff aus Blaufuchsfellen an Eure Brust drückt, Ihr werdet Euch mit Wohlgefallen daran erinnern, dass Ihr ihm einst hundert Lire geschenkt habt, dem armen Alten.

Nun bleiben noch jene Straßenjungen, die Euch begleiteten wie Schakale und dabei die Orangen nicht aus den Augen ließen. Sie streifen noch immer um die Bettlerin und streichen ihr um die Kleider, als hielte sie Brot darunter verborgen, und lesen Kohlstrünke und Orangenschalen und Zigarrenstummel auf, alle die Dinge, die man zu Boden fallen lässt, die aber dennoch irgendeinen Wert haben müssen, da es arme Leute gibt, die davon leben. Und diese Armen schlagen sich so gut durch, dass jene rundbackigen und immer hungrigen kleinen Bettler im Schlamm und im Staub der Straße aufwachsen und groß und stark werden wie ihr Vater und wie ihr Großvater und später Aci-Trezza wiederum mit weiteren kleinen Bettlern bevölkern, die sich mit ihren Zähnen fröhlich so lange wie irgend möglich durchs Leben beißen werden, wie der alte Großvater, und die sich nur eines wünschen und Gott nur darum bitten: dass sie die Augen dort schließen dürfen, wo sie sie aufgetan haben, unter den Händen des Dorfarztes, der jeden Tag auf seinem Esel geritten kommt wie Christus, um den redlichen Leuten, die aus dieser Welt gehen, zu helfen.

»Alles in allem das Ideal einer Auster!«, werdet Ihr sagen. Genau das Ideal einer Auster! Und wir haben durchaus keinen Grund, es lächerlich zu finden, außer dem, dass wir selbst nicht ebenfalls als Austern zur Welt gekommen sind. Übrigens scheint mir die zähe Anhänglichkeit dieser armen Leute an die Klippen, auf die das Schicksal sie geworfen hat, während es hierhin Prinzen und dorthin Herzoginnen säte – diese mutige Entsagung in einem Leben voller Mühsal und dieser Kult für Familienzusammengehörigkeit, der sich auf das Handwerk, das Haus und die Felsen überträgt, die es umgeben –, dies alles scheint mir – vielleicht nur für diese Viertelstunde – etwas sehr Ernstes und Verehrungswürdiges zu sein. Es ist mir, als ob die Unruhe der schweifenden Gedanken sachte zur Ruhe käme in dem reinen Frieden dieser sanften, einfachen Gefühle, die sich still und unverändert von Generation zu Generation vererben. Es ist mir, als könnte ich Euch vorbeifahren sehen, hinter dem eiligen Trab Eurer Pferde, mit dem fröhlichen Geklingel ihres Zaumzeuges, und als könnte ich Euch ruhig grüßen.

Vielleicht habe ich allzu sehr versucht, den Tumult zu ergründen, der Euch umgibt und Euch folgt; deshalb scheint es mir jetzt, als erkenne ich eine schicksalshafte Notwendigkeit in der zähen Liebe der Schwachen, in dem Instinkt, den die Geringen für das Zusammenhaltenmüssen besitzen, damit sie den Stürmen des Lebens widerstehen können. Und deshalb habe ich mich bemüht, das bescheidene und unbekannte Drama zu entziffern, das die Schauspieler aus dem Volk, die wir zusammen kennenlernten, weggefegt haben muss. Ein Drama, das ich Euch vielleicht eines Tages erzählen werde und dessen Tragik mir in Folgendem zu bestehen scheint: Wenn einer dieser einfachen Menschen, der vielleicht schwächer, unvorsichtiger oder egoistischer ist als die andern, sich von den Seinen lösen will, sei es aus Sehnsucht nach dem Unbekannten oder aus dem Wunsch nach etwas Besserem oder aus der Neugier heraus, die Welt kennenzulernen, dann wird diesen die Welt, als der gefräßige Fisch, der sie ist, verschlingen und seine Nächsten mit ihm. Wenn Ihr es unter diesem Gesichtswinkel betrachtet, werdet Ihr sehen, dass das Schauspiel nicht uninteressant ist. Für die Austern aber muss die interessanteste Stelle jene sein, die von der Hinterlist des Krebses handelt oder von dem Messer des Tauchers, das die Muschel vom Felsen löst.

LEONARDO SCIASCIA
Die weite Reise

Es war eine Nacht wie eigens geschaffen, eine Finsternis, so stockdunkel, dass man bei jeder Bewegung ihr Gewicht zu spüren meinte. Und furchterregend, als atme das wilde Tier; die Welt, war das Rauschen des Meeres, ein Atmen, das zu ihren Füßen verebbte.

Da standen sie nun mit ihren Pappkoffern und Bündeln auf einem durch Hügel geschützten steinigen Strand zwischen Gela und Licata. Angelangt waren sie dort bei Einbruch der Dämmerung und aus ihren Dörfern aufgebrochen im Morgengrauen; aus Dörfern im Innern, weit weg vom Meer; Klumpen in den ausgedörrten Landstrichen des Großgrundbesitzes. Manche von ihnen sahen das Meer zum ersten Mal. Und sie erschraken bei der Vorstellung, dass sie es ganz überqueren sollten, von diesem verlassenen nächtlichen Strand in Sizilien bis hinüber zu einem ebenso verlassenen nächtlichen Strand in Amerika. Denn so war es ausgemacht: »Ich bring euch nachts an Bord«, hatte der Mann gesagt, eine Art Handelsvertreter seinem Mundwerk nach, aber mit ernsthaftem, ehrlichem Gesicht, »und ich setz euch auch nachts an Land, am Strand von Nudschörsi, nicht weit von Neujork ... Wer Verwandte in Amerika hat, kann ihnen schreiben, sie sollen an der Bahnstation Trenton warten, zwölf Tage nach der Abfahrt ... Rechnet euch das selber aus ... Auf den Tag genau kann ich's natürlich nicht garantieren. Wenn zum Beispiel hoher Seegang ist oder wenn die Küstenwache aufpasst ... Aber auf einen Tag mehr oder weniger kommt's ja nicht an. Entscheidend ist, dass ihr überhaupt in Amerika landet.«

Entscheidend war wirklich, dass sie überhaupt in Amerika landeten. Wie und wann, darauf kam es nicht an. Wenn ihre Briefe mit den unleserlichen Adressen, die sie mühsam auf die Briefumschläge krakelten, die Verwandten erreichten, dann würden auch sie ankommen: »Wer sprechen kann, kommt übers Meer«, hieß es doch im Sprichwort. Und sie würden übers Meer kommen, über das große dunkle Meer; und würden in Amerika landen, in Amerika mit seinen *Stores* und *Farms* und ihren lieben Brüdern, Onkeln, Neffen und Vettern und den warmen, reichen, stattlichen Häusern und den Autos, wie Häuser so groß.

Zweihundertfünfzigtausend Lire – die Hälfte bei der Abfahrt, den Rest bei der Ankunft. Sie trugen sie wie ein Skapulier auf der bloßen Haut unter dem Hemd. Um sie zusammenzubekommen, hatten sie alles verkauft, was es zu verkaufen gab: die Lehmhütte, das Maultier, die Erntevorräte, die Kommode, die Bettdecken. Die ganz Schlauen waren zu den Wucherern gegangen in der heimlichen Absicht, sie zu betrügen, einmal wenigstens, nach der Tyrannei, die sie erduldet hatten, all die Jahre lang. Es war ihnen eine Genugtuung, sich vorzustellen, was für ein Gesicht die machen würden, wenn sie es erführen. »Komm doch und such mich in Amerika, du Blutsauger! Vielleicht zahl ich dir sogar dein Geld zurück, wenn du mich findest. Aber ohne Zinsen!« Der Traum von Amerika, das hieß Dollars im Überfluss, Geld, das man nicht mehr in der abgegriffenen Brieftasche aufbewahrte oder unterm Hemd versteckte, sondern lässig in die Hosentaschen stopfte und in ganzen Händen voll hervorzog, wie sie es bei ihren Verwandten gesehen hatten, die halb verhungert, mager und sonnenverbrannt fortgegangen waren und nach zwanzig, dreißig Jahren zurückkamen, aber nur auf einen kurzen Urlaub, mit vollen Wangen und rosigem Gesicht in schönem Kontrast zu ihrem weißen Haar.

Es war schon elf Uhr. Einer von ihnen knipste die Taschenlampe an als Signal, dass man kommen könne, um sie zu holen und aufs Schiff zu bringen. Als er die Lampe wieder ausknipste, schien die Dunkelheit noch dichter und beängstigender. Doch wenige Minuten später tauchte aus dem besessenen Atmen des Meeres ein menschlicheres, vertrautes Wassergeräusch auf: wie wenn Eimer im Rhythmus gefüllt und ausgegossen würden. Dann ein Flüstern und leises Tuscheln. Und bevor sie recht begriffen, dass das Boot angelegt hatte, stand Signor Melfa vor ihnen. Unter diesem Namen jedenfalls kannten sie den Anführer ihres Abenteuers.

»Alle da?«, fragte Signor Melfa. Er machte die Taschenlampe an und zählte durch. Zwei fehlten. »Vielleicht haben sie es sich anders überlegt, oder sie kommen später ... Ihr Pech! Oder sollen wir etwa auf sie warten bei dem Risiko, das wir eingehen?«

Alle sagten, es sei nicht angebracht, auf sie zu warten.

»Wenn einer von euch das Geld nicht dabeihat«, warnte Signor Melfa, »dann soll er lieber gleich den Weg zwischen die Beine nehmen und wieder nach Hause gehen. Denn wer glaubt, er kann mir an Bord mit der Überraschung kommen, der täuscht sich gewaltig! Ich bringe euch an Land, so wahr mir Gott helfe, alle wie ihr hier seid. Aber dass alle für einen büßen, ist ungerecht. Also, wer etwas schuldig bleibt, der bekommt es mit mir und mit den andern zu tun und bezieht eine Tracht Prügel, die er sein Lebtag nicht vergessen wird, wenn er lebend davonkommt ...«

Alle schworen und beteuerten, sie hätten das Geld dabei, abgezählt bis auf den letzten Soldo.

»Los, ins Boot«, rief Signor Melfa. Und im Nu wurde jeder der Reisenden zu einer formlosen Masse, zu einem wirren Haufen Gepäck.

»Jesus! Habt ihr euer ganzes Haus mitgenommen?« Er fing an, vor sich hin zu fluchen, und hörte erst auf, als die ganze Ladung – Menschen und Gepäck – ins Boot verfrachtet war; auch auf die Gefahr hin, dass ein Mensch oder ein Bündel über Bord ging. Der Unterschied zwischen Mensch und Bündel bestand für Signor Melfa darin, dass der Mensch zweihundertfünfzigtausend Lire bei sich trug, in die Jacke eingenäht oder unterm Hemd auf der bloßen Haut. Er kannte sie, kannte sie nur zu gut: diese ungehobelten Bauern, diese Tölpel.

Die Fahrt dauerte weniger lange als erwartet: elf Nächte, die der Abfahrt mitgerechnet. Sie zählten die Nächte statt der Tage, denn die Nächte mit ihrem grässlichen Durcheinander waren zum Ersticken. Ein Geruch von Fisch, Maschinenöl und Erbrochenem umhüllte sie wie eine pechschwarze warme Flüssigkeit, von der sie noch trieften, wenn sie bei Tagesanbruch zermürbt an Deck stiegen, um Licht und Luft zu schöpfen. Doch weil sie sich das Meer wie die grün schimmernde Fläche eines im Winde wogenden Kornfelds vorgestellt hatten, machte ihnen das richtige Meer Angst: Ihr Innerstes zog sich zusammen, und es flimmerte ihnen vor den Augen bei all dem Licht und tat weh, selbst wenn man nur kurz hinschaute.

In der elften Nacht aber rief Signor Melfa sie an Deck. Zuerst glaubten sie, Sterne seien dicht gedrängt wie Herden auf das Meer herabgesunken; doch es waren Städte, Städte des reichen Amerikas, dic wie Edelsteine in der Nacht funkelten. Auch die Nacht selber war wie verzaubert – ruhig und mild, mit einem Halbmond, der zwischen durchsichtigen Wolkentieren dahinzog, und einer Brise, in der sich die Lungen weiteten.

»Das ist Amerika«, sagte Signor Melfa.

»Besteht auch keine Gefahr, dass es ein anderes Land ist?«, fragte einer; denn er hatte die ganze Zeit daran gedacht, dass es im Meer weder Straßen noch Wege gibt, und Gott allein konnte zwischen Himmel und Wasser ein Schiff den rechten Weg führen, ohne ihn zu verfehlen.

Signor Melfa sah ihn mitleidig an und fragte alle: »Habt ihr denn in eurer Gegend schon mal so einen Horizont gesehen? Und merkt ihr nicht, dass die Luft anders ist? Seht ihr nicht, wie diese Städte leuchten?«

Alle bestätigten es und sahen mitleidig oder ungehalten ihren Gefährten an, der es gewagt hatte, eine so dumme Frage zu stellen.

»Jetzt rechnen wir ab«, sagte Signor Melfa.

Sie griffen sich unters Hemd und holten das Geld hervor.

»Haltet eure Sachen bereit«, sagte Signor Melfa, nachdem er abkassiert hatte.

Sie brauchten nur wenige Minuten. Der Reiseproviant, den sie wie vereinbart mitgebracht hatten, war so gut wie aufgezehrt. So blieben ihnen nur noch ein paar Wäschestücke und die Geschenke für die Verwandten in Amerika: ein Schafskäse, eine Flasche alter Wein, ein gesticktes Deckchen, das man in die Tischmitte oder auf die Sofalehne legen konnte. Leichten Herzens stiegen sie lachend und vor sich hin summend ins Boot; und als das Boot ablegte, fing einer sogar lauthals an zu singen.

»Habt ihr denn gar nichts kapiert?«, schimpfte Signor Melfa. »Wollt ihr, dass ich Scherereien bekomme? ... Sobald ich euch an Land abgesetzt habe, könnt ihr zu dem erstbesten Polizisten rennen, der euch über den Weg läuft, und euch mit dem nächsten Schiff wieder nach Hause bringen lassen. Das schert mich einen Dreck! Jeder hat die Freiheit, sich umzubringen, wie er will ... Ich habe mich jedenfalls an die Abmachungen gehalten. Hier ist Amerika, ich habe euch hergeschafft und meine Pflicht erfüllt ... Aber lasst mir um Gottes willen Zeit, wieder an Bord zu gehen!«

Sie ließen ihm mehr Zeit, als er brauchte. Denn sie blieben unschlüssig auf dem kühlen Sand sitzen, wussten nicht, was sie tun sollten, und segneten und verwünschten die Dunkelheit, die sie schützte, solange sie am Strand sitzen blieben, sich aber in eine schreckliche Falle verwandeln würde, sobald sie sich aus ihr hinauswagten.

Signor Melfa hatte ihnen empfohlen: »Verstreut euch!« Aber keiner mochte sich von den anderen trennen. Und wer wusste denn, wie weit es bis Trenton war und wie lange man bis dorthin brauchte.

Von fern und unwirklich hörten sie jemanden singen. ›Klingt wie ein Fuhrmann bei uns zu Haus‹, dachten sie. Die Welt war doch überall gleich. Überall drückte der Mensch im Singen die gleiche Traurigkeit, das gleiche Leid aus. Aber sie waren nun in Amerika, die Städte, die hinter dem Horizont aus Sand und Bäumen blinkten, waren Städte in Amerika.

Zwei von ihnen beschlossen, einen Erkundungsgang zu machen. Sie gingen auf den Lichtschein zu, der vom nächstgelegenen Ort zum Himmel aufstieg. Die Straße fanden sie sofort. »Asphaltiert, in gutem Zustand. Hier ist es anders als bei uns.« Doch eigentlich hatten sie sie sich breiter und gerader vorgestellt. Um Begegnungen zu vermeiden, hielten sie sich abseits und gingen neben der Straße unter den Bäumen lang.

Ein Auto fuhr vorbei. »Sieht aus wie ein Fiat 600.« Dann ein anderes, das aussah wie ein Fiat 1100, und dann noch eins. »Sie halten sich unsere Autos zum Spaß oder kaufen sie für ihre Kinder wie wir Fahrräder.« Dann fuhren mit ohrenbetäubendem Lärm zwei Motorräder hintereinander vorbei. Das war die Polizei, gar keine Frage. Ein Glück, dass sie abseits der Straße geblieben waren.

Endlich kamen Wegweiser. Sie schauten vor und zurück, traten auf die Straße, gingen näher heran und lasen: *Santa Croce Camerina – Scoglitti.*

»Santa Croce Camerina – der Name kommt mir bekannt vor.«

»Mir auch. Scoglitti hab ich auch schon mal gehört.«

»Vielleicht hat einer von unseren Verwandten da gewohnt, mein Onkel vielleicht, bevor er nach Filladelfia gezogen ist. Denn ich weiß noch, dass er in einer anderen Stadt wohnte, bevor er nach Filladelfia zog.«

»Mein Bruder auch, er hat auch in einer anderen Stadt gewohnt, bevor er nach Bruklin gezogen ist ... Aber wie sie hieß, weiß ich nicht mehr. Und außerdem, wir lesen es Santa Croce Camerina, wir lesen Scoglitti. Aber wie das hier gelesen wird, wissen wir nicht. Amerikanisch wird nicht so gelesen, wie man es schreibt.«

»Ja, das ist ja das Schöne am Italienischen, dass du es genauso liest, wie du es schreibst ... Aber wir können nicht die ganze Nacht hier verbringen, wir müssen uns aufraffen ... Das nächste Auto, das kommt, halte ich an. Ich frage einfach: ›Trenton?‹ ... Die Leute sind hier höflicher ... Auch wenn wir nicht verstehen, was sie sagen, irgendeine Geste oder ein Zeichen werden sie machen. Und wir werden auf jeden Fall kapieren, in welcher Richtung dieses vermaledeite Trenton liegt.«

Um die zwanzig Meter entfernte Kurve kam ein Fiat 500. Der Fahrer sah sie plötzlich vorspringen, mit erhobenen Händen, um ihn anzuhalten. Fluchend bremste er. An einen Überfall dachte er nicht, denn es war eine sehr ruhige Gegend. Er nahm an, dass sie mitfahren wollten, und öffnete die Wagentür.

»Trenton?«, fragte einer der beiden.

»Was?«, fragte der Autofahrer.

»Trenton?«

»Was für ein Trenton, heilige Madonna?«, fluchte der Mann im Auto.

›Er spricht Italienisch‹, dachten die beiden und sahen sich fragend an. Ob sie einem Landsmann ihre Lage offenbaren sollten?

Der Autofahrer schlug die Tür zu und fuhr wieder an. Der Wagen machte einen Satz nach vorn. Da erst schrie er die beiden an, die, wie zu Säulen erstarrt, auf der Straße stehen blieben: »Saufbolde, Gehörnte, Hurensöhne …« Das Weitere verlor sich im Motorenlärm.

Schweigen machte sich breit.

»Jetzt erinnere ich mich«, sagte nach einem Augenblick der, dem der Name Santa Croce bekannt vorgekommen war, »nach Santa Croce Camerina ist mein Vater einmal, als wir ein schlechtes Jahr hatten, zur Erntearbeit gegangen.«

Niedergeschmettert ließen sie sich auf den Rand des Straßengrabens fallen. Es hatte keine Eile, den anderen die Nachricht zu bringen, dass sie in Sizilien gelandet waren.

ITALO CALVINO
Ein Schiff voller Krebse

Die Jungen von der Piazza dei Dolori badeten zum ersten Mal in diesem Jahr an einem Aprilsonntag mit ganz neuem blauem Himmel und fröhlicher junger Sonne. Sie rannten zur Mole hinab, die geflickten Badehosen in der Luft schwenkend, dieser und jener schlurfte schon mit den hölzernen Sohlen der Sandalen durch den Schotter, und die meisten trugen keine Strümpfe, um sie nachher nicht mühsam über die nassen Füße ziehen zu müssen. Sie sprangen über die am Boden ausgestreckten Netze und stiegen über die nackten, schwieligen Füße der Fischer, die daneben hockten und flickten. Zwischen den Klippen am Fuß des Schotterhangs entkleideten sie sich, voller Freude über den säuerlichen Geruch der verfaulten Algen und den Flug der Möwen, die den Himmel auszufüllen suchten. Hemden, Hosen, Schuhe versteckten sie in den Löchern der Felssteine und zwangen so die Frösche zum Abzug; dann begannen sie, von einer Klippe zur anderen zu springen und abzuwarten, wer sich als Erster zum Kopfsprung entschließen würde.

Das Wasser war ruhig, aber nicht klar, von einem dichten Blau mit harten grünen Reflexen. Gian Maria, genannt Mariassa, stieg auf die Spitze eines höheren Felsens und pfiff auf zwei Fingern, die Faust vor der Nase wie bei der Deckung im Boxkampf.

»Alé«, rief er, streckte die Arme nach vorn und sprang. Ein paar Meter weiter weg tauchte er wieder auf, spie einen langen Wasserstrahl aus und spielte toter Mann.

»Kalt?«, fragten die anderen.

»Ganz warm«, schrie er und fing an, heftig mit den Armen zu rudern, um nicht zu Eis zu erstarren.

»Leute! Mir nach!«, sagte Cicin, der Wert darauf legte, sich als Häuptling zu fühlen, wenn auch niemand je auf ihn hörte.

Alle sprangen jetzt hinein: Pier Lingera mit einem Salto, Bombolo landete mit einem Bauchklatscher, dann Paolo, Carruba mit normalem Kopfsprung und schließlich Menin, der entsetzlich wasserscheu war und mit den Füßen zuerst hineinplumpste, wobei er sich die Nase mit den Fingern zuhielt.

Pier Lingera, der beste Schwimmer, tauchte sie alle nacheinander unter, dann gingen die anderen vereint auf ihn los und ließen ihn selber Wasser schlucken.

Gian Maria, genannt Mariassa, schlug vor: »Das Schiff! Los, zum Schiff!«

Da lag noch immer das Dampfschiff quer vor dem Hafen, im Krieg hatten die Deutschen es versenkt. Es waren sogar zwei, eines auf dem anderen, aber man sah nur das obere.

»Alé«, sagten alle.

»Kann man raufklettern?«, fragte Menin. »Es sind Minen da.«

»Quatsch, Minen!«, sagte Carruba. »Die Bande vom Kleinen Stadion steigt rauf, wann sie Lust hat, und spielt Krieg.«

Sie schwammen auf das Schiff zu.

»Leute, mir nach!«, rief Cicin und wollte sich an die Spitze setzen, aber die anderen schwammen schneller und ließen ihn zurück, bis auf Menin, der wie ein Frosch schwamm und immer der Letzte war.

Sie langten neben dem Schiff an, dessen nackte, schimmelige, teerschwarze Wände über ihnen emporragten; die Reste der demontierten Aufbauten standen gegen den neuen blauen Himmel. Eine Flechte verfaulter Algen rankte sich vom Kiel hinauf, und der Anstrich blätterte in großen Flächen ab. Die Knaben schwammen rings um das ganze Schiff, dann blieben sie unter dem Heck, um den fast unleserlich gewordenen Namen zu entziffern: »Abukir«, »Egypt«. Dann war da noch die Ankerkette, schräg gespannt, sodass sie hin und wieder bei einer Bewegung der Flut aufschimmerte und in den riesigen rostigen Ringen knirschte.

»Wir lassen es lieber«, sagte Bombolo.

»Von wegen«, meinte Pier Lingera und hing schon mit Händen und Beinen an der Kette. Wie ein Affe kletterte er hinauf, und die anderen folgten ihm.

Bombolo glitt etwa auf mittlerer Höhe aus und fiel mit dem Bauch nach unten ins Wasser zurück; Menin schaffte es überhaupt nicht alleine, sie mussten ihn zu zweit hinaufziehen.

An Bord gingen sie dann schweigend überall auf dem demontierten Schiff herum, sie suchten nach dem Steuerrad, der Dampfsirene, den Luken und Rettungsbooten, nach all den Dingen, die auf einem Schiff sein müssen. Dieses hier aber war platt wie ein Floß, nur von dem weißlichen Mist der Möwen bedeckt. Fünf Möwen waren da; sie hockten an einem Schott, und als sie die Schritte der bloßen Füße hörten, flogen sie eine nach der anderen mit großem Flügelschlag auf.

»Uah!«, rief Paolo hinter ihnen her und warf einen aufgesammelten Brocken nach der letzten.

»Leute, in den Maschinenraum!«, befahl Cicin. Bei den Maschinen oder im Laderaum zu spielen war natürlich noch schöner.

»Ob man wohl auf das Schiff unter diesem hier kann?«, fragte Carruba. Das wäre das Allerbeste: eingeschlossen da unten, mit dem Meer ringsum und darüber, wie in einem Unterseeboot.

»Das untere ist voller Minen«, erklärte Menin.

»Du bist selbst voller Minen«, riefen die anderen.

Sie kletterten die kleine Leiter hinunter. Nach wenigen

Sprossen blieben sie jedoch stehen: Zu ihren Füßen begann das Wasser, ein schwarzes Wasser, das im Bauch des Schiffes hin und her schwappte. Regungslos und still blickten die Jungen der Piazza dei Dolori darauf: Auf dem Grund des Wassers sahen sie ein dunkles Leuchten von Stacheln: Kolonien von Seeigeln bewegten ihre Dornen. Und die Wände ringsum waren verkrustet mit der bärtigen Haut grüner Algen, die sich wie Rosenstöcke an das Eisen der Wände klammerten. Und am Rande der Wasserfläche wimmelten Krebse, Tausende von Krebsen, Krabben und Hummern in allen Formen und in jedem Alter; sie krochen auf ihren krummen, gesprenkelten Beinen dahin, ließen ihre Scheren auf- und zuschnappen und rissen die blicklosen Augen auf. Dumpf schwappte das Meer in dem Becken der eisernen Schiffswände und bespülte die flachen Krebsbäuche. Vielleicht war der ganze Laderaum voll von herumtastenden Krebsen, und eines Tages würde das Schiff sich auf den Krebsbeinen aufrichten und so durch das Meer wandern.

Sie stiegen wieder an Deck empor, auf das Vorderteil. Da sahen sie das Mädchen. Sie hatten es vorher nicht bemerkt, und doch sah es so aus, als sei es schon immer da gewesen. Es war ein Mädchen von ungefähr sechs Jahren, rundlich, mit langem, dichtem Haar. Die Kleine war von Kopf bis Fuß bronzebraun und trug nur eine kleine weiße Hose. Es war unbegreiflich, von woher sie gekommen sein konnte. Sie sah die Jungen nicht einmal an. Aufmerksam beobachtete sie eine Meduse, die rücklings auf den Planken des Decks lag und mit dem weichen Geschlinge ihrer Fangarme in der Luft umhertastete. Mit einem Stecken versuchte das Mädchen, die Meduse wieder auf die richtige Seite zu drehen.

Die Jungen der Piazza dei Dolori versammelten sich mit offenem Mund um die Kleine. Mariassa trat als Erster einen Schritt auf sie zu, zog den Schleim in der Nase hoch und sagte: »Wer bist du?«

Sie hob ihre blauen Augen im dunklen pausbäckigen

Gesicht; dann fing sie von Neuem damit an, der Meduse mit dem Stock auf die Beine zu helfen.

»Sie wird wohl zu der Bande vom Kleinen Stadion gehören«, meinte Carruba, der meistens an das Nächstliegende dachte.

Die Jungen vom Kleinen Stadion hatten auch Mädchen bei sich, die mit ihnen zum Schwimmen kamen und mit denen sie Ball spielten und auch Krieg mit Holzstöcken.

»Du bist unsere Gefangene«, sagte Mariassa.

»Leute!«, rief Cicin. »Fangt sie lebendig!«

Das Mädchen setzte sein Manöver mit der Meduse fort.

»Zu den Waffen!«, brüllte Paolo, der sich zufällig umgedreht hatte. »Die Bande vom Kleinen Stadion!«

Während sie auf das Mädchen achtgegeben hatten, waren die Jungen vom Kleinen Stadion, die den ganzen Tag im Meer verbrachten, unter Wasser herbeigeschwommen, lautlos an der Ankerkette emporgeklettert und gebückt über die Reling an Deck gelangt. Es waren kleine, untersetzte Burschen, geschmeidig wie Katzen, mit kurz geschorenen Köpfen und dunkelbrauner Haut. Ihre Badehosen, nicht so lang und nicht schwarz wie die der Dolori-Jungen, bestanden nur aus einem Fetzen weißer Leinwand.

Die Schlacht begann. Die Jungen der Piazza dei Dolori waren mager und nervig, bis auf Bombolo, den Dickwanst; doch aus vielen Zwistigkeiten mit der Bande von San Siro und der von den Grünanlagen, aus ihren Prügeleien in den kleinen Gässchen der Altstadt, waren sie als fanatische und glühende Kämpfer hervorgegangen. So kam es, dass die vom Kleinen Stadion zwar zuerst die Oberhand gewannen, weil sie die anderen überrumpelt hatten, aber dann klammerten die Dolori-Jungen sich an die Leitern, und es war unmöglich, sie von dort wegzureißen; um keinen Preis wollten sie an die Reling gedrängt werden, wo man leicht ins Wasser stürzen konnte und dann unten hätte weiterkämpfen müssen. Pier Lingera, dem stärksten und ältesten Kameraden, der nur mit ihnen kam, weil er sitzen geblieben war, gelang es endlich, einen vom Kleinen Stadion so weit zurückzudrängen, dass er über Bord fiel.

Da gingen die Jungen der Piazza dei Dolori zur Offensive über; und die vom Stadion, die sich im Wasser mehr zu Hause fühlten und als Realisten keinen übertriebenen Ehrenkodex mit sich herumschleppten, entglitten einer nach dem anderen ihren Feinden und sprangen ins Meer.

»Kommt uns doch nach ins Wasser, wenn ihr es hier mit uns aufnehmt!«, riefen sie.

»Leute! Mir nach!«, schrie Cicin und wollte sich schon kopfüber hinter ihnen herstürzen.

»Bist du verrückt? Im Wasser machen sie mit uns, was sie wollen«, sagte Mariassa und hielt ihn zurück. Dann überschüttete er die Fliehenden mit Schmähreden.

Die vom Kleinen Stadion fingen jetzt an, von unten Wasser hinaufzuspritzen, und sie machten das so gut, dass bald kein Platz mehr auf Deck trocken blieb. Schließlich wurden sie müde und schwammen davon, das Gesicht im Wasser und mit angewinkeltem Arm, nur ab und zu emportauchend, um zwischen dem Gesprüh Luft zu holen.

Die von der Piazza dei Dolori hatten das Feld behauptet. Sie gingen zum Bug: Das Mädchen stand immer noch dort. Es war ihm gelungen, die Meduse herumzudrehen, und jetzt bemühte es sich, das Tier mit dem Stecken hochzuheben.

»Sie haben uns eine Geisel zurückgelassen«, erklärte Mariassa.

»Leute! Eine Geisel!«, schrie Cicin begeistert.

»Feiglinge!«, brüllte Carruba hinter den Fliehenden her. »Die Frauen in den Händen der Feinde lassen!«

Sie hatten ein sehr empfindliches Ehrgefühl an der Piazza dei Dolori.

»Du kommst mit uns«, sagte Mariassa und wollte der Kleinen eine Hand auf die Schulter legen.

Sie bedeutete ihm durch ein Zeichen, stehen zu bleiben:

Eben wollte es glücken, die Meduse aufzuheben. Mariassa bückte sich, um zuzusehen. Da zog das Mädchen den Stock hoch, den Stock mit der darüber baumelnden Meduse, zog ihn höher, höher, warf Mariassa die Meduse ins Gesicht.

»Schwein!«, rief Mariassa spuckend und rieb sich die Backe.

Das Mädchen sah alle an und lachte. Dann drehte es ihnen den Rücken, ging bis an die Spitze des Bugs, hob beide Arme, führte sie an den Händen zusammen, sprang ab, wobei es die Arme wieder ausbreitete, wie ein Engel, tauchte ins Wasser und schwamm davon, ohne sich umzublicken. Die Jungen der Piazza dei Dolori standen regunglos.

»Sag mal«, fragte Mariassa und rieb sich das Gesicht, »stimmt's, dass die Medusen die ganze Haut verbrennen?«

»Wart es ab, dann weißt du's«, sagte Pier Lingera. »Auf jeden Fall ist's besser, wenn du gleich ins Wasser gehst.«

»Alé!«, stimmte Mariassa zu und machte sich mit den anderen auf den Weg.

Plötzlich blieb er stehen: »Von jetzt an müssen wir auch eine Frau in der Bande haben. Menin! Du bringst deine Schwester mit!«

»Meine Schwester ist doof«, erklärte Menin.

»Das macht nichts«, sagte Mariassa, »alé!«

Dann gab er Menin einen Stoß, dass der hinunterstürzte; zum Springen war er ja nun doch einmal nicht zu gebrauchen. Und die anderen warfen sich kopfüber hinter ihm her.

ANNA-KARIN PALM

Wie in einer Schale Wasser

Durch das leicht geöffnete Fenster weht ein Wind, so sacht, dass er fast nicht bis zu mir ins Zimmer dringt. Ich sehe, dass sich die Blätter des Hibiskus leicht bewegen und der Zimmerahorn zittert. Es ist wie in der Landschaft draußen: Die Bäume sind das Bild des Windes. Die letzte rote Blüte des Hibiskus wird allmählich knittrig; noch wirken die Blütenblätter feucht und saftig, aber ich weiß, wenn ich ans Fenster ginge, würde ich sehen, dass in ihrer Weichheit schon eine große Müdigkeit liegt. Diese Blume sieht im knospenden und im verblühenden Zustand sehr ähnlich aus.

Die Hibisken im Süden, an der Wand des weißen Hauses, waren fast so groß wie ich. Wenn ich sie morgens mit dem grünen Schlauch wässerte, nahm ich oft das Blatt einer aufgegangenen Blüte in die Hand, bedeckte mit seiner glatten, sanften Oberfläche meine Haut. Wenn sie sehr groß waren, dann waren sie fast durchsichtig, und ich konnte darunter die blauen Adern meiner Hand sehen. Simon sagte immer, die Falten dieser Knospen glichen den fleischigen Falten meiner Blüte, meiner feuchten Frucht.

So früh am Tag war die Sonne noch nicht heiß, verhalten flimmerte sie eben erst über dem Bergkamm, und ich sog die starken Gerüche ein: feuchte Pflanzen, nasse Erde, die mit Wasser überspülten weißen Steine rings um die Rabatten. »Hast du schon mal darauf geachtet, dass Steine duften?«, fragte ich Simon. Später kamen die starke, flirrende Hitze und der trockene, würzige Duft der Olivenbäume und

Zypressen. In den Laken, schweißzerknittert und voller Geheimnisse, sah man lange, nachdem wir sie verlassen hatten, noch dunkle Schatten von unseren Körpern. Endlos lange blieben die Fliegen völlig ruhig auf den dunkelsten Flecken sitzen, und ich schauderte, wenn ich sie sah.

Hier ist die Sonne nie heiß. Die Jalousien schneiden das Licht in Scheiben und verteilen es über den Tisch und den Fußboden zwischen mir und dem Fenster. »Du wirst bald wieder aufstehen«, sagen sie, wenn sie ihre Apfelsinen und raschelnden Zeitungen bringen. »Ja, ja sicher«, beteure ich, weil ich sehe, dass es ihnen bereits schwerfällt, sich in meinem Zimmer zu bewegen, wo die Luft jetzt so von mir erfüllt ist, dass sonst kaum jemand Platz hat. Es tut auch nicht mehr so weh; wenn ich ganz ruhig liege, wird es in meinem Körper still, und der anhaltende Schmerz entlang der Innenseite des Rückgrates lässt mich für einen Augenblick völlig klar werden. Krank sein bedeutet, langsam in das Gebäude geführt zu werden, das da Körper heißt: ein großes Haus mit seltsam fremden Räumen, in die selten Licht dringt. Ohne Karte, nur vom dumpfen Rauschen des Blutes auf seinem Weg durch das Herz begleitet, müssen wir durch die dunkelroten Kammern wandern. »In euren Körpern geht so viel vor«, sagte Simon verwundert, und ich dachte: *ich*, aber *mein* Körper. Die beiden waren wie ein Haus und seine Bewohner vereint, aber ein und dasselbe waren sie fast nie. Außer im Schmerz und in der Liebe.

Auf dem Fensterbrett fällt eine Sonnenscheibe auf die Steine, die ich von den Stränden mitgebracht habe. Die grauen, von dunkleren Streifen und bläulichen Linien durchzogenen, die sanft zitronengelben, die funkelnd weißen und die dünnen aprikosenfarbenen Scheiben. Die aus zwei Sorten Steinen von Zeit und Wasser zusammengepressten und die, die unter ihrer groben, rauen Oberfläche ein funkelndes Geheimnis bergen. Es liegen auch ein paar Muscheln auf dem Fensterbrett, aber die schaue ich mir jetzt nur noch selten an. Sie langweilen mich schneller als die Steine. Vielleicht befindet sich tief in meinem Körper, an einer verborgenen Stelle, ebenfalls ein Stein? Ich überlege mir manchmal, welche Form und Farbe er haben könnte, wie er sich in der Hand anfühlen würde.

Eines Morgens fuhren wir sehr früh ans Meer hinunter, noch ehe die Sonne über die Berge gestiegen war. Die Luft war etwas kühl und schummrig blau, dunstig. Die Dunkelheit vor Sonnenaufgang ist dort unten ganz anders als unsere spröden, dürftigen Morgendämmerungen: Sie wird tiefer und immer dichter, blauer, und plötzlich ist die Sonne da, und alles Blau wird von den Schatten aufgesogen. Der Strand war leer, das Meer sehr ruhig. In der Ferne hörte man die ersten Hähne und Zikaden ihre Töne proben. Simon stand am Rand des Wassers, und ich konnte seinem Rücken ansehen, was er dachte, und als er sich zu mir umdrehte, lag das ganze Meer in seinem Blick. »Zieh dich aus«, sagte er, und ich machte meine Knöpfe auf. Er war salzig und intensiv, sein Gesicht floss über vor Licht. Als ich auf den Rücken niedersank und die Beine an die Brust zog, hörte ich im rauen Gras um uns herum den Wind erwachen, und obwohl ich Simon eifrig entgegenkam, tat es plötzlich weh, als er in mich eindrang, ein blitzartig stechender Schmerz, der wieder verschwunden war, bevor ich ihn richtig wahrgenommen hatte. Wir waren nackt wie noch nie, und unsere Augen waren weit füreinander geöffnet. Je heftiger wir uns aneinanderwarfen, desto größer wurde unser Verlangen. Ich spürte einen kantigen Stein im Kreuz: zuerst als etwas Fremdes, Spitzes, das gegen meine Lust eindrang und sie überwältigen wollte, bald aber entdeckte ich, dass in mir auch so ein Stein war, etwas ebenso Hartes und Kantiges, das mit dem gleichen Druck und demselben Schmerz dagegenhielt; all das war ebenfalls meine Lust, weil ich in meinem Körper war, weil ich mein Körper war und Simon in meinem Körper war und um uns herum nur Himmel.

Ich trinke viel Tee. Wenn Freunde kommen, füllen sie die große Kanne, und die Schlucke, die ich im Laufe des Tages trinke, werden immer kühler, bis der letzte so kalt ist wie die Abenddämmerung hier. Die Tasse ist blau und hat in die Glasur eingeritzte weiße Schnörkel; ich lese immer weniger, verfolge aber den Verlauf dieser weißen Zeichen und den Weg des roten Blutes in meinem Körper. Immer mehr entzieht sich mir und verblasst, zurück bleibt die laute Stille des Körpers. Ich liege stundenlang da und horche auf das Gurgeln, Blubbern, Brodeln in meinem Innern: diese Geräusche, die ich auch bin. Wenn ich die roten Fluten sehr aufmerksam entlangfahre, finde ich vielleicht den Raum, in dem mein Stein in seinem Dunkel ruht. Ich will nicht glauben, dass auch er mir unter dem stummen Licht der Operationslampen entnommen wurde. Vielleicht wird die Wunde der Anfang eines weiteren Steins? Ich vereine all mein Dunkel um sie und stelle mir vor, dass der Schmerz und das Verlangen des Körpers sich zu einem Stein oder einer Perle verhärten, verdichten. Und vielleicht wird noch jemand, wie Simon, alles hinter sich lassen wollen, um diesen Schatz zu suchen. So, wie ich alles zurückgelassen habe, um einer zu werden. Sein Versteck habe ich nie gefunden, obwohl wir im Lauf der Jahre so viele Karten angefertigt haben, neue Hautfalten und Plätze, Erinnerungen und Wünsche eingeritzt haben.

Vielleicht stehe ich tatsächlich bald auf, wie sie sagen. Vielleicht lasse ich das gesamte Schweigen dieses Raums hinter mir, ohne mich daran zu erinnern; so, wie wenn Menstruationsschmerzen, die stundenlang gewütet haben, mit einem Mal aufhören und im Körper alles weich und still wird. Schon wenn der Schlaf kommt, ist der Schmerz nicht mehr wirklich, nicht einmal mehr eine Erinnerung: ein Flirren *davor* und ein Liebkosen *danach*, mehr ist da nicht.

Simons Körper war nie ein Rätsel für ihn, es gab nie eine Kluft zwischen ihm und seinem Körper. Sein Skelett war sehr hart, und das Licht drang in breiten Bahnen durch dessen Gestänge. In Simon war alles Licht und offener Raum, alles war zweckmäßig. Wir konnten stundenlang im Bett bleiben, unsere Unterschiede berühren. Wir liebten einander, aber gleich dem Schmerz bleibt die Lust nicht im Gedächtnis haften. Wir erinnern uns, dass wir etwas gefühlt haben, aber nicht an das Gefühl selbst: Es existiert nur in dem einen Augenblick. In dem weißen Haus wurde der Fußboden von der grauweißen kreidigen Erde fleckig, und unsere Fußsohlen wurden hart, ledrig und staubig. Der Kaffee war stark und süß, und die Haut brannte oft von gespeicherter Sonne und Begierde. Simon liebte all die dunklen Geheimnisse meines Körpers, aber ich sehnte mich danach, draußen im Licht mit ihm zusammenzukommen, in den offenen Ebenen, wo die großen Vögel der Erinnerung mit Augen, denen nichts entgeht, über das gelbe Gras fliegen. Vielleicht war das der Irrtum: Simon hatte keinen Stein in sich, sondern Wasser, eine salzige Quelle. Er suchte das Vergessen des Meeres in mir, doch ich wollte den Stein der Wachheit.

Auch das verblasst. Wenn es Abend wird, vertiefen sich die Farben der Gegenstände um mich herum, und bald fallen die Blüten des Hibiskus ab. Ich werde aufstehen. Ich versuche in meinen hohlen Händen mein Leben zu sammeln wie in einer Schale Wasser, das von keinen Winden gekräuselt wird. Das Licht sickert durch die blassroten Ränder der Finger, als wären sie aus transparentem Glas, und ich lasse das Wasser sacht hin und her schwappen. Es ist so klar, dass es nicht einmal ein Spiegelbild enthält, und der Duft der Steine streicht in leichten Wolken über seine Oberfläche.

ETGAR KERET
Heilbutt

Seit ich in Israel zurück bin, kommt mir alles anders vor. So irgendwie stinkig, traurig, matte Sache. Sogar die Mittagessen mit Ari, die mir früher mal den Tag verschönt haben, sind zur Last geworden. Er wird demnächst seine Nesja heiraten, und das will er mir heute, total überraschend, sagen. Und ich, wie könnte ich anders, ich werde dermaßen überrascht sein – als ob es mir der zwinkernde Ofer nicht streng geheim schon vor vier Tagen erzählt hätte. Er liebt sie, seine Nesja, wird Ari sagen und mir seinen Blick tief in die Augen tauchen. »Diesmal«, wird er mit seiner sonoren und ungemein überzeugenden Stimme tönen, »diesmal ist es echt das Wahre.«

Wir verabredeten uns in einem Fischlokal am Meer. Es gibt momentan eine Wirtschaftsflaute, und die Läden sind auf geradezu lächerliche Preise runtergegangen, bloß damit wir kommen. Ari sagte, dass die Rezession für uns nur gut ist, denn wir – auch wenn wir das vielleicht noch nicht so ganz gefressen hätten –, wir sind reich. Eine Rezession, erklärte Ari, ist schlimm für die Armen, was heißt hier schlimm – tödlich. Aber für die Reichen? Das ist wie ein Bonus bei Flugmeilen. Alle Sachen, die du einmal gemacht hast, kannst du ohne Preisaufschlag eine Nummer aufwerten. Und hopp! Der Johnny Walker wechselt das Etikett von Rot zu Schwarz, und die vier Tage plus Halbpension werden zu einer Woche, wenn du nur kommst, bloß kommen, kommen sollst du. »Ich hasse dieses Land«, sagte ich zu ihm, während wir auf die Speisekarte warteten, »ich würde für immer die Kurve kratzen, wenn das Geschäft nicht wär.«

»Also du liebe Zeit, aber echt«, Ari legte einen Fuß samt Sandale auf den Stuhl neben sich, »wo sonst auf der Welt findest du so ein Meer?«

»In Frankreich«, sagte ich zu ihm, »in Thailand, in Brasilien, in Australien, in der Karibik ...«

»Na gut, dann fahr eben«, unterbrach er mich unbekümmert, »nach dem Essen, noch ein kleiner Kaffee, und los!«

»Ich habe gesagt«, betonte ich, »dass ich fahren würde, wenn das Geschäft nicht ...«

»Das Geschäft«, Ari ließ einen Lacher los, »das Geschäft«, und winkte sofort der Bedienung nach der Speisekarte.

Die Bedienung kam mit den Empfehlungen des Tages, und Ari musterte sie mit dem komplett interesselosen Blick von jemandem, der in eine andere verliebt ist. »Und als Hauptgang«, sie zeigte ein natürliches, gewinnendes Lächeln, »gibt es rote Thunfischscheiben in Butter und Pfeffergratin, Heilbutt auf Tofubett in Kräuterduft und sprechenden Stockfisch an Salz und Zitrone.«

»Ich nehme den Heilbutt«, sagte Ari wie aus der Pistole geschossen.

»Was ist ein sprechender Stockfisch?«, fragte ich.

»Das ist ein roh angerichteter Fisch. Er ist ein wenig gesalzen, aber nicht eingelegt ...«

»Und der sprechende Stock?«, unterbrach ich sie.

»Ich kann den Heilbutt sehr empfehlen«, fuhr die Bedienung mit einem Nicken fort, »den Stockfisch habe ich noch nie probiert.«

Gleich beim ersten Gang erzählte Ari von der Heirat mit Nesja, beziehungsweise mit Nasdaq, wie er sie gerne nennt. Den Namen hat er erfunden, als das Nasdaq-System noch im Aufschwung war, und hat sich nie die Mühe gemacht, ihn zu aktualisieren. Ich wünschte ihm viel Glück und sagte, dass ich mich freute. »Ich auch«, Ari versank noch ein klein wenig weiter im Sessel, »ich auch. Was geht uns denn ab im Leben, uns zwei, ha? Ich mit Nasdaq, du ... allein, vorübergehend. Eine gute Flasche Weißwein, Klimaanlage, Meer.«

Die Fische trafen eine Viertelstunde später ein, der Heilbutt war, Aris werter Ansicht nach, überragend. Der Stockfisch – schwieg. »Dann redet er halt nicht«, zischte Ari, »dann eben nicht. Du meine Fresse, fang mir jetzt bloß nicht an, diese Glubschaugen zu machen. Ganz ehrlich wahr, da hab ich keinen Nerv für.« Und als er sah, dass ich weiter nach der Bedienung winkte, schlug er vor: »Nimm einen Bissen – wenn's nicht schmeckt, lass es zurückgehen. Aber probier wenigstens vorher.« Die Bedienung näherte sich mit dem gleichen gewinnenden Lächeln wie beim vorigen Mal. »Der Fisch ...«, sagte ich zu ihr. »Ja?«, fragte sie und reckte ihren ohnehin schon langen Hals.

»Er spricht nicht.« Die Bedienung kicherte etwas komisch und beeilte sich mit der Erklärung: »Das Gericht nennt man sprechender Stockfisch als Indikation für die Art von Fisch, der in diesem Fall von einer Gattung ist, die eigentlich sprechen kann, aber nur weil er es kann, besagt das noch lange nicht, dass er auch jederzeit spricht.«

»Ich verstehe nicht ...«, setzte ich an.

»Was gibt es da zu verstehen«, überrollte mich die Bedienung, »das ist ein Restaurant hier, kein Karaoke. Aber wenn er Ihnen nicht schmeckt, tausche ich ihn gerne aus ... wissen Sie was? Ich tausche ihn auch einfach so gern für Sie um ...«

»Ich will aber nicht, dass Sie ihn austauschen«, beharrte ich unsinnigerweise, »ich will, dass er redet.«

»Das geht in Ordnung«, intervenierte Ari, »man braucht nichts auszutauschen. Alles hier ist ganz ausgezeichnet.«

Die Bedienung schenkte ein drittes identisches Lächeln aus und entfernte sich. Ari sagte: »Mensch, ich heirate. Kapierst du das? Ich heirate die Liebe meines Lebens. Und diesmal«, er schob eine Pause von zwei Sekunden ein, »diesmal ist es echt das Wahre. Das ist ein Festmahl, dieses Essen, also komm und iss gefälligst mit mir, du Saftarsch. Ohne Fische und ohne Gezeter über Israel. Freu dich einfach mit mir, mit deinem besten Freund, in Ordnung?«

»Ich freu mich ja«, sagte ich, »ehrlich.«

»Dann iss jetzt endlich diesen hässlichen Fisch«, flehte er.

»Nein«, sagte ich und verbesserte mich sofort, »noch nicht.«

»Jetzt, jetzt gleich«, drängte mich Ari, »jetzt sofort, bevor er kalt wird – oder lass ihn zurückgehen. Aber nicht so. Nicht mit ihm auf dem Tisch und mit dir stockstumm ...«

»Er wird nicht kalt«, berichtigte ich, »er ist praktisch roh. Und ich muss ja nicht stumm sein, wir können doch reden ...«

»Gut«, sagte Ari, »nicht nötig«, und stand entnervt vom Tisch auf, »mir ist sowieso die Lust vergangen.« Er zückte eine Hand nach der Brieftasche, aber ich hielt ihn zurück. »Lass mich dich einladen«, bat ich, ohne aufzustehen, »zu Ehren der Hochzeit, trotz allem.«

»Fick dich doch ins Knie«, zischte Ari, ließ jedoch von der Brieftasche ab, »wieso versuch ich überhaupt, dir was von Liebe zu erklären. Du Homoscheißer, gebe Gott, du wärst wenigstens einer – du Asexueller ...«

»Ari ...«, versuchte ich, ihn zu stoppen.

»Jetzt schon«, Ari stach mit einem Finger in die Luft, »ich weiß jetzt schon, dass ich's nachher bereuen werde, dass ich das gesagt hab. Aber nur weil ich's bereuen werde, ist es nicht weniger richtig.«

»Viel Glück.« Ich versuchte, ihn mit einem dieser natürlichen Lächeln wie die von der Bedienung anzulächeln, er machte eine halb abwinkende, halb verabschiedende Bewegung und ging.

»Alles in Ordnung?«, signalisierte die Bedienung pantomimisch von Weitem. Ich nickte. »Rechnung?«, setzte sie in Zeichensprache fort. Ich schüttelte den Kopf. Ich blickte durch die Glasscheibe aufs Meer hinaus – ein bisschen dreckig, aber mit ganz schön Power. Ich blickte auf den Fisch – er lag mit geschlossenen Augen auf dem Bauch, sein Leib hob und senkte sich, als ob er atmen würde. Ich wusste nicht, ob es ein Rauchertisch war, aber ich zündete mir trotzdem die Zigarette danach an. Ich war nicht wirklich hungrig. Es war nett hier, gegenüber dem Meer – bloß schade wegen dem Glas dazwischen und der Klimaanlage statt einer Brise. Ich hätte stundenlang so vor dem Wasser sitzen können. »Mach hier die Fliege«, flüsterte mir der Fisch zu, ohne die Augen zu öffnen, »nimm dir ein direktes Taxi zum Flughafen, und steig in das erste Flugzeug, das ausläuft, egal, wohin.«

»Aber ich kann nicht so einfach«, erklärte ich mit langsamer, deutlicher Stimme, »ich habe Verpflichtungen hier, ein Geschäft.« Der Fisch verfiel wieder in Schweigen und ich auch. Nach fast einer Minute fügte er hinzu: »Lass es, lass mich in Ruh. Ich hab eine Depression.«

Sie setzten mir den Fisch nicht auf die Rechnung. Stattdessen boten sie mir einen Nachtisch an, und als ich den nicht wollte, zogen sie mir ganz einfach fünfundvierzig Schekel ab. »Es tut mir leid ...«, sagte die Bedienung und setzte sofort mit der Erläuterung nach, »dass Sie keine Freude hatten.« Und nach einer weiteren Sekunde präzisierte sie: »An dem Fisch.«

»Nein, nein«, protestierte ich, während ich auf dem Handy eine Taxinummer wählte, »der Fisch war hundertpro. Überhaupt, ihr habt einen echt netten Platz hier.«

ERNEST HEMINGWAY

Katze im Regen

Nur zwei Amerikaner wohnten im Hotel. Von all den Leuten, die ihnen auf ihrem Weg in ihr Zimmer auf der Treppe begegneten, kannten sie niemanden. Ihr Zimmer war in der zweiten Etage mit dem Blick aufs Meer und auch auf die öffentlichen Anlagen und das Kriegerdenkmal. In den öffentlichen Anlagen gab es große Palmen und grüne Bänke. Bei gutem Wetter war da immer auch ein Maler mit seiner Staffelei. Maler mochten die Art, wie die Palmen wuchsen, und die leuchtenden Farben der Hotels, die den Gärten und dem Meer gegenüberlagen. Italiener kamen von weit her, um an dem Kriegerdenkmal emporzusehen. Es war aus Bronze und glänzte im Regen. Es regnete. Der Regen tropfte von den Palmen. Wasser stand in den Pfützen auf den Kieswegen. Das Meer durchbrach in einer langen Linie den Regen, glitt über den Strand zurück und kam herauf, um sich wieder in einer langen Linie im Regen zu brechen. Die Autos waren von dem Platz beim Kriegerdenkmal verschwunden. Auf der Schwelle eines gegenüberliegenden Cafés stand ein Kellner und blickte über den leeren Platz.

Die junge Amerikanerin stand am Fenster und sah hinaus. Grad unter ihrem Fenster hockte eine Katze unter einem der von Regen triefenden Tische. Die Katze suchte sich so zusammenzuballen, dass es nicht auf sie tropfen konnte.

»Ich geh runter und hole das Kätzchen«, sagte die junge Amerikanerin.

»Ich werd's machen«, erbot sich ihr Mann vom Bett her.

»Nein, ich hol's. Das arme Kätzchen da draußen; was es sich anstrengt, um unter dem Tisch trocken zu bleiben.«

Ihr Mann las weiter; er lag am Fußende des Bettes auf die zwei Kopfkissen gestützt.

»Werd nicht nass«, sagte er.

Seine Frau ging hinunter, und der Hotelbesitzer stand auf und verbeugte sich, als sie am Büro vorbeikam. Sein Pult stand ganz hinten im Büro. Er war ein alter und sehr großer Mann.

»Il piove«, sagte die Frau. Sie mochte den Hotelbesitzer.

»Si, si, Signora, brutto tempo. Es ist sehr schlechtes Wetter.«

Er stand hinter seinem Pult in der Tiefe des dämmrigen Zimmers. Die Frau mochte ihn. Sie mochte die todernste Art, mit der er alle Beschwerden entgegennahm. Sie mochte seine Würde. Sie mochte die Art, wie er ihr gegenüber immer dienstbereit war. Sie mochte, wie er sich als Hotelbesitzer fühlte. Sie mochte sein altes, schweres Gesicht und seine großen Hände.

Sie mochte ihn, machte die Tür auf und sah hinaus. Es regnete stärker. Ein Mann in einem Gummicape überquerte den leeren Platz zum Café. Rechts um die Ecke musste die Katze sein. Vielleicht konnte sie unter der Dachtraufe trocken bis hin gelangen. Während sie auf der Schwelle stand, öffnete sich hinter ihr ein Regenschirm. Es war das Mädchen, das ihr Zimmer aufräumte.

»Sie sollen nicht nass werden«, sagte sie lächelnd auf Italienisch. Natürlich hatte sie der Hotelbesitzer geschickt.

Das Mädchen hielt den Schirm über sie, während sie auf dem Kiesweg unter ihr Fenster ging. Der Tisch stand da, vom Regen hellgrün gewaschen, aber die Katze war fort. Sie war plötzlich enttäuscht. Das Mädchen sah fragend zu ihr auf.

»Ha perduto qualque cosa, Signora?«

»Da war eine Katze«, sagte die junge Amerikanerin.

»Eine Katze?«

»Si, il gatto.«

»Eine Katze?«, lachte das Mädchen. »Eine Katze im Regen?«

»Ja«, sagte sie, »unterm Tisch«, und dann: »Ach, ich wollte sie so gern haben. Ich wollte so gern ein Kätzchen haben.«

Als sie englisch sprach, nahm das Gesicht des Zimmermädchens einen verschlossenen Ausdruck an.

»Kommen Sie, Signora«, sagte sie, »wir müssen wieder hinein, Sie werden sonst nass.«

»Vermutlich«, sagte die junge Amerikanerin.

Sie gingen den Kiesweg zurück und überschritten die Schwelle. Das Mädchen blieb draußen, um den Schirm zuzumachen. Als die junge Amerikanerin an dem Büro vorbeiging, verbeugte sich der Padrone hinter seinem Pult. Sie fühlte sich innerlich irgendwie sehr klein und wie zugeschnürt. Beim Anblick des Padrone fühlte sie sich sehr klein und gleichzeitig wirklich wichtig. Einen Augenblick hatte sie ein Gefühl von höchster Wichtigkeit. Sie ging weiter, die Treppe hinauf. Sie öffnete die Zimmertür. George lag lesend auf dem Bett.

»Hast du die Katze?«, fragte er und legte das Buch hin.

»Sie war weg.«

»Wo sie wohl hin sein mag?«, sagte er, während er seine Augen vom Lesen ausruhte.

Sie setzte sich aufs Bett.

»Ich wollte sie so furchtbar gern haben«, sagte sie. »Ich weiß eigentlich gar nicht, warum ich sie so gern haben wollte. Ich wollte das arme Kätzchen haben. Es ist kein Spaß, ein armes Kätzchen draußen im Regen zu sein.«

George las wieder.

Sie ging hinüber, setzte sich vor den Spiegel ihres Toilettentisches und besah sich in ihrem Handspiegel. Sie besah sich prüfend ihr Profil, erst eine Seite, dann die andere. Dann betrachtete sie ihren Hinterkopf und ihren Nacken.

»Was meinst du, wäre es nicht eine gute Idee, wenn ich meine Haare wachsen ließe?«, fragte sie und besah sich nochmals ihr Profil.

George blickte auf und sah ihren Nacken, der wie bei einem Jungen ausrasiert war.

»Ich mag es so, wie es ist.«

»Ach, ich hab's so über«, sagte sie. »Ich hab's so über, wie ein Junge auszusehen.«

George veränderte seine Lage auf dem Bett. Er hatte, seitdem sie redete, nicht von ihr weggesehen.

»Du siehst ganz verteufelt hübsch aus«, sagte er.

Sie legte den Spiegel auf den Toilettentisch, ging zum Fenster hinüber und sah hinaus. Es wurde dunkel.

»Ich möchte meine Haare ganz straff und glatt nach hinten ziehen und hinten einen schweren Knoten machen, den ich wirklich fühlen kann«, sagte sie. »Und ich möchte ein Kätzchen haben, das auf meinem Schoß sitzt und schnurrt, wenn ich es streichle.«

»Wahrhaftig?«, sagte George vom Bett her.

»Und ich will an meinem eigenen Tisch mit meinem eigenen Besteck essen, und ich will Kerzen. Und ich will, dass es Frühling ist, und ich will mein Haar vor dem Spiegel richtig bürsten können, und ich will ein Kätzchen haben, und ich will ein paar neue Kleider haben.«

»Nun hör schon auf, und nimm dir was zu lesen«, sagte George. Er las wieder.

Seine Frau sah aus dem Fenster. Draußen war es jetzt ganz dunkel, und es regnete immer noch in den Palmen.

»Auf jeden Fall will ich eine Katze haben«, sagte sie. »Ich will eine Katze haben. Ich will sofort eine Katze haben. Wenn ich keine langen Haare oder sonst ein bisschen Spaß haben kann, eine Katze kann ich haben.«

George hörte nicht zu. Er las sein Buch. Seine Frau sah aus dem Fenster auf den Platz, wo die Laternen jetzt angezündet waren.

Jemand klopfte an die Tür.

»Avanti«, sagte George. Er sah von seinem Buch auf.

In der Tür stand das Zimmermädchen. Sie hielt eine große, schildpattfarbene Katze eng an sich gepresst, die an ihrem Körper herunterhing.

»Verzeihung«, sagte sie. »Der Padrone sagte, ich soll dies der Signora bringen.«

MEHMET GÜNSÜR

Caïque

Die Sonne ging gerade auf, als wir Kaş passierten. Noch am Vormittag wollte ich vor Anker gehen.

Sie waren spät gekommen und hatten sich sofort hingelegt. Am Flughafen war ihr Gepäck verloren gegangen, sie hatten lange warten müssen. Wir stachen in See, noch bevor sie eingeschlafen waren. Ein Belgier mit seiner Tochter. Der Mann sah etwa zehn Jahre älter aus als ich. Seine Tochter war etwas über zwanzig. In der Dunkelheit der Nacht hatte ich sie beide nicht so richtig sehen können. Sie aßen eine Fertigsuppe und richteten sich in ihren Kajüten ein. Der Mann nahm eine Flasche Whiskey, Kerzen und ein kleines Glas mit. Jetzt schliefen sie.

Am Donnerstag hatte jemand im Dorf angerufen und gesagt, es gebe einen Auftrag. Und ich suchte diese Jacht aus. Sie war neu, und ich freute mich auf die Fahrt damit. Ihr Name gefiel mir: Caïque. Soweit ich weiß, ist das ein Wort, das aus dem Arabischen ins Französische gelangt ist. Ein bekanntes Boot.

Die Sonne ging über dem Land auf, hinter den Gipfeln. Der Wind wehte sanft. Im Kielwasser folgten uns Kormorane. Ich fuhr halbe Kraft voraus, vier, fünf Knoten schnell. Während ich meinen Kaffee trank und eine Zigarette rauchte, dachte ich darüber nach, was auf einer Tour mit zwei Gästen alles passieren konnte. Auf ihrer Einkaufsliste – und jetzt in den Schränken verstaut – gab es viel zu viel Alkohol. Als der Mann aus dem Taxi gestiegen war, hatte ich eine trotzige Trunkenheit gespürt. Sie sprachen kein Wort miteinander. So etwas meine ich.

Kastellorizon hatte ich steuerbord hinter mir gelassen, jetzt näherte ich mich der Insel Meyisti. Es machte mir Spaß, die Küstenwache zu reizen und mich mit ihren Schnellbooten zu messen. Ich spähte durch das Fernglas. Es war nichts zu sehen, sie schliefen.

Hinter uns tauchten Delfine auf. Eine Weile folgten sie uns, dann verschwanden sie. Ein leichter Wind kam vom Meer her auf und wehte zum Land. Die kalkigen Felsen am Ufer waren in einen dunkelblauen Dunst gehüllt. Es waren hohe, harte Felsen – Falten ägäischer Seebeben. Wir glitten an tiefen Schluchten, an winzigen Sandstränden vorbei, die zwischen Höhlen eingekeilt waren. Ziegen tauchten als rege weiße und schwarze Flecken auf. Ich war unausgeschlafen, meine Augen brannten. Ich fixierte das Steuer und ging nach unten. Der Mann schlief tief, man hörte sein rhythmisches Schnarchen. Die Türen der Kajüten waren verschlossen. Der Tisch im Aufenthaltsraum war vollgestellt: zwei Fotoapparate, Zigarettenstangen, leere Suppentassen, ein kleiner Türkei-Reiseführer, Flugtickets, ein Teddybär, griechische Zeitungen, ein halbes Brot, eine kleine grüne Tasche – Make-up? – und Reiseutensilien.

Vor gut zwei Jahren, als ich mich im Dorf niedergelassen hatte, gab es nur eins, was ich tun wollte: schreiben. Ein sehr bescheidenes Leben. Ich begnügte mich mit dem Notwendigsten: Oliven, Olivenöl, Wein, Tee, Fisch, Reis und das Brot, das man im Dorf buk, etwas Gemüse. Ich hatte ein einziges Buch mitgenommen: »Das Mittelmeer und die mediterrane Welt in der Epoche Philipps II.« von Braudel. Zwei Bände. Ich wollte für mich selbst schreiben. Um mich zu erinnern. Oder um einige Dinge aufzuzeichnen. In den Sommermonaten übernahm ich ein paar Touren, verdiente nicht schlecht damit, es reichte für den Winter. Im Steinhaus mit dem Balkon zwischen den Olivenbäumen wohnte ich komfortabel. Ich schrieb Seiten, Sätze, kurze Texte über die Terra Ferma, das alte Ghetto Venedigs, über die Transhumanzkultur Kastiliens, über Dromedare und zentralasiatische Kamele, arabische und türkische Revolutionen, über die Jahreszeiten, über den Atlantik und die Sahara. Ich las sie immer wieder und beschäftigte mich nur damit. Niemand außer mir hatte diese Texte gelesen. Ich arbeitete gut.

Ich passierte die Meerenge gegenüber Üçağız, die Insel Geyikova lag backbord. Zehn Minuten später ging ich vor dem Kale, Pension und Restaurant zugleich, vor Anker. Der Besitzer war Büyük Salih. Die Kinder kamen mit Booten und befestigten die Jacht. Vater und Tochter schliefen. Ich räumte ein wenig auf und ging dann im Meer baden. Am Ufer ging ich ins Restaurant und bestellte mir ein Frühstück: eine Omelette aus drei Eiern mit Ziegenkäse und Petersilie, Honig und Tee. Während ich aß, unterhielt ich mich mit Salih. Wir sprachen über die Saison, die Gäste, die lokalen Wahlen, darüber, dass »die Mark stark gestiegen ist« und »die Wasserzisternen nicht ausreichen« – wie immer eben.

Ich sah, dass der Mann an Deck gestiegen war. Er blickte sich um.

»Steig ins Boot und komm her«, rief ich ihm zu.

Der Belgier war ein großer Mann mit weißem Schnurrbart, sehr kurzen Haaren und einem strengen Gesicht. In einer Gewandtheit, die vermuten ließ, dass er kein Anfänger war, stieg er ins Boot, zog sich am Seil zum Ufer, vertäute das Boot.

»Wie hast du diese Stelle entdeckt, Skipper? Gibt es tatsächlich noch solche Plätze auf der Welt?«, rief er, als er aus dem Boot stieg.

»Das hier ist ein dreitausend Jahre altes Piratenversteck«, antwortete ich.

Er wirkte ein wenig nervös, setzte sich nicht an den Tisch. Bei Salih bestellte er ein Bier, nahm die Flasche und lief den

Berg hinauf, ins Dorf hinein. Dann kam auch die Tochter an Deck. Ich winkte ihr zu.

»Wie komme ich hinüber?«, rief sie.

»Die Kinder holen dich.«

Sie hatte über den Badeanzug ein sehr buntes indisches Hemd gewickelt. Ihre Haltung war aufrecht und sicher. Die langen Haare hatte sie zusammengebunden.

»Wo ist mein Vater?«, fragte sie, als sie sich an den Tisch setzte.

»Irgendwo da oben, er sucht nach den Lykiern.«

Sie bestellte Joghurt, Honig und Brot. Sie hatte hellbraunes Haar, grüne Augen und eine kleine Nase. Sie schien sich nicht darum zu kümmern, wo sie sich befand.

»Gibt es hier Thymian?«

»Warum?«

»Ich muss ihn fotografieren.«

Sie studierte Agrarwissenschaften in Rom. Ihre Mutter war Italienerin. In den Sommermonaten arbeitete sie als Touristenführerin. Sie war zweiundzwanzig Jahre alt.

Der Mann kam zurück. Er schwitzte. Sein Bier hatte er ausgetrunken. Er gab Salih ein Zeichen, bestellte noch ein Bier.

»Ich bin zur Burg hochgestiegen. Aber sie ist geschlossen.«

»Wo sind wir hier?«, fragte seine Tochter.

»In einem dreitausend Jahre alten Piratenhafen«, antwortete er.

»Wo hast du Französisch gelernt, Skipper?«

»Im Gymnasium. Du musst mich nicht Skipper nennen, ich heiße Mehmet. Wenn dir das zu schwer ist, kannst du auch Mee-mee zu mir sagen. Wie ein Menschenfresser.«

»Gut, Mee. Und wo hast du die Seefahrerei gelernt?«

»Bei der Marine.«

»Was?! Bist du Offizier?«

»Nein, nicht mehr. Ich war Hauptmann.«

»Wo lebst du?«

Ich erzählte ihnen vom Dorf, verschwieg aber, dass ich schrieb.

»Und was machst du?«, erkundigte ich mich.

Er lebte in Athen, seit zehn Jahren, war plastischer Chirurg. Er mochte Belgien nicht.

»Ich richte die Brüste von reichen Frauen in einer Klinik in Athen …«

»Iss doch was.«

»Was kann man hier essen?«

»Willst du Fischsuppe? Von gestern Abend, sogar von vorgestern. Je weniger davon übrig bleibt, umso mehr Mehl, Reis, Kräuter, Öl, Wasser und Fischreste, die die Gäste nicht aufessen, Fischköpfe und Gräten werden hinzugefügt. Der Topf köchelt die ganze Saison lang vor sich hin. Eine sehr schmackhafte Suppe.«

Er hielt inne, staunte, spielte mit seinem Schnurrbart, kratzte sich am Kopf. Dann begann er zu lachen.

»Woher kommst du, Mann?«

»Mein Freund will eine Suppe«, sagte ich zu Salih.

»Wird die Burg heute nicht geöffnet?«, fragte die Tochter.

Ich antwortete, dass ich das nicht wisse.

»Ich gehe Thymian sammeln«, sagte sie dann und stand auf.

»Ich liebe dieses Mädchen sehr, weißt du?«, erklärte der Mann. »Ihre Mutter und ich waren gut zehn Jahre verheiratet. Wir haben in Rom gewohnt. Sie ist ein paar Jahre älter als ich, Philosophieprofessorin an der Universität dort. Dieses Mädchen ist sehr klug. Sie ist uns beiden nicht ähnlich. Schöner als wir. Sie ist ruhig und sehr abgeklärt. Sie denkt, dass der Mensch nicht die Krone der Schöpfung ist.«

»Sieht man den Menschen als die Krone der Schöpfung, kann man auch weitergehen und ihn über alles stellen, behaupten, er habe das Recht, alles zu tun«, sagte ich. Er hörte mir nicht zu. Er schien seine Gedanken ordnen zu wollen.

»Dieses Mädchen hat das Wesentliche gefunden. Das ist nicht vom Alter abhängig! Wenn du suchst, genügt es, eine einzige Sache zu finden. Eine einzige Gewissheit reicht aus. Daraus kannst du alles ableiten. Und das kannst du tun oder lassen. Da wird klar, was für ein Mensch man ist.«

»Hast du es nicht gefunden?«

»Doch, aber dann habe ich es wieder verloren. Jetzt bin ich erneut auf der Suche.«

Wir schwiegen. Ich bestellte einen Bohnensalat und ein Glas Weißwein. Fragte nach Fisch für den Abend. Es sollte einen zwei Kilo schweren Weißen Zackenbarsch geben.

»Heb ihn für uns auf«, bat ich Salih.

Es gab außer uns noch drei weitere Jachten, zwei Gypsies unter französischer Flagge und einen Achterschoner, darauf eine große Gruppe von Deutschen. Junge Menschen, sie hörten Dire Straits.

»Heute Nacht schlafen wir hier, und morgen besuchen wir die ›Shenandoah‹«, sagte ich.

»Was ist das und wo?«

»Eine Überraschung des Hauptmanns!«

Das Mädchen kam mit Thymian und anderen Kräutern zurück.

»Weißt du, Vater, ich habe eine Schlange gesehen, sie ist nicht vor mir geflüchtet. Es war nämlich eine schwarze, blinde Schlange. Und ich habe vier Katzen gesehen. Hier gibt es viele Katzen ...«, erzählte sie aufgeregt. Dann begannen sie italienisch zu sprechen. Ich bekam Sehnsucht nach meiner Tochter. Ich ging zur Hängematte unter der Laube und legte mich schlafen.

Als ich wieder erwachte, war es schon nach fünf Uhr. Ich hatte einen kühlen und ruhigen Schlaf gehabt und geträumt: Ich war Kapitän der »Shenandoah«. Wir fuhren auf dem Pazifik. Helikopter griffen uns an. Die Matrosen feuerten aus alten Waffen mit sehr langen Gewehrläufen auf die Helikopter. Es waren Piratenhelikopter. Der kranke Schwarze, der Schwarze von Narcissus, kam schreiend an Deck und sprang ins Wasser. Ich brachte die »Shenandoah« hierher und versteckte sie. Wie Hamide im Ersten Weltkrieg. Dann bereitete ich gegarten Weißen Zackenbarsch im Backofen zu. Ohne Pilze und ohne Mehl.

»Wo sind meine Leute?«, fragte ich Salih.

»Sie sind mit dem Boot auf die Insel gefahren. Der Mann trinkt sehr viel Bier.«

»Soll er nur ... Komm, hol uns auch eins.«

Später brachten mich die Kinder mit einem Boot auf die Jacht. Es waren Mädchen, die umhäkelte Kopftücher an die Touristen verkauften. So alt wie meine Tochter. Sie lachten immer. Sie verkauften auch mir ein dunkelblaues Tuch, dessen Ränder mit winzigen Krebsschalen geschmückt waren.

Ich reinigte das Deck und das Wasserbecken. Dann rief ich die Agentur an und berichtete, dass alles in Ordnung sei. Erkundigte mich nach der »Shenandoah«. Morgen früh würde sie von der Insel der Schiffe ablegen und in unsere Richtung fahren, hieß es. Gegen Mittag würden wir sie sehen können.

Die Jacht gefiel mir immer besser. Sie war zwölf Meter lang, weiß, in Marseille aus Fiberglas gebaut. Am nächsten Tag würde sich herausstellen, wie sie unter Segeln fuhr.

Ich kochte mir einen Kaffee, setzte mich und las ein wenig.

Mein gesunder Menschenverstand / Deine Beerdigung / Ich sah dich dort zum dritten Mal / Es schneite / Ich aber stritt hinter deinem Sarg mit den Totengräbern wegen ihres Trinkgeldes / Du hattest zwei Dinge auf dieser Welt geliebt / Einen Papagei / und die rosaroten Fingernägel Ihrer Exzellenz / Es gibt keine Hoffnung / Und Arbeit ist unvermeidbar / Versiegelte Leben sind intensiver / Jene geheimen Gewebe.

Diese Zeilen schrieb ich auf ein Stück Papier, um sie dem Belgier zu geben. Während ich schrieb, dachte ich an die Stärke und Wahrhaftigkeit eines Lebens, das keine Zuflucht braucht. *Es gibt keine Hoffnung / Und Arbeit ist unvermeidbar.*

Gegen sieben Uhr kamen Vater und Tochter zurück. Ihre Haut war von der Sonne gerötet. Sie hatten eine Menge Kräuter gesammelt. Ich schenkte dem Mädchen das dunkelblaue Kopftuch mit den winzigen Krebsschalen, dem Mann gab ich die Zeilen Cendrars'.

»In einer Stunde essen wir am Ufer Fisch«, sagte ich, nahm ein Glas Wein und einen Apfel und stieg an Deck.

»Glaubst du, dass ich mein Leben lang die Brüste von reichen Frauen verschönert habe?«, fragte der Mann.

Wir hatten die dritte Flasche Wein aufgemacht. Das Mädchen schaute zusammen mit Salihs Frau den Fernsehsender von Rhodos und häkelte an einem Kopftuch. Der Halbmond ging gerade auf.

»Woher soll ich dein Leben kennen?«

»Aber du weißt, dass es keine Hoffnung gibt.«

In den Sechzigerjahren war er Chirurg in Südamerika gewesen, in den Guerillacamps.

»Ich habe sehr viele Arme und Beine operiert«, begann er zu erzählen. »Dann verbrachte ich vier Jahre allein in einer Zelle. In einer kalten, feuchten Gefängniszelle, wie im Film. An einem einzigen Morgen damals habe ich meine Freiheit, meine Frau, meine Hoffnungen und meine Gesundheit verloren«, fuhr er fort. »Innerhalb weniger Minuten habe ich alles verloren. Es war ein schöner Morgen. Die Sonne ging gerade auf. Ich hatte noch nicht geschlafen. Ich lag mit meiner chinesischen Geliebten im Bett. Es war eine lang Nacht gewesen. Sie war klein und zierlich. Fünfundvierzig Kilo und eins fünfzig groß. Es war eine lange ... sehr lange Nacht. Wie alle unsere Nächte. Vor dem Fenster wuchs

Farn, der Mond schien hell. Es roch nach Stall. Nach Blumen … Nach uns. Zuerst hörte ich das Geräusch der Kanonen. Dann die MP5. Unsere Leute antworteten mit Kalaschnikows. Ich zog meine Hose an und sprang aus dem Bett. Ich wollte die Kinder aus den Baracken holen, um sie im Keller zu verstecken, und rannte in den Garten. Aber die Kinder waren wach geworden und standen am Fenster. Ich lief gebückt auf sie zu, wurde angeschossen und ging zu Boden. Ich wollte weiterkriechen, aber die Schusswunde brannte. Mir wurde schwindelig. Aus meinem Mund kam Blut. Das chinesische Mädchen feuerte aus einer Pistole, während sie zu mir gelaufen kam, war aufrecht und groß. Sie wurde getroffen. Ich glaube, am Bauch. Sie fiel hin, zuckte noch ein wenig … ja, und dann starb sie.«

Der Belgier schwieg. Er füllte sein Glas zweimal hintereinander und trank aus. Der Mond stand jetzt ganz oben am Himmel. Auf dem Fernsehsender von Rhodos spielte eine Band Rebetiko.

»Dann kamen Soldaten. Sie sahen mich nicht, ich war zwischen die Farne gefallen. Sie begannen die Kinder aus den Baracken zu zerren und hinter sich herzuschleifen. Es gab eine Nonne, die mit uns lebte. Sie versuchte noch, die Soldaten aufzuhalten. Die Soldaten zerstückelten sie mit ihren kurzen Stichwaffen. Ich konnte nur zusehen. Ich war verloren und ich hatte verloren … Ich wachte im Krankenhaus auf, ich war an das Bett gekettet.«

Sie hatten meine Kleidung mitgenommen und waren mit dem Boot gefahren. Ich ging ein Stück zu Fuß. Der Mond, das ferne Geräusch des Generators, die Unendlichkeit des Meeres, die Musik, das Hundegebell, der schwarzblaue Himmel … Das Meer war lauwarm und dunkel. Schwimmend näherte ich mich der Jacht. Der Mann sang leise ein Lied. Das Mädchen begleitete ihn auf der Mundharmonika. Schließlich konnte ich ihn verstehen:

I'll drink you under the table,
be red-rosed, go for walks,
The old haunts what I want
is red beans and rice
And wear the dress I like so well,
and meet me at the old saloon,
Make sure there's a Dixie moon,
New Orleans, I'll be there.

Ich kletterte auf die Jacht. Mit einem Handtuch trocknete ich mich ab und wickelte es mir um. Der Mann schenkte mir ein kleines Glas Whiskey ein. Das Mädchen nahm ihren Schlafsack und ging zum Bug, um zu schlafen. Wir schwiegen lange.

»Weißt du, was schwarze Galle ist?«, fragte er mich. Ohne auf Antwort zu warten, fuhr er mit rauer Stimme fort: »Schwarze Galle. Auf Griechisch ›me las cholé‹. Die Melancholie. Ein außergewöhnlicher Charakterzug. Ein Zustand, der außergewöhnliche Menschen, vor allem kluge Köpfe, überkommt. Das sage nicht ich. Das sagt euer Aristoteles. ›Alles, was mich nicht umbringt, macht mich stärker.‹ Das sagte der Bärtige. Du bist ein Dummkopf. Es ist unmöglich, dass du das verstehst. Sag du die Namen der Fische auf. Lerne die Namen der Felsen und Sandbänke. Ja, Herr Mee, du hast dich daran gewöhnt zu verlieren. Du hast dich mit dem Verlieren abgefunden. Du hast Angst vor der Angst. Koch dir Kräuter und friss sie. Achte auf den Wind. Repariere die Platine des Generators. Zeichne die Route. Versuche, die Karte zu lesen. Und hast du selbst eine Route? Mir hat man nicht beigebracht zu verlieren. Ich habe das nicht gelernt, nicht akzeptiert. Ich weiß nicht, was man dem Verlieren entgegensetzen kann. Alles, was ich verloren habe, was andere verloren haben, ist ein Verlust meines Seins. Dass du in diesem dummen Dorf wohnst und dein blödes Einsiedlerleben lebst, ist auch der Verlust meines Seins, verstehst du das?! Geh und pinkele ins Meer. Schwimme im dunklen, lauwarmen Meer. Kotze ins Wasser. Sehne dich nach der nassen, warmen, glücklichen und dämlichen Zeit in der Gebärmutter deiner Mutter. Und rolle morgens das Tau auf. Aber ganz sorgfältig. Bewahre die Traditionen der Seefahrt. Schrubbe das Holz. Schau dir das Mädchen an und seufze, weil du dich nicht traust, sie anzusprechen. Sag, dass ihr in deiner Sprache für Oregano ein komisches Wort, ›kii-kik‹, habt und grinse dazu. Das reicht dir für drei Stunden! Du glücklicher Schwachkopf! Du militärischer Überrest!«

Südwestwind kam auf, er wehte vom Achterschiff her mit einer Geschwindigkeit von siebzehn Knoten. Zusammen mit dem Mädchen setzten wir zusätzlich zum Spinnaker das Hauptsegel und das Focksegel. Wir segelten nach Norden, um die »Shenandoah« zu sehen. Der Mann schlief in der Kajüte. Wir hatten bis drei Uhr in der Früh geredet. Eigentlich hatte nur er geredet. Und dazu eine ganze Flasche Whiskey getrunken. Wir hatten uns Jugendfotos gezeigt. Er erzählte von den Kalaschnikows, den unterschiedlichen G3s, von den Puffs in Amsterdam, von Tom Waits, von der »Dauerrevolution« und vielem mehr.

Das Mädchen brachte uns beiden Tee und Sandwiches. Es wehte ein guter Wind. Wir segelten ruhig und schnell. Steuerbord sahen wir eine Caretta Caretta, die sich an der Wasseroberfläche ausruhte.

Als wir um die Insel Çatal fuhren, sahen wir sie.

An ihren drei Zwanzig-Meter-Masten hatte sie alle Segel gehisst. Sie kam backbord auf uns zu. Ich reichte dem Mädchen das Fernglas und steuerte leewärts auf die »Shenandoah« zu.

Ich freute mich, sie aus solcher Nähe zu sehen. Sie ist eine Legende der Seefahrt. Nach fünfzig Jahren war sie zum ersten Mal wieder in diese Gegend gefahren. Ein Riese von 156 Fuß Länge, seit 1902 auf den Meeren unterwegs. Das letzte Aufbäumen eines Reiches, in dem die Sonne nie untcrging. Sie kam uns ganz nahe. Einige Minuten lang glitten wir aneinander vorbei.

Dann entfernte sie sich wie ein weißer, leuchtender Sternschweif.

Der Mann kam an Deck. Er nahm das Fernglas und sah der in Richtung Süden davonfahrenden »Shenandoah« nach.

»Unsere Jacht ist besser. Für dieses Schiff hat man einen ganzen Teakholzwald abgeholzt«, sagte er und bat seine Tochter um Kaffee.

Wir hatten noch sechs Tage zu dritt vor uns.

ORHAN PAMUK

Den Bosporus durchfahrende Schiffe, Brände, Armut, Umzüge und andere Katastrophen

Durch die fortwährenden Konkurse meines Vaters und meines Onkels, die Streitereien meiner Eltern und die Zwistigkeiten, die sich immer wieder zwischen unserer Kleinfamilie und dem von meiner Großmutter präsidierten Familiengroßverband ergaben, wurde mir allmählich beigebracht, dass das Leben nicht nur aus freudigen Ereignissen und immer neu sich auftuenden Glücksquellen (Malen, Sexualität, Freundschaft, Schlaf, Geliebtwerden, Essen, Spielen, Beobachten) bestand, sondern auch aus einer ganzen Anzahl urplötzlich ausbrechender kleinerer und größerer Katastrophen. In meiner Kindheit wurde am Radio nach den Nachrichten und dem Wetterbericht immer mit ernster Stimme nicht nur den betroffenen Seeleuten, sondern ganz Istanbul verkündet, auf welchem Längen- und Breitengrad an der Mündung des Bosporus ins Schwarze Meer Treibminen gesichtet worden seien, und so heimtückisch wie diese Minen waren auch die Katastrophen, die den Menschen jederzeit völlig überraschend ereilen konnten.

Es konnte jeden Augenblick zwischen meinen Eltern ein Streit ausbrechen, mit dem Stockwerk über uns eine finanzielle Auseinandersetzung aufflammen oder mein Bruder über irgendetwas so in Zorn geraten, dass er mir eine gehörige Lektion erteilen wollte. Oder mein Vater kam eines Tages nach Hause und teilte uns im selben Ton, in dem er eine Reise erwähnt hätte, seelenruhig mit, dass unsere Wohnung verpfändet worden sei und wir nun umziehen müssten.

Wir zogen damals oft um. Bei jedem Umzug stieg die Spannung im Haus an, und meine Mutter, vollauf damit beschäftigt, jeden Teller und jede Schüssel einzeln in Zeitungspapier einzuwickeln, konnte auf uns Kinder nicht so achtgeben wie sonst, sodass wir nach Herzenslust spielen durften. Wenn dann die Büfetts, Schränke und Tische, die uns als unverrückbare Elemente unserer Wohnszenerie gegolten hatten, von den Möbelpackern nach und nach abtransportiert wurden, blickte ich traurig auf die immer leerer werdenden Räume, in denen wir Jahre unseres Lebens verbracht hatten, aber ein Trost war mir, dass ich meist unter irgendeinem Möbel einen längst vergessenen Stift, eine Murmel oder ein geliebtes Spielzeugauto wiederfand. In manchen der Wohnungen, in die wir zogen, herrschte vielleicht nicht der Komfort, den wir vom Pamuk Apartmanı in Nişantaşı her gewohnt waren, aber man hatte dafür – in Cihangir und Beşiktaş – einen phantastischen Ausblick auf den Bosporus, sodass mich diese Umzüge nicht weiter betrübten und mir unser gesellschaftlicher Abstieg gar nicht richtig auffiel.

Außerdem hatte ich ja gegen die Wechselfälle des Lebens so meine Mittelchen parat. Sie beruhten auf einer ganz bestimmten Logik, in der es darauf ankam, einer festen Ordnung entweder durch systematische Wiederholung symbolisch treu zu bleiben (nicht auf bestimmte Linien treten, manche Türen nie ganz zumachen) oder ganz im Gegenteil radikal davon abzuweichen (mich mit dem anderen Orhan treffen, mich in die andere Welt flüchten, malen oder mit meinem Bruder einen Streit vom Zaun brechen und damit selbst eine Katastrophe auslösen), und eine dieser Methoden bestand darin, die durch den Bosporus fahrenden Schiffe zu zählen.

Dieses Schiffezählen betreibe ich seit jeher. Ob rumänische Öltanker, sowjetische Kreuzer, Fischkutter aus Trabzon, bulgarische Passagierschiffe, Schwarzmeerschiffe der

Türkischen Schifffahrtsgesellschaft, sowjetische Beobachtungsschiffe, elegante italienische Ozeandampfer, Kohlenfrachter, Küstenfahrzeuge aus Varna, verrostende Frachtschiffe, verrottende, flaggenlose dunkle Schiffe: ich zähle sie alle. Was ich hingegen nicht zähle, sind die Motorboote, mit denen Beamte und Hausfrauen mit Einkaufsnetzen sich von einem Ende des Bosporus zum anderen bringen lassen, und die Stadtdampfer, auf denen in sich versunkene Fahrgäste rauchen und Tee trinken, denn die kenne ich mittlerweile so gut wie seinerzeit mein Vater, und so wie das Mobiliar in unserer Wohnung gehören sie unzertrennlich zu meiner Welt.

Ich zählte die Schiffe aus irgendwelchen Befürchtungen heraus, manchmal voller Eifer und meistens, ohne überhaupt zu merken, was ich da tat. Beim Zählen hatte ich das Gefühl, dass ich die Ordnung in meinem Leben zu bewahren half. Wenn ich dagegen in Augenblicken besonderer Wut oder Melancholie vor mir selbst, vor der Schule, vor dem Leben davonlief und in den Straßen Istanbuls umherstromerte, ließ ich das Zählen sein. Dann verspürte ich viel eher die Sehnsucht nach einer Katastrophe, einem Großbrand, nach einem anderen Leben, nach dem anderen Orhan.

Vielleicht wird mein Hang zu der Zählerei etwas nachfühlbarer, wenn ich erzähle, wie ich damit begann. Meine Eltern, mein Bruder und ich lebten damals, Anfang der Sechzigerjahre, in einem Mietshaus in Cihangir, das mein Großvater hatte errichten lassen, in einer kleinen Wohnung mit Blick auf den Bosporus. Ich war in der letzten Klasse der Grundschule, also elf Jahre alt. Einmal im Monat stellte ich abends meinen Wecker, auf dem das Bild einer großen Glocke prangte, so, dass er ein paar Stunden vor Sonnenaufgang läutete. So erwachte ich gegen Ende der Nacht in einer dunklen Stille, und da ich den Ofen, der vor dem Schlafengehen immer ausgemacht wurde, nicht allein anzünden konnte, ging ich, um nicht zu frieren, in das leere Zimmer, in dem manchmal der Hausangestellte schlief, setzte mich auf das Bett, schlug mein Türkischbuch auf und wiederholte das Gedicht, das ich bis Schulanfang auswendig können musste.

»O Flagge, ruhmreiche Flagge,
Flattere du im Wind!«

Wie jeder weiß, der schon mal einen Text, ein Gebet, ein Gedicht auswendig gelernt hat, gibt man dabei nicht besonders acht auf das, was man gerade vor Augen hat. Die »Augen unseres Verstandes«, wenn dieser Ausdruck einmal erlaubt sei, sind ganz mit den Bildern beschäftigt, die uns das Auswendiglernen erleichtern sollen. Unsere »normalen Augen« wandern indessen nach eigenem Gutdünken umher. So saß ich an jenen Wintertagen zitternd und memorierend da und sah dabei auf das Dunkel des kaum erkennbaren Bosporus hinaus.

Zwischen den vier- bis fünfstöckigen Mietshäusern, den Dächern und Schornsteinen der verfallenden Holzhäuser, die in den darauffolgenden zehn Jahren samt und sonders niederbrennen sollten, und den Minaretten der Cihangir-Moschee sah man den Bosporus, doch da um diese Zeit die Stadtdampfer noch nicht verkehrten, lag er in fast völliger Dunkelheit. Nur die Lichter der alten Hebekräne in Haydarpaşa, auf der asiatischen Seite, die Scheinwerfer vereinzelter Frachtschiffe, diffuser Mondenschein oder die Lampe eines dahintuckernden Motorbootes spendeten manchmal genug Licht, damit ich die mit Moos überwachsenen, muschelbedeckten Pontons und den gespenstisch anmutenden weißen Leanderturm sehen konnte. Meist aber war das Meer in geheimnisvolle Finsternis getaucht. Selbst wenn es, noch vor Sonnenaufgang, bei den Häusern und den zypressenbestandenen Friedhöfen auf den Hügeln der asiatischen Seite schon langsam hell wurde, war der Bosporus noch so dunkel, dass ich meinte, seine Wasser würden ewig so bleiben.

Während also in dunkler Nacht mein Kopf vollauf mit

dem geheimnisvollen Mechanismus des Gedächtnisses beschäftigt war, blieb mein Auge manchmal an einer seltsamen Silhouette haften, die schwerfällig durch den Bosporus pflügte. Und obwohl ich dem Gegenstand keine ernsthafte Beachtung schenken konnte, schien mein Auge ihn gleichsam unwillkürlich zu kontrollieren und ihn nur passieren zu lassen, wenn er eine wohlbekannte Form aufwies: Ja, das ist ein Frachtschiff, sagte ich mir dann, oder ein Fischerboot mit ausgeschaltetem Scheinwerfer. Ja, das ist ein Motorboot, das die ersten Fahrgäste von Asien nach Europa hinüberbefördert; ja, das ist ein altes Küstenschiff, unterwegs zu einem fernen sowjetischen Hafen …

Eines Morgens nun, als ich wieder, unter die Bettdecke verkrochen, ein Gedicht auswendig lernte, blieben meine Augen an etwas ganz Außergewöhnlichem hängen. Ich weiß noch gut, wie ich das Buch in meiner Hand vergaß und erstarrte. Was ich aus dem Nachtdunkel auftauchen und fürchterlich anwachsen sah, war ein albtraumhaft auf mich zukommender Riese, ein großes unförmiges Monster: ein sowjetisches Kriegsschiff! Eine wie im Märchen aus finsteren Nebelschwaden auftauchende gigantische schwimmende Festung! Auch wenn das Schiff mit gedrosselten Motoren sehr langsam fuhr, ging doch so viel Energie von ihm aus, dass die Fenster- und Türrahmen und die Holzböden zu knarzen begannen und neben dem Ofen die schief hängende Feuerzange und in der dunklen Küche nacheinander alle Töpfe und Pfannen klirrten und in den Schlafzimmern, in denen meine Eltern und mein Bruder wohlig warm schliefen, die Fenster zitterten und in der Pflasterstraße, die zum Bosporus hinunterführte, die Mülltonnen vibrierten, so als ob in diesen frühen Morgenstunden das düster daliegende Viertel von einem leichten Erdbeben heimgesucht würde. Es stimmte also, was man sich im Istanbul des Kalten Krieges gerne zuraunte: Nach Mitternacht zogen durch den Bosporus lautlos russische Kriegsschiffe.

Da packte mich plötzlich das Verantwortungsbewusstsein. Die ganze Stadt schlief, und ich war der Einzige, der das riesige Schiff sah, das zu wer weiß welchen Untaten aufbrach. Ich musste Istanbul, ach was, die ganze Welt aufwecken und warnen. Das war genau so eine Situation, wie ich sie aus meinen Heftchen kannte, in der ein unerschrockener Junge eine schlafende Stadt vor einem Unglück bewahrte, vor einer Überschwemmung, einem Brand oder einem feindlichen Heer. Andererseits war mir in dem Bett gerade erst warm geworden, sodass ich eigentlich keine Lust hatte, aufzustehen.

So verfiel ich in meiner Aufregung auf eine andere Lösung, die mir schließlich zur Gewohnheit wurde: Mit meinem noch ganz aufs Auswendiglernen eingestellten Verstand machte ich mich daran, das langsam vorbeiziehende sowjetische Schiff zu zählen. Was ich damit meine? So wie die amerikanischen Spione, die angeblich von einem Hügel aus alle kommunistischen Schiffe fotografierten (eine weitere Istanbuler Legende dies, aber vermutlich sogar eine wahre), registrierte ich alle Einzelheiten des Schiffes, aber eben nur im Kopf. Ich brachte dieses Schiff mit anderen Schiffen in Zusammenhang, mit der Strömung des Bosporus, ja mit dem Lauf der Welt: Indem ich es mitzählte, machte ich das riesige Gefährt zu etwas Gewöhnlichem. Ich wusste, dass nur ungezählte, unregistrierte, nicht genauestens indentifizierte Dinge Anlass zu furchtbaren Katastrophen geben konnten. Indem ich nicht nur dieses, sondern von nun an sämtliche den Bosporus befahrenden »nennenswerten« Schiffe eifrigst zählte, bemühte ich mich, die Ordnung der Welt und mein eigenes Glück unter Kontrolle zu bringen. Wer immer uns schon in der Schule beigebracht hatte, der Bosporus sei der Schlüssel zur Eroberung der Welt und das Herzstück der internationalen Geopolitik und werde daher von allen Völkern und Heeren und insbesondere von den Russen so ganz besonders begehrt, der hatte also recht gehabt.

Ich habe seither stets auf einer Anhöhe gewohnt, von der ich, und sei es auch nur von ferne und zwischen Häusern, Hügeln und Moscheenkuppeln hindurch, einen Ausblick auf den Bosporus hatte. Es kommt auch nicht von ungefähr, dass in Istanbuler Haushalten aufs Meer hinausgehende Fenster die Stelle der Gebetsnische in einer Moschee (des Altars in einer Kirche, des Tevas in einer Synagoge) einnehmen und daher in den Wohnzimmern Sessel und Stühle, Sofas und Esstische auf jenes Fenster ausgerichtet sind. Diese Anordnung führt außerdem dazu, dass ein Schiff, das aus dem Marmarameer kommend in den Bosporus einfährt, die Stadt Istanbul als millionenfache Ansammlung von gierig geöffneten Fenstern wahrnimmt, die auf dieses Schiff und den ganzen Bosporus spähen und sich dabei gnadenlos gegenseitig die Sicht versperren.

Als ich später begann, meine Gewohnheit und die damit verbundene Unruhe anderen Menschen anzuvertrauen, merkte ich bald, dass ich beileibe nicht der Einzige war, der dieses seltsame Verhalten an den Tag legte, sondern dass eine ganze Reihe von Istanbulern jeden Alters gleich mir die Angewohnheit hatte, im Lauf des Tages immer wieder mal kurz vom Fenster oder vom Balkon aus auf den Bosporus hinunterzusehen und die Schiffe zu zählen, um festzustellen, ob nicht ein Unglück, ein Todesfall, irgendeine Umwälzung im Anzug war. Ein entfernter Verwandter von mir, der in Beşiktaş (wohin später auch wir ziehen sollten) in der steil zum Bosporus abfallenden Serencebey-Straße wohnte, sah es geradezu als seine Pflicht an, jedes vorbeiziehende Schiff in ein Heft zu notieren. Und ein Schulkamerad von mir behauptete immer von jedem Schiff, das ihm in irgendeiner Weise suspekt vorkam – weil es alt oder verrostet aussah oder kein Hoheitszeichen trug –, dass es bestimmt unterwegs sei, um irgendwo auf der Welt von der Sowjetunion unterstützte Aufständische mit Waffen zu versorgen oder mit einer Ladung Erdöl die internationalen Märkte zu erschüttern.

Solche Obsessionen könnten einfach als Relikte aus frühen, fernsehlosen Zeiten angesehen werden, als das Hinaussehen aus dem Fenster noch ein wichtiger Zeitvertreib war, oder als Nebenprodukt der zahllosen Freuden, die der Blick auf den Bosporus nun einmal bietet. Es verbirgt sich aber hinter meiner Schiffszählerei und den Marotten vieler anderer auch eine Furcht, die allen Istanbulern irgendwie in den Knochen steckt. Dass ihre Stadt, die früher einmal alle Reichtümer des Orients in sich aufsog, durch die vielen Kriege mit den westeuropäischen Staaten und Russland mit der Zeit auf den Hund kam und nun so ein trauriges Bild bot, hat die Istanbuler zu in sich gekehrten, nationalistisch veranlagten Menschen gemacht, die allem, was von außen, aus der Ferne, aus dem Westen kommt, ja allem Fremden überhaupt erst einmal voller Misstrauen begegnen. Daher werden sie seit hundertfünfzig Jahren das Gefühl nicht los, das auch mich in meiner Kindheit plagte, nämlich dass jeden Augenblick über die Stadt ein irgend geartetes Unglück hereinbrechen und zu neuem Ruin führen könnte.

Wenn ich nicht in Istanbul bin, überkommt mich manchmal der Gedanke, ich müsse so schnell wie möglich zurück, um mit dem Zählen weiterzumachen. Auch scheint mir bisweilen, dass ich rascher vom »hüzün« der Stadt erfasst werde, wenn ich die Schiffe gerade nicht zähle. Der »hüzün« mag für jemanden, dessen Leben sich zu meiner Zeit in Istanbul abspielt, unausweichliches Schicksal sein. Nichtsdestoweniger hat das Bemühen, dagegen anzukämpfen, allein schon deshalb seine Berechtigung, weil es dem müßigen Starren auf den Bosporus den Anschein der Pflichterfüllung verleiht.

Die Art von Katastrophe, die den Istanbulern ganz besonders in Erinnerung bleibt und vor der sie sich am meisten fürchten, sind die Schiffsunglücke, die sich immer wieder auf dem Bosporus ereignen und von der Stadt in einem großen Gemeinschaftsgefühl erlebt werden. Da bei solchen

Gelegenheiten die üblichen Lebensregeln außer Kraft gesetzt werden, uns aber letztendlich doch nichts geschehen konnte, empfand ich klammheimlichen Spaß an diesen Unglücken, fühlte mich deswegen aber auch schuldig.

Als uns eines Nachts durch eine gewaltige Explosion und eine riesige, den Sternenhimmel verdunkelnde Rauchwolke angezeigt wurde, dass mitten auf dem Bosporus zwei Tankschiffe zusammengestoßen waren und brannten, war ich acht Jahre alt und verspürte weniger Furcht als Schaulust. Aus Telefonanrufen erfuhren wir dann, es hätten sich auch die umliegenden Öllager entzündet, und den ganzen Bosporus entlang stehe »alles, alles« in Flammen. Wie bei allen größeren Bränden hatte zuerst irgendjemand Rauch und Feuer gesichtet, dann waren Gerüchte in Umlauf gekommen, von denen die meisten natürlich falsch waren, und schließlich half alles Protestieren der Mütter und Tanten nichts mehr, wir mussten uns den Brand ganz einfach ansehen.

Mein Onkel weckte die ganze Familie, steckte uns ins Auto und fuhr uns über die Hügel, die sich den Bosporus entlangziehen, nach Tarabya. Vor dem damals im Bau befindlichen großen Hotel war die Uferstraße von der Polizei gesperrt worden, und das verstörte und erregte mich nicht weniger als der Brand selbst. Später erfuhr ich voller Neid, ein Klassenkamerad sei durch den Polizeikordon gelangt, da sein Vater großspurig »Presse!« gesagt und seinen Ausweis vorgezeigt habe. So stand ich also an einem sehr frühen Herbstmorgen des Jahres 1960 da und sah zwischen den neugierigen Menschen, die in Nachthemden, Schlafanzügen, eilig übergezogenen Hosen und Pantoffeln mit Babys auf dem Arm und Taschen und Tüten in der Hand auf die Straßen geströmt waren, auf den brennenden Bosporus. Wie ich es auch später noch des Öfteren in ähnlichen Fällen erleben sollte, in denen der Bosporus mit seinem Wasser, seinen Yalıs und seinen Schiffsbränden ein so prächtiges Schauspiel bot, mischten sich urplötzlich auch Waffel, Simit-, Wasser-, Würstchen-, Sonnenblumenkern-, Köfte- und Sorbet-Verkäufer unter die Menge und machten munter Geschäfte.

Der Tanker »Peter Zoranić«, der mit einer Ladung von zehntausend Tonnen Kerosin vom sowjetischen Hafen Tuapse nach Jugoslawien unterwegs war und – wie es später in den Zeitungen hieß – im Bosporus von seinem Kurs abkam, war mit dem griechischen Tanker »World Harmony«, der in der Sowjetunion Erdöl laden sollte, zusammengestoßen, und ein paar Minuten später war das aus dem jugoslawischen Tanker auslaufende Kerosin mit einem in ganz Istanbul vernehmlichen Knall explodiert. Da der Teil der Besatzungen, der nicht sofort umgekommen war, sich an Land gerettet hatte, trieben die beiden Schiffe führerlos dahin, den starken, unberechenbaren Strömungen und Strudeln des Bosporus hilflos ausgeliefert, und die beiden Feuerbälle wurden zu einer akuten Gefahr für zahlreiche Orte an beiden Ufern, für Emirgân etwa, für die Yalıs von Yeniköy, für Kanlıca, die Erdöl- und Benzindepots von Çubuklu, die Holzhäuser von Beykoz. Was Melling als Paradies abgebildet und A. Ş. Hisar als »Bosporus-Zivilisation« bezeichnet hatte, war in schwarzen Qualm gehüllt und von Flammen bedroht.

Wo es die Schiffe gerade hintrieb, da packten die Bewohner der Yalıs und Holzhäuser panikartig ihre Kinder, liefen notdürftig bekleidet auf die Straßen und flüchteten vom Ufer weg. Der jugoslawische Tanker wurde zunächst von der asiatischen hinüber zur europäischen Seite getragen und stieß dort mit dem auf der Höhe von Istinye vor Anker liegenden Passagierschiff »Tarsus« zusammen, das ebenfalls sogleich Feuer fing. Als die brennenden Schiffe auf Beykoz zutrieben, rannte die Bevölkerung dort in Schlafröcken und Regenmänteln und mit eilig zusammengerafften Bettdecken auf die Hügel zu. Das Meer leuchtete in gelbem Flammenschein. Die Schiffe waren zu rotglühenden Eisenhaufen geworden und ihre Schornsteine, Masten und Kommandobrücken in der Hitze zusammengeschmolzen. Den Himmel schien glutroter Schein aus den Schiffen heraus zu beleuchten. Hin und wieder ertönte eine Explosion, und deckengroße Blechteile taumelten nebeneinander ins Meer, und vom Ufer und den Hügeln her vernahm man ein Rufen und Schreien und das Weinen der Kinder.

Wo man sich sonst zwischen Judasbaum und Geißblatt in Frühlingsdüften erging, unter Maulbeerbäumen paradiesisch süß schlief, in Vollmondnächten auf wie Seide glänzendem Meer durch viele Boote hindurch kräftig ruderte, um an das Boot heranzukommen, von dem Musik erklang, und dabei den silbrigen Tröpfchen zusah, die von den Ruderblättern abperlten, und in Gärten und Hainen voller Zypressen und Pinien sich am Anblick der noch nicht abgebrannten großen, alten Yalıs weidete, da wurde plötzlich alles zum Schauplatz von Explosionen und Bränden, von blutrotem Himmel und klagenden Menschen, die im Nachtgewand aus ihren Häusern stürzten. Was könnte lehrreicher sein als solch ein Anblick?

Später sagte ich mir, zu alledem habe es nur kommen können, weil ich damals noch keine Schiffe zählte. Dass ich mich an Katastrophen mitschuldig fühlte, hielt mich keineswegs von ihnen fern, sondern bewirkte ganz im Gegenteil, dass es mich zum Ort des Geschehens hinzog. Wie mancher Istanbuler fühlte ich mich bei jedem Unglück auch noch deswegen schuldig, weil ich ja insgeheim wollte, dass dergleichen geschehe. Die Oberhand bei diesem Widerstreit der Gefühle behielt aber stets der Wunsch, an Ort und Stelle mit dabei zu sein.

Selbst Tanpınar, der doch sein Leben lang darüber Klage führte, dass alle Überreste der osmanischen Kultur durch das Unwesen der Verwestlichung, durch die grassierende Armut und mehr noch durch die Gedankenlosigkeit und Hilflosigkeit der Istanbuler selbst zuschanden würden, und der diesem Thema in seinen Romanen den tiefsten Ausdruck verlieh, muss in dem Istanbul gewidmeten Teil seines Buches »Fünf Städte« eingestehen, welchen Genuss er empfand, dem Brand von alten Holzvillen als Augenzeuge beizuwohnen (wie Gautier führte er dabei als historisches Beispiel Nero an). Erstaunlicherweise folgt dieses Bekenntnis nur wenige Seiten auf eine Stelle, an der Tanpınar sich deshalb grämt, wie »vor unseren Augen ein Meisterwerk nach dem anderen wie ins Wasser gefallenes Steinsalz schmilzt und zu Staub und Asche wird«.

Tanpınar wohnte damals in Cihangir in der Tavuk-Uçmaz-Straße, in der mein Großvater in den Fünfzigerjahren jenes Haus hatte bauen lassen, von dem aus ich das sowjetische Kriegsschiff zählte, und er sah von dort mit an, wie das Holzgebäude der Akademie der Schönen Künste (vormals Sabiha Sultan Yalı und Osmanisches Parlament), in dem er selbst unterrichtete, langsam niederbrannte. Dass Tanpınar einerseits mit solcher Verve von dem über eine Stunde andauernden und mit seinen Explosionen die ganze Umgebung in einen Funkenregen tauchenden Brand und den »wie beim Jüngsten Gericht emporschießenden Rauch- und Flammensäulen« berichtet und andererseits betrauert, dass zusammen mit einem der schönsten Holzgebäude aus der Zeit Mahmuts II. auch viele Schätze (etwa die Skizzensammlung, die der bedeutendste Archivar osmanischer Architektur, Sedad Hakkı Eldem, angelegt hatte) unwiederbringlich verloren gegangen seien, empfand er wohl selbst als solchen Widerspruch, dass er sich – gleichsam Abbitte leistend – bemüßigt fühlte, das Beispiel der alten Osmanenpaschas heranzuziehen, die auf Brände geradezu versessen gewesen seien. Seltsam schuldbewusst zählt er die Persönlichkeiten auf, die sich, kaum ertönte der Ruf »Feuer!«, die Pferdewagen anspannen ließen und es auch nicht versäumten, sich mit Decken, Pelzen und für alle Fälle mit Esswaren und Kochgeschirr für den Kaffee auszurüsten.

Aber nicht nur für Osmanenpaschas, Plünderer, Diebe

und natürlich Kinder war so ein Brand ein willkommenes Ereignis, sondern auch die Reiseschriftsteller aus dem Westen, die ab Mitte des neunzehnten Jahrhunderts in die Stadt kamen, sahen darin ein gewaltiges Spektakel, das es zu dokumentieren galt. Théophile Gautier etwa, der 1852 während seines zweimonatigen Aufenthalts Zeuge von nicht weniger als fünf Bränden wurde, führt sie alle genüsslich auf (als der erste ausbrach, saß Gautier gerade im Friedhof von Beyoğlu und schrieb ein Gedicht). Für einen Schaulustigen ist es natürlich von Vorteil, wenn es in der Nacht brennt. Als Gautier den Brand einer Farbenfabrik am Goldenen Horn schildert, beschreibt er die in den Nachthimmel züngelnden Flammen als »einzigartigen Anblick«, geht mit Kennerblick auf das Spiel der Schatten auf den Schiffen und auf das Wogen der Zuschauermenge ein und lässt sich von dem Knacken und Krachen beeindrucken, unter dem das Holzgebäude schließlich in sich zusammenstürzt. Er sucht die Brandstätten später erneut auf, und als er mit ansieht, wie sich nach Großbränden Hunderte von Familien mit dem wenigen Hausrat, den sie den Flammen entreißen konnten, innerhalb von wenigen Tagen behelfsmäßig einrichten und das ihnen Widerfahrene schicksalsergeben hinnehmen, wertet er dies als türkisch-muslimisches Spezifikum.

Tatsächlich waren Brände ein so unzertrennlicher Bestandteil der fünfhundertjährigen osmanischen Geschichte, dass die Istanbuler vornehmlich ab dem neunzehnten Jahrhundert, als besonders viele Feuersbrünste zu beklagen waren, auf eine solche Eventualität innerlich stets eingestellt waren. Wer im neunzehnten Jahrhundert in einer engen Gasse in einem Holzhaus wohnte, dem musste es so erscheinen, dass sein Haus irgendwann einmal unweigerlich abbrennen würde. Und selbst wenn es nicht zum Zusammenbruch des Osmanischen Reiches gekommen wäre, hätten allein schon die Großfeuer, die zu Anfang des zwanzigsten Jahrhunderts in steter Folge wüteten und jeweils Tausende von Häusern, Dutzende von Wohnvierteln, ja ganze Stadtteile verwüsteten und Zehntausende von obdachlosen, hilfsbedürftigen Menschen zurückließen, hinreichend dafür gesorgt, dass vom historischen Erbe und von der Potenz der Stadt ein Großteil verloren ging.

Für Leute wie mich, die in den Fünfziger- und Sechzigerjahren miterlebten, wie der Rest der oft schon reichlich heruntergekommenen Häuser, Yalıs und Konaks aus Holz ein Raub der Flammen wurde, stand – anders als bei den Osmanenpaschas – nicht die reine Schaulust im Vordergrund, sondern ein ganz besonderer seelischer Drang: der mit Neid und Schuldgefühlen vermischte Wunsch nämlich, so schnell wie möglich die letzten Spuren einer großen Kultur getilgt zu sehen, an deren Stelle wir unwürdigerweise ein billiges Abziehbild westlicher Zivilisation setzten.

Wenn wieder einmal ein hölzernes Yalı zu brennen begann, standen die Schaulustigen nicht nur zu beiden Seiten des Bosporus, sondern besonders Neugierige fuhren auch noch mit Ruder- und Motorbooten möglichst nah an das brennende Haus heran. In meiner Jugend machten wir uns gegenseitig per Telefon auf solche Brände aufmerksam und fuhren schließlich alle Mann hoch mit dem Auto etwa nach Emirgân, wo dann Wagen an Wagen stand, aus den gerade aufgekommenen Kassettenrekordern Creedence Clearwater Revival dröhnte und vom nächsten Kiosk Käsetoasts, Tee und Bier geholt wurden, sodass sich die drüben auf der asiatischen Seite mysteriös aus einem Yalı schlagenden Flammen in aller Gemütlichkeit beobachten ließen.

Dann erwähnte man auch frühere Brände, bei denen angeblich durch den von der Hitze entwickelten Druck aus den Wänden von Holzhäusern glühende Nägel herausgeschossen und bis ans andere Bosporus-Ufer geflogen seien, wo sie wiederum andere Yalıs in Brand gesteckt hätten. Nach einer Weile aber kam man auf die üblichen Themen zurück und unterhielt sich über den neuesten Beziehungs- und Politklatsch, über Fußball und uneinsichtige Eltern. Wenn dann an dem brennenden Holzhaus in der Dunkelheit noch ein Tanker vorbeifuhr, schenkte man ihm kaum Beachtung und »zählte« ihn nicht, denn das Unglück war ja schon geschehen. In dem Moment, in dem solch eine Katastrophe ihren Höhepunkt erreichte und das Feuer am allerhöchsten emporloderte, entstand im Auto eine ganz besondere Stille, und ich spürte dann, dass jeder von uns beim Starren in die Flammen an sein künftiges eigenes Unglück dachte.

Die Furcht davor, dass aus dem Bosporus, den wir doch so gut kennen, ein Malheur auf uns zukommt, verfolgt mich manchmal bis in den Schlaf. Dann lässt mich irgendwann nach Mitternacht eine Schiffssirene plötzlich hochzucken. Wenn ich daraufhin den lang gezogenen, von den umliegenden Hügeln widerhallenden Sirenenton in der Stille der Nacht ein zweites Mal vernehme, so bedeutet dies, dass auf dem Bosporus dichter Nebel herrscht. In Nebelnächten ertönt nämlich in Ahırkapı, wo der Bosporus ins Marmarameer mündet, in regelmäßigen Abständen klagend eine Leuchtturmsirene. Und ich stelle mir dann im Halbschlaf vor, wie sich in den strömungsreichen Gewässern des Bosporus ein großes Frachtschiff durch den Nebel seinen Weg bahnt.

Woher stammt das Schiff, wie groß ist es, was hat es geladen? Was treiben den Lotsen auf der Kommandobrücke und seine Gehilfen für Sorgen um? Sind sie in eine starke Strömung geraten, haben sie im Nebel eine auf sie zugleitende Silhouette wahrgenommen, oder werden sie gleich die Warnsirene betätigen, weil sie vom Kurs abgekommen sind?

Wenn den im Halbschlaf liegenden Istanbulern die Schiffssirene immer eindringlicher und flehender ins Ohr dringt, treibt es sie hin und her zwischen aus Alpträumen erwachsendem Mitleid mit den armen Seeleuten und der Neugier auf das, was da draußen auf dem Bosporus wohl vorgehen mag. An stürmischen Tagen sagte meine Mutter immer: »Gott beschütze die, die bei solchem Wetter aufs Meer hinausmüssen!« Andererseits ist der Gedanke, dass irgendwo ganz in der Nähe, aber doch weit genug weg, dass einem selbst nichts passieren kann, ein Unglück geschieht, für Leute, die mitten in der Nacht wach werden, das beste aller Schlafmittel. Der sich hin und her wälzende Istanbuler kann sich somit unter seine Bettdecke kuscheln und mitten im Zählen der Sirenentöne in wohligen Schlaf fallen. Im Traum sieht er sich dann vielleicht auf dem nebelumhüllten Schiff, Aug' in Auge mit einer Gefahr.

Doch wie man seine Träume vergisst, so können sich die meisten Leute am Morgen auch nicht daran erinnern, dass sie mitten in der Nacht von Schiffssirenen wach geworden sind. Nur Kindern und Menschen von kindlichem Gemüt bleiben Nebelhörner und Schiffssirenen im Gedächtnis haften. Und tagsüber, beim Schlangestehen auf der Post oder irgendwo beim Mittagessen, höre ich dann manchmal, wie jemand zu seinem Nebenmann sagt: »Heute Nacht hat mich eine Schiffssirene geweckt.« Dann wird mir bewusst, dass in nebligen Nächten am Bosporus unzählige Istanbuler das Gleiche träumen wie ich.

Anhand eines konkreten Beispiels, das sich mir genauso wie die Tankerbrände tief ins Gedächtnis gegraben hat, möchte ich erläutern, was für eine Furcht die am Bosporus und insbesondere direkt am Wasser in Yalıs lebenden Menschen außerdem noch umtreibt. In einer jener Nebelnächte, genauer gesagt am 4. September 1963 um vier Uhr morgens, hatte die »Archangelsk«, ein fünftausendfünfhundert Tonnen schwerer Frachter, der vom russischen Hafen Noworosisk Militärmaterial nach Kuba transportieren sollte, trotz einer Sichtweite von kaum zehn Metern ihre Fahrt fortsetzen wollen und sich in Baltalimanı zehn Meter weit ins Festland gebohrt, wobei zwei hölzerne Yalıs aufgeschlitzt wurden und drei Menschen ums Leben kamen.

»Wir wurden durch einen furchtbaren Krach geweckt. Zuerst dachten wir, der Blitz hätte eingeschlagen, dann barst plötzlich das Dach. Zum Glück hielten wir uns in dem Teil des Hauses auf, der nicht davongerissen wurde. Als wir einigermaßen zu uns kamen, sahen wir, dass im dritten Stock ein Schiffsbug ins Wohnzimmer ragte.«

Zusammen mit den Aussagen der Davongekommenen wurden in den Zeitungen Fotos jenes Wohnzimmers veröffentlicht, auf denen man an der Wand die Aufnahme eines älteren Herrn in Generalsuniform sah, auf dem Büfett einen Teller mit Weintrauben, einen Teppich, der zur Hälfte wie ein Vorhang ins Leere hing, weil der andere Teil des Zimmers fort war, Anrichten, Hocker, eine gerahmte Kalligrafie, ein umgestürztes Sofa und zwischen alledem den tödlichen Schiffsbug. Ganz besonders erschreckend und zu Herzen gehend waren die Fotos auch deshalb, weil all die Einrichtungsgegenstände, in die das Schiff todbringend hineingefahren war, genauso aussahen wie die Sessel, die Anrichten, Hocker, Wandschirme, Stühle, Tische und Sofas bei uns zu Hause. Mir fiel wieder ein, wie damals ganz Istanbul tagelang über nichts anderes als dieses Unglück sprach, als ich in den dreißig Jahre alten Zeitungen die Berichte über den Tod der hübschen Gymnasiastin las, die sich erst kurz zuvor verlobt hatte, über die Gespräche, die am Abend vor dem Unfall noch zwischen den späteren Opfern und Geretteten geführt worden waren, und über den Schmerz des jungen Mannes aus dem Viertel, der unter den Trümmern seine Verlobte entdecken musste.

Da die Bevölkerung von Istanbul damals nicht zehn Millionen, sondern nur eine Million betrug, wurden Unfälle auf dem Bosporus auch nicht wie ganz gewöhnliche Unglücksfälle einer Riesenstadt erlebt, in der die Menschen in der Masse untergehen, sondern wie Ereignisse, die in einem überschaubaren Stadtviertel von Mund zu Mund gehen, bis sie Legendencharakter bekommen. Überraschend war für mich, wie viele Bekannte von mir, die von meinem Vorhaben erfuhren, ein Buch über Istanbul zu schreiben, sogleich mit verklärtem Blick von alten Bosporus-Unfällen zu erzählen begannen, als berichteten sie von paradiesischen Zeiten, und auch gleich darauf bestanden, ich solle doch ihren Lieblingsunfall nur ja nicht übergehen.

Unbedingt müsse ich etwa die Barkasse erwähnen, die – vermutlich im Juli 1966 – mit Mitgliedern des Deutsch-Türkischen Freundschaftsvereins an Bord zwischen Yeniköy und Beykoz mit einem ins Marmarameer fahrenden Holztransport zusammengestoßen sei, worauf dreizehn Menschen in den dunklen Fluten des Bosporus umgekommen seien.

Ganz wichtig sei die »Ploiesti«, der rumänische Tanker, der eines Tages, als ein Bekannter von mir auf dem Balkon seines Yalıs gottergeben Schiffe gezählt hatte, ein Fischerboot beim ersten Aufprall augenblicklich zerschnitten und versenkt habe.

Und später einmal sei ebenfalls ein rumänischer Tanker, die »Independenta«, mit dem griechischen Frachter »Euryali« vor Haydarpaşa zusammengestoßen, und das auslaufende Öl sei mit einem derartig gewaltigen Knall explodiert, dass ganz Istanbul aus dem Schlaf geschreckt sei; das dürfe ich auf keinen Fall vergessen. Tue ich auch nicht: Ich weiß noch gut, wie in unserem Viertel, das kilometerweit von der Unglücksstelle entfernt war, durch die Wucht der Explosion gut die Hälfte aller Fensterscheiben zu Bruch ging und die Straßen mit Scherben übersät waren.

Dann seien da auch noch die Schafe gewesen: Am 15. November 1991 sei die »Rabunion«, ein libanesischer Transporter mit einer in Rumänien aufgenommenen Fracht von über zwanzigtausend Schafen, mit der unter philippinischer Flagge von New Orleans Weizen nach Russland transportierenden »Madonna Lili« zusammengestoßen und mitsamt all den Schafen gesunken. Von denjenigen Tieren, die vom Schiff sprangen und sich schwimmend zu retten versuchten, konnten einige wenige von Istanbulern, die in Ufercafés bei Tee und Zeitung saßen, aus dem Wasser gezogen werden, doch rund zwanzigtausend unglückselige Schafe warten bis heute darauf, dass jemand sie aus den Tiefen des Bosporus wieder ans Tageslicht bringt. Das Unglück ereignete sich direkt unter der nach dem Eroberer Konstantinopels benannten Fatih-Brücke, der zweiten Brücke, die über den Bosporus geschlagen wurde. Auf den Volkssport der Istanbuler, der seit dem Bau der ersten Brücke in den Siebzigerjahren darin besteht, sich mit Selbstmordabsichten von dort oben hinunterzustürzen, werde ich allerdings nicht näher eingehen, denn als ich in Vorbereitung auf dieses Buch einer zu Kinderzeiten angenommenen Gewohnheit folgend in alten Zeitungen blätterte, stieß ich auf einen Artikel aus meinem Geburtsjahr, der mir wieder ins Gedächtnis rief, dass es am Bosporus ein noch viel geläufigeres Mittel gibt, den Tod zu finden, als sich von einer Brücke zu stürzen. Hier ein Beispiel:

> Bei Rumelihisarı Auto in den Bosporus gestürzt. Trotz aller Bemühungen konnten gestern (24. Mai 1952) weder das Auto noch seine Insassen aufgefunden werden. Nach Augenzeugenberichten habe der Fahrer im Fall noch um Hilfe geschrien und die Autotür geöffnet, doch habe er sie aus unbekannten Gründen wieder geschlossen und sei mit seinem Fahrzeug untergegangen. Es wird vermutet, dass das Auto von der Strömung an eine tiefere Stelle mitgerissen wurde.

Fünfundvierzig Jahre später, am 3. November 1997, stand folgende Meldung in den Istanbuler Zeitungen:

> Weil der Fahrer unter Alkoholeinfluss stand, ist ein Auto mit neun Personen, die auf der Heimfahrt von einer Hochzeit an einem Heiligengrab ein Gelübde ablegen woll-

ten, bei Tarabya von der Straße abgekommen und in den Bosporus gestürzt. Eine Mutter von zwei Kindern kam dabei ums Leben.

Wie oft habe ich in all diesen Jahren gehört, gelesen oder gesehen, dass ein Auto ins Wasser stürzte und seine Insassen in den Tiefen des Bosporus eine Reise ohne Wiederkehr antraten! Kinder waren dabei, die im Auto herumbrüllten, Liebespaare, die sich gerade stritten, Betrunkene, die sich um gar nichts mehr scherten, Ehemänner, die so schnell wie möglich nach Hause wollten, junge Leute, die die Bremsen ihres neuen Autos testen wollten, zerstreute Fahrer, lebensmüde Fahrer, ältere Herrschaften, die bei Nacht nicht mehr so gut sahen, Cafébesucher, die am Ufer geparkt hatten und bei der Heimfahrt aus Versehen einen Vorwärtsgang einlegten, Menschen, die überhaupt nicht begriffen, wie ihnen geschah, der frühere Finanzminister Şefik und seine hübsche Sekretärin, Polizisten, die den Bosporus überwachten und dabei Schiffe zählten, Leute, die sich für eine Spritztour mit der Familie heimlich einen Firmenwagen ausborgten und nicht richtig damit umgehen konnten, ein Nylonstrumpfhersteller, der mit einem entfernten Verwandten von uns befreundet war, ein Vater und sein Sohn, die beide einen Regenmantel von der gleichen Farbe trugen, ein berüchtigter Gangster aus Beyoğlu und seine Freundin und eine Familie aus Konya, die zum ersten Mal im Leben an den Bosporus kam, und ihnen allen erging es so, dass ihr Auto nicht unterging wie ein Stein, sondern erst einmal eine Weile an der Oberfläche zu treiben schien. Wenn solcherlei bei Tageslicht geschieht oder im Scheine einer Straßen- oder Kneipenbeleuchtung, dann können während dieses kurzen Zeitraums Menschen, die auf der sicheren, lebenswerteren Seite des Bosporus verblieben sind, jenen anderen, die ungewollt auf die tiefe andere Seite übergewechselt sind, das Entsetzen von den Gesichtern ablesen. Dann sackt das Auto langsam in die dunklen Fluten hinab und wird von der Strömung davongetragen.

Ich möchte an dieser Stelle die Versinkenden darauf hinweisen, dass es ihnen nicht gelingen wird, die Autotüren zu öffnen, da der Druck des eindringenden Wassers dies unmöglich macht. Zu einer Zeit, als gerade besonders viele Autos in den Bosporus stürzten, machte eine wohlmeinende Zeitung ihre Leser auf diesen Umstand aufmerksam und brachte verdienstvollerweise einen kleinen, mit gelungenen Abbildungen versehenen Führer heraus:

Wie kommen Sie aus einem in den Bosporus
gefallenen Wagen heraus?

1. Geraten Sie nicht in Panik. Schließen Sie die Autofenster und warten Sie ab, bis der Wagen sich mit Wasser gefüllt hat. Entriegeln Sie die Türen. Verhalten Sie sich still.
2. Falls der Wagen weiter in die Tiefe abgleitet, ziehen Sie die Handbremse.
3. Wenn der Wagen fast mit Wasser gefüllt ist, pumpen Sie mit der verbleibenden Luft Ihre Lungen voll, öffnen Sie langsam die Autotür und steigen Sie in aller Ruhe aus.

Wenn Sie Glück haben und nicht mit dem Regenmantel an der Handbremse hängen geblieben sind, können Sie an die Wasseroberfläche gelangen, würde ich gerne als vierten Punkt noch hinzufügen. Wenn Sie schwimmen können und es bis nach oben schaffen, werden Sie trotz aller Melancholie der Stadt sofort feststellen, wie schön das Leben und der Bosporus doch sind.

ESTHER TUSQUETS
Das Sommerorchester

Es war Hochsommer – Mitte August war bereits vorüber –, als man beschloss, mit den Renovierungsarbeiten im kleinen Speisesaal zu beginnen und die Kinder zusammen mit ihren Señoritas, Nurses und Mademoiselles in den Speisesaal der Erwachsenen zu verlegen. Die Kinder waren den ganzen Juli über und in den ersten zwei Augustwochen ein ungehorsamer und wilder, bald nicht mehr zu bändigender Haufen gewesen, der wie eine Invasion über die Strände hereinbrach, mit ohrenbetäubendem Geklingel auf Fahrrädern durchs ganze Dorf fegte, ausgelassen und neugierig um die Kirmesbuden herumstrich oder mit einem Mal heimlich, leise, ja fast unsichtbar im verstecktesten Winkel des Schilfs untertauchte, wo die Kinder jedes Jahr ihre Hütten bauten, um dort ihre ungewöhnlichen Schätze zu verbergen und sich gegenseitig mit jenen geheimen, wunderbaren, immer wieder neuen verbotenen Spielen vertraut zu machen (zusammen die ersten, oft abgegriffenen, feuchten Zigaretten rauchen; ein paar Runden Poker spielen, deren Härte die Erwachsenen verblüfft hätte, so leidenschaftlich und erbittert wurden sie ausgetragen, dass man ihretwegen manchmal sogar darauf verzichtete, an den Strand zu gehen; sich in andere, eher zweideutige und sonderbare Spiele wagen, die Sara dunkel mit der Welt der Erwachsenen und des Verbotenen in Verbindung brachte und die sie in jenem Sommer fasziniert und zugleich beschämt hatten – sie wollte unbedingt als Zuschauer dabei sein, aber auf keinen Fall daran teilnehmen müssen, und sie war bei den Pfänderspielen so schlau oder so vorsichtig gewesen und hatte beim Kartenspiel so viel Glück gehabt, dass die Tage vergingen, ohne dass sie – wahrscheinlich als einziges Mädchen – sich auf den Mund küssen, an den Busen greifen oder den Schlüpfer herunterziehen lassen musste), verbotene Spiele, die doppelt prickelnd waren, weil sie diese Zeit vorübergehender Freiheit ausfüllten, die der Sommer ihnen schenkte, und die in der winterlichen Umgebung der Schule und der Stadtwohnungen undenkbar gewesen wären.

Doch innerhalb von zwei oder drei Tagen hatte sich diese Ferienkolonie aufgelöst und mit ihr die Gruppe der Kinder, von denen einige den Rest der Ferien in den Bergen oder auf dem Lande verbrachten, der Großteil jedoch nach Hause gefahren war, um sich auf die Prüfungen im September vorzubereiten. Und Sara war als Einzige unter dem dezimierten Haufen Jungen zurückgeblieben (Ende August würden ihre vier oder fünf besten Freundinnen zu ihrem Geburtstag wiederkommen, das hatten Mama und Mademoiselle ihr versprochen, um sie zu trösten), und die Stimmung hatte sich geändert, sie war auf einmal gespannt und ungemütlich, die allgemeine Gereiztheit und Verstimmung waren vielleicht durch den häufigen Regen und das von allen geteilte Gefühl verstärkt worden, dass vom Sommer nicht mehr viel übrig war. Die Beschäftigungen der Jungen wurden immer rauer, und Sara hatte genug von ihnen und ihren Raufereien und ihren Spielen, ihren dummen Späßen, ihren schmutzigen Worten, ihren unflätigen Witzen, genug davon, dass sie sie heimlich durchs Fenster beobachteten, wenn sie sich umzog, oder dass sie das Boot umkippten oder dass man sie zu dritt oder viert im Schilf umzingelte. Deshalb freute sie sich sehr über den Wechsel in den anderen Speisesaal, denn dort müssten sich die Jungen zumindest während der Essenszeiten anständig benehmen. Und das oder etwas Ähnliches mussten die Jungen gedacht haben, denn sie protestierten und murrten lautstark, klagten, das hätte ihnen gerade noch gefehlt, wo sie nur noch so wenige waren und wegen des Regens morgens oft nicht an den Strand und nachmittags fast nie ins Schilf gehen konnten, sollten sie auch noch ruhig und gerade am Tisch sitzen müssen, kaum sprechen dürfen, alles aufessen, was auf dem Teller war, die Apfelsinen mit Messer und Gabel schälen und obendrein noch am Abend im Speisesaal Jackett und Krawatte tragen.

Doch Sara strahlte vor Freude und war am ersten Abend so aufgeregt, dass sie sich dreimal umzog, bevor sie zum Abendessen hinunterging – sie hatte sich für ein Organdykleid entschieden, mit geschlossenem Kragen und sehr viel Weite, das ihre Arme unbedeckt ließ und das ihrer Mutter nicht sonderlich gefiel. Weil sie, wie sie sagte, darin älter aussehe und es kein passendes Kleid für ein Mädchen von kaum zwölf Jahren sei. Ihr sehr langes, sehr blondes, sehr glattes Haar hatte sie mit einer seidenen Schleife zusammengebunden. Vor allem erregte Sara an diesem ersten Abend die Möglichkeit, die sich ihr bot, in der Welt der Erwachsenen herumzuschnuppern; eine Welt, die sie bisher kaum kannte, nur erahnte, denn den langen Winter über waren die Kinder in die Schule, zu Spaziergängen mit Mademoiselle oder ins Spielzimmer verbannt, und es hatte auch den Sommer über – weder in diesem Jahr noch in früheren Jahren – kaum einen Kontakt zwischen den Kindern und ihren Eltern gegeben (Sara hatte gehört, wie Mademoiselle zu einem der Zimmermädchen des Hotels etwas über die Annehmlichkeiten und die Herzlichkeit dieser familiären Sommerfrische sagte, und beide lachten und verstummten sofort, als sie bemerkten, dass Sara ihnen zuhörte, und das alles machte sie furchtbar wütend); die Kinder standen auf, frühstückten, machten Hausaufgaben oder spielten Pingpong, während die Erwachsenen noch schliefen, und wenn sie vom Strand zurückkamen, waren die Eltern gerade mit dem Frühstück fertig und machten sich träge zum Baden fertig, und wenn die Erwachsenen zum Mittagessen in den großen Speisesaal gingen, waren die Kinder bereits unterwegs, radelten durch die Straßen oder schossen in den Kirmesbuden. Nur manchmal, wenn Sara, absichtlich, an der Tür eines der Salons oder an der Bibliothek vorbeiging, erblickte sie ihre Mutter – blond und undeutlich hinter dem krausen Rauch der Zigaretten –, und sie war bewegt und stolz zugleich, weil sie so zart, so zerbrechlich, so elegant und so schön war und wie eine Fee oder eine Prinzessin aussah, die ätherisch über der Wirklichkeit schwebte (die zauberhafteste Fee und die anmutigste aller Prinzessinnen, hatte Sara gedacht, als sie klein war, und in gewisser Weise dachte sie das immer noch), und für einen Augenblick legte die Mutter dann die Karten beiseite oder unterbrach das Gespräch mit den Freunden, winkte Sara zu, rief sie zu sich, um ihr einen Kuss zu geben, eine Likörpraline aus einer Schachtel, die ihr jemand geschenkt hatte, zu nehmen, und manchmal trat auch der Vater an den Tisch der Kinder und erkundigte sich bei Mademoiselle, ob sie sich gut benahmen, ob sie jeden Tag ihre Hausaufgaben machten und ob es ihnen hier gefalle. Und natürlich trafen sie sich alle sonntags in der Kirche, denn es wurde im Dorf nur eine einzige Messe gelesen und alle Eltern mussten relativ früh aufstehen, doch selbst dorthin kamen sie zu spät und setzten sich in die hinteren Bänke in der Nähe der Tür, aber nach dem Gottesdienst warteten sie auf die Kinder, um ihnen einen Kuss zu geben und Geld, damit sie auf der Kirmes schießen oder sich ein Eis kaufen konnten.

An jenem Abend, als die Kinder zum ersten Mal in den großen Speisesaal gingen, wo sie nur vier Tische belegten, machte sich Sara mit besonders großer Sorgfalt zurecht und betrat zusammen mit Mademoiselle und ihrem Bruder den Saal – beide befangen und nachdenklich –, und ihr Herz schlug schneller, und sie spürte, dass sie rot wurde; sie war so aufgeregt und so nervös, dass es sie große Mühe kostete, ihren Teller leer zu essen, und sie hatte das Gefühl, kaum etwas zu sehen, nichts zu erkennen, denn ihre Sehnsucht, alles zu sehen und alles in sich aufzunehmen, war so groß: die Frauen in ihren langen Kleidern, mit nackten Schultern, hochgesteckten Haaren und langen Ohrringen, die funkelnd zu beiden Seiten des Halses herabhingen; die stattlichen und vergnügten Männer, so anders, als man sie morgens am Strand oder auf den Terrassen sah, unterhielten sich alle angeregt – über was sie wohl sprachen? – unter Gelächter und dem Klingen der Kristallgläser, während die Kellner lautlos und verstohlen zwischen den Tischen hin und her glitten, schwerelos, kaum die Lippen bewegend, so hochnäsig und förmlich und unpersönlich, dass es schwerfiel, in ihnen die lauten und lustigen und manchmal sogar flegelhaften Kerle wiederzuerkennen, die sie bis gestern im Speisesaal der Kinder bedient hatten. Niemand, weder die Kellner noch die Speisenden, beachtete die Kinder, sodass sich die Bemühungen von Señoritas und Mademoiselles, dafür zu sorgen, dass sie sich ruhig verhielten, dass sie alles aufaßen und das Besteck korrekt benutzten, als unnütz erwiesen. Genauso unnütz war auch die Musik, die das Orchester spielte (wenn Sara sie beim Durchqueren der Halle oder von der weit entfernt liegenden Terrasse aus hörte, hatte sie sich mehr Musiker vorgestellt, doch jetzt stellte sie fest, dass es nur ein Klavier, ein Cello und eine Violine gab, und es schien ihr, als hätte der Pianist sehr traurige Augen), denn niemand schien zuzuhören oder sie auch nur wahrzunehmen, man beschränkte sich darauf, die Brauen hochzuziehen und die Stimme ein bisschen zu erheben, sobald die Musik lauter wurde, als müsste man mit seinen Worten einen unangenehmen Lärm übertönen. Keine Geste, nicht die geringste Andeutung von Beifall, kein Lächeln. Und das überraschte Sara, denn in der Stadt besuchten die Eltern und ihre Freunde Konzerte, gingen in die Oper (an solchen Abenden kam die Mutter in das Zimmer der Kinder, die schon im Bett lagen, um sich von ihnen zu verabschieden, denn sie wusste, dass es Sara liebte, sie – wie jetzt im Speisesaal – in schönen, langen, dekolletierten Kleidern, in Pelzmänteln, mit Federboas, klimpernden Armbändern zu sehen, mit dem Handtäschchen aus goldenem Garn, in dem sie ein besticktes Taschentuch und das Opernglas aufbewahrte, und um sie herum jenes starke Parfüm, das allen Dingen, die die Mutter berührte, anhaftete und das Sara nie vergessen würde), und in der Bibliothek standen mehrere Regale voller Schallplatten, von denen Mademoiselle manchmal, wenn die Eltern abends nicht zu Hause waren, welche auflegte, damit Sara sie in ihrem Bett hören und mit der Musik einschlafen konnte. Doch hier schenkte niemand der Musik die geringste Aufmerksamkeit, und die Musiker spielten für niemanden, für nichts, und als Sara an den Tisch der Eltern trat, um ihnen einen Gutenachtkuss zu geben, konnte sie nicht umhin, danach zu fragen; die Eltern und ihre Freunde brachen in Gelächter aus und meinten, dass »das da« wenig mit richtiger Musik zu tun habe, sosehr sich »diese armen Kerle« auch anstrengen mochten. Das mit den »armen Kerlen« tat Sara weh, und sie brachte es, ohne genau zu wissen, warum, mit den Hänseleien der Jungen, mit ihren dummen Gemeinheiten im Schilf in Verbindung; doch sie schob diese Überlegung sofort wieder beiseite, denn es gab keinen Zusammenhang, genauso wenig wie zu diesem bissigen und sarkastischen Satz – und sie verstand nicht, warum er ihr wieder eingefallen war –, den sie von Mademoiselle über die Annehmlichkeiten der Sommerferien mit der Familie gehört hatte.

Dennoch war es Mademoiselle, die sie am nächsten Abend fragte, denn Sara fand die Musik noch immer sehr schön und es machte sie wütend, dass die Erwachsenen nicht einmal hinhörten und dann herablassend über etwas urteilten, dem sie nicht die geringste Aufmerksamkeit geschenkt hatten: »Ist es nicht wunderschön? Findest du nicht auch, dass sie sehr gut spielen?« Und Mademoiselle antwortete, ja, sie spielten erstaunlich gut, vor allem der Pianist, aber es sei ohne Bedeutung, ob man im Speisesaal dieses luxuriösen Ferienhotels gut oder schlecht spiele. Es sei wirklich reine Verschwendung. Da nahm Sara ihren ganzen Mut zusammen, stand auf, legte errötend und mit klopfendem Herzen – doch ohne zu zögern – den Weg zurück, der sie vom Orchester trennte, und sagte zu dem Pianisten, dass ihr die Musik sehr gut gefalle, dass sie sehr gut spielten, warum sie denn nicht etwas von Chopin spielten? Der Mann sah sie überrascht an, lächelte ihr unter seinem Schnurrbart zu (doch auch jetzt noch wirkte er traurig) und antwortete, dass es nicht gerade Chopin sei, was man hier von ihnen erwarte; beinahe hätte Sara geantwortet, das sei egal, da man ihnen ja doch nicht zuhöre und nichts bemerken werde, und sie fühlte sich – vielleicht zum ersten Mal in ihrem Leben – unbehaglich und schämte sich für ihre Eltern, für jene glitzernde Welt der Erwachsenen, die ihr mit einem Mal nicht mehr so wundervoll erschien, und ohne genau zu wissen, warum, bat sie den Pianisten um Entschuldigung und ging zu ihrem Tisch zurück.

Von nun an trug Sara jeden Abend ein hübsches Kleid (sie zog abwechelnd die drei eleganten Kleider an, die sie mitgenommen und den ganzen Sommer über noch nicht getragen hatte; sie war immer nur in Jeans oder im Badeanzug herumgelaufen), kämmte sorgfältig ihr ordentlich gebürstetes und glänzendes Haar, bevor sie es mit einem seidenen Band zusammenhielt. Noch immer betrat sie aufgeregt und verwirrt den Speisesaal – die Jungen machten sich erbittert und unverschämt und vielleicht auch eifersüchtig darüber lustig, doch Sara hörte nicht mehr auf sie: Sie hatten einfach aufgehört zu existieren – und aß dann mechanisch, was ihr aufgelegt wurde, denn es war bequemer zu essen, als zu sprechen. Sara betrachtete die hübschen Kleider der Frauen, die neuen Geschmeide und Frisuren, die Leichtigkeit, mit der sie, unter dem Klirren der Gläser, lachten und sich unterhielten; sie beobachtete, wie stattlich fast alle Männer aussahen und wie fürsorglich sie sich zu ihren Frauen hinüberbeugten, ihnen zulächelten, ihnen Feuer gaben oder eine Stola reichten, während um sie herum Kellner, gespenstergleich, eilten und die Musik erklang und draußen der Vollmond über dem dunklen Meer schimmerte, alles beinahe wie im Film oder der Werbung in Technicolor. Doch immer öfter wanderte ihr Blick zum Orchester und zum Pianisten hinüber, der ihr immer trauriger, immer unbeteiligter vorkam, doch manchmal, wenn er von den Tasten aufsah und Saras Blick begegnete, lächelte er und blinzelte ihr leicht verschwörerisch zu.

Auf einmal fand Sara alles, was den Pianisten betraf, interessant und entdeckte, dass jene magere und blasse Frau – eher farblos als blass, als wäre sie die verschwommene Kopie eines attraktiven Originals –, dass jene Frau, die sie sicher schon oft am Strand im Sand hatte sitzen oder auf den entlegeneren und weniger benutzten Wegen des Gartens hatte spazieren gehen sehen – immer mit einem kleinen Mädchen an der Hand oder um sie herumlaufend –, die Frau des Pianisten war und dass das Mädchen ihr gemeinsames Kind war. Sara hatte noch nie ein so hübsches Kind gesehen, und sie fragte sich, ob die Mutter irgendwann früher einmal genauso ausgesehen hatte und was dann passiert sein mochte, dass sie so heruntergekommen war. Da Sara endgültig mit den Jungen gebrochen hatte und Mademoiselle nichts dagegen hatte, begann sie, immer öfter mit der Frau und dem Mädchen zusammen zu sein, die ihr das Gefühl einer übertragenen Zuneigung, sozusagen in Vertretung, vermittelten, denn Sara liebte den Pianisten – das hatte sie eines Abends entdeckt, als er vom Klavier aufsah und sich ihre Blicke trafen, und es war eine Entdeckung ohne Erschrecken oder Verwirrung oder Angst, nur die Feststellung einer offensichtlichen Tatsache, die alles ausfüllte –, und das Mädchen und die Frau waren ein Teil von ihm; Sara kaufte der Kleinen Eis, Brause, bunte Luftballons, Sammelbildchen und lud sie in die Schiffschaukel, ins Riesenrad, zum Karussellfahren, in den Zirkus ein, und das Mädchen schien ganz außer sich vor Freude zu sein, und Sara sah die Mutter dann verwundert an, und die Mutter erklärte immer wieder: »So etwas hat sie noch nie gesehen, nie gehabt, nie probiert, wir haben uns das« – und dabei wurde ihr Blick hart – »noch nie leisten können«, und Sara war auf einmal tief bekümmert und hatte das Gefühl, in Gefahr zu sein – sie hätte sie gerne um Verzeihung gebeten, wie sie es an einem lange zurückliegenden Abend bei dem Pianisten getan hatte, sie wusste nicht, für wen und wofür, weil sie es nicht verstehen konnte oder vielleicht weil etwas hartnäckig in ihr heranreifte, und wenn es ans Licht kommen und sie überwältigen würde, müsste sie alles verstehen, und die Unschuld wäre für immer dahin und die Welt stünde kopf, und sie würde mitten in diesem Chaos treiben, ohne zu wissen, wie sie sich darin einrichten sollte, um überleben zu können.

Wenn es dunkel wurde – Ende August wurde es schon früher dunkel – und die Frau dem Mädchen das Abendessen gab und es in den Räumen des Personals schlafen legte, begegnete Sara im Garten fast immer dem Pianisten. Sie gingen dann zusammen, Hand in Hand, den Weg hinauf und hinunter, und dann erzählte der Mann davon, wie alles hätte sein können, was er alles in seiner Jugend – die schon vorbei war, obwohl er nicht älter als dreißig sein konnte – geträumt hatte, was ihm die Musik bedeutet hatte, wie seine Frau und er sich geliebt hatten und wie dann die Umstände alles zunichtegemacht, alles zerstört hatten, und er alles hatte laufen lassen. Das war ein erschreckender und trostloser Bericht, und es kam Sara so vor, als spräche der Mann gar nicht zu ihr – wieso sollte er diese Geschichten einem kleinen Mädchen von elf Jahren anvertrauen? –, sondern eher zu sich selbst, zum Schicksal, zu niemandem, und in der Dunkelheit der Nacht waren ihre Gesichter nicht zu erkennen, doch an manchen Stellen zögerte der Mann, schauderte es ihn, seine

Stimme zitterte, und dann drückte Sara seine Hand noch fester und fühlte auf ihrer Brust ein schweres Gewicht, von dem sie noch nicht wusste, ob es Mitleid oder Liebe hieß, und sie hätte so gerne den Mut gehabt, ihm zu sagen, dass es sicher ein Missverständnis gewesen sei, dass sich das Schicksal gegen sie verschworen hatte, dass sich alles plötzlich ändern würde, dass das Leben und die Welt nicht immer so sein könnten, wie er sie beschrieb, und manchmal blieb der Mann stehen und umarmte sie fest, und Sara kam es so vor, als wären seine Wangen feucht, obwohl sie es nicht mit Sicherheit sagen konnte.

Vielleicht war die Frau ein wenig eifersüchtig auf die Spaziergänge der beiden in der Dunkelheit oder sie brauchte vielleicht nur jemanden, dem sie ihren eigenen Kummer anvertrauen und vor dem sie sich rechtfertigen konnte (obwohl sie niemand beschuldigte), denn sie ließ manchmal bitter einfließen »davon hat dir sicher mein Mann schon erzählt«, und wie sehr Sara auch versuchte, sie davon abzuhalten, und sich bemühte, nicht hinzuhören: »Weißt du, dass sie uns jetzt, wo weniger Gäste im Hotel sind, nicht einmal mehr den Hungerlohn zahlen, den sie uns zugesichert haben, und er es unter seiner Würde findet, dagegen etwas zu unternehmen? Weißt du, was ich mir neulich vom Hoteldirektor vor seinen Augen bieten lassen musste, ohne dass er eingegriffen hätte? Weißt du, dass ich mir überall Geld gepumpt habe, dass wir über beide Ohren verschuldet sind, dass wir nicht wissen, wohin wir sollen, wenn in vier Tagen der Sommer vorbei ist? Und er tut so, als wenn ihn das alles nichts anginge.« Eines Tages packte sie Sara an den Schultern und sah sie mit diesem harten Blick an, der sie wehrlos machte und lähmte: »Gestern ging es mir so schlecht, dass ich nicht einmal zu Abend essen konnte. Meinst du, er wäre besorgt gewesen oder hätte auch nur gefragt, was ich habe? Er nahm meinen Teller und aß, ohne ein Wort zu sagen, unser beider Essen auf. Hat er dir das erzählt?« Und Sara versuchte, ihr begreiflich zu machen, dass der Mann nie von konkreten Vorfällen, von den schäbigen Alltagssorgen oder von dem sprach, was jetzt zwischen ihm und seiner Frau geschah; er sprach nur, melancholisch und deprimiert, über den Tod der Liebe, den Tod der Kunst, den Tod der Hoffnung.

Dann kam der Tag, an dem Sara Geburtstag hatte, genau einen Tag bevor die Sommerferien zu Ende gingen, das Hotel schließen und alle in die Stadt zurückkehren würden; wie Mama und Mademoiselle versprochen hatten, kamen ihre besten Freundinnen, und sogar die Jungen benahmen sich in ihren frisch gebügelten Anzügen und mit ihrem Sonntagslächeln besser; sie bekam sehr viele Geschenke, die sie auf einem Tisch aufbaute, damit alle sie sehen konnten; man hatte ihr ein neues Kleid gekauft, und Papa schenkte ihr ein goldenes Armband mit grünen Steinchen, das der Großmutter gehört hatte, und das bedeutete, dass Sara nun anfing, eine Frau zu werden. Man spielte Sackhüpfen und Topfschlagen, es gab ein Feuerwerk und Berge von belegten Brötchen, einen riesengroßen Kuchen und sogar eine Bowle mit viel Sekt, der sie alle leicht beschwipst machte, denn sie hatten noch nie welchen trinken dürfen, und das war ein weiteres Zeichen dafür, dass sie anfingen, ihre Kindheit hinter sich zu lassen. Sara war den ganzen Nachmittag über so aufgeregt und so fröhlich, so damit beschäftigt, Geschenke auszupacken, Spiele zu organisieren und sich um die Freunde zu kümmern, dass ihr erst, als es dunkel wurde, das Fest vorbei war und die Ersten sich verabschiedeten, um in die Stadt zurückzufahren, dass ihr erst da auffiel, dass die Tochter des Musikers nicht dabei gewesen war, und sie wusste sogleich, was vorgefallen war, wie sehr sie sich auch bemühte, etwas, das so offensichtlich war und ihr trotzdem unwahrscheinlich erschien, zu leugnen. Sara wusste es, noch bevor sie Mademoiselle am Arm packte und wütend schüttelte: »Warum ist das Mädchen nicht zu meinem Fest gekommen, sag?«, und es war nicht nötig, dass sie genauer erklärte, von welchem

Mädchen sie sprach, und Mademoiselle wurde rot und versuchte, ganz normal zu antworten, aber sie errötete bis unter die Haarspitzen und wagte nicht, ihr ins Gesicht zu sehen: »Ich weiß es nicht, Sara, ich weiß es wirklich nicht, ich glaube, der Portier hat sie nicht hereingelassen«, und um sie zu besänftigen, fügte sie hinzu: »Sie ist doch auch viel jünger als ihr ...«; sie wusste es, noch bevor sie sich vor dem Portier aufbaute und ihm ihren Unmut entgegenschrie, ihm ihre Wut entgegenschleuderte, noch bevor der Mann mit den Schultern zuckte und erklärte, dass er nur das getan hätte, was man ihm aufgetragen habe, dass ihm ihre Mutter Anordnungen gegeben habe, wer an dem Fest teilnehmen dürfe; sie wusste es, noch bevor sie schweren Herzens zu ihrer Mutter ging und sich bemühte, nicht in Tränen auszubrechen, und die Mutter überrascht und gleichgültig von ihrem Buch aufsah und mit träger Stimme sagte, dass sie nicht gewusst habe, dass sie so gut befreundet seien, und dass Sara auf jeden Fall lernen müsse, welche Leute der richtige Umgang für sie seien, und dann, als sie merkte, dass sich Saras Augen mit Tränen füllten und dass sie zitterte: »Weine nicht, sei nicht töricht, vielleicht habe ich mich geirrt, aber das ist wirklich nicht von Bedeutung, du kannst ja jetzt zu ihr gehen, bring ihr ein Stück Kuchen und ein paar Bonbons, und alles ist wieder gut.« Doch im Zimmer der Musiker, wo sie noch nie gewesen war, sah die Frau sie mit diesem harten Blick an – jetzt endgültig, dachte Sara, die Härte, die sie den Sommer über geprobt und gelernt hatte –, doch die Stimme versagte ihr, als sie erklärte: »Das Schlimmste ist, dass sie es nicht begreifen konnte, verstehst du, sie hat euch und das Essen und die Spiele gesehen, und sie begriff nicht, warum sie nicht dabei sein durfte, sie hat lange geweint, weißt du, bis sie eingeschlafen ist.« Doch die Frau weinte nicht. Und Sara wischte sich die Tränen ab, und sie bat nicht um Verzeihung – jetzt, da sie wusste, für wen und für was, doch sie wusste auch, dass man für gewisse Dinge nicht um Verzeihung bittet –, und sie brachte ihnen weder Kuchen noch Bonbons, noch versuchte sie, ihnen irgendetwas zu schenken oder irgendetwas in Ordnung zu bringen.

Sara ging hinauf in ihr Zimmer, riss sich die Schleife ab, das Kleid, das Armband von der Großmutter, warf alles durcheinander auf das Bett, zog ihre Jeans an, ließ das Haar offen und unordentlich auf die Schultern fallen. Und als sie so in den Speisesaal kam, wagte niemand, weder Mademoiselle noch die Jungen, weder die Eltern noch der Oberkellner, etwas zu sagen. Und Sara setzte sich schweigend auf ihren Platz, ohne das Essen, das man ihr auftrug, auch nur anzurühren, aufrecht und nun sehr blass saß sie da, starrte zum Orchester und sagte sich immer wieder, dass sie niemals, niemals vergessen würde, was geschehen war, dass sie niemals ein schönes, langes und dekolletiertes Kleid und einen Pelzmantel und Schmuck tragen und zulassen würde, dass ihr Typen im Smoking Wein einschenkten und ihr von Liebe sprachen, dass sie niemals – dachte sie bestürzt – so sein würde wie die, dass sie niemals lernen würde, mit welchen Leuten sie Umgang haben sollte, denn ihr Platz war für immer auf der Seite der Männer mit dem traurigen Blick, die zu viel geträumt und die Hoffnung verloren hatten, und bei den harten, gealterten und entstellten Frauen, die kaum für ihre Kinder sorgen konnten; von diesem schrecklichen und schwierigen Sommer an, in dem Sara die Liebe und später den Hass (so verwandt und so nah und so eng verwoben mit der Liebe) entdeckt hatte, diesem Sommer, in dem sie, wie die Erwachsenen es angekündigt hatten, wenn auch auf ganz anderen Wegen, zur Frau geworden war, wiederholte sie immer wieder und sah ihn fest, ganz fest an; und er sah sie auch die ganze Zeit über an, ohne auf die Tasten schauen zu müssen, und spielte während des ganzen Abendessens Musik von Chopin.

Autoren- und Quellenverzeichnis

Madeleine Bourdouxhe, geboren 1906 in Lüttich, gestorben 1996 in Brüssel, gehörte in den 1930er Jahren zum Kreis um Jean Paul Sartre und Simone de Beauvoir. Sie veröffentlichte mehrere Romane und Erzählbände. Auf Deutsch liegen unter anderem vor: »Wenn der Morgen dämmert«, »Unterm Pont Mirabeau fließt die Seine« und »Gilles' Frau«.
»Strand«. Aus: Auf der Suche nach Marie, Seite 5–10. Aus dem Französischen von Monika Schlitzer. © 1998 Piper Verlag, München.

Bill Bryson, geboren 1951 in Des Moines/Iowa, zog 1977 nach Großbritannien, wo er mehrere Jahre unter anderem für die »Times« und den »Independent« schrieb. Mit seinem Englandbuch »Reif für die Insel« gelang ihm der Durchbruch: Heute ist er in England der erfolgreichste Sachbuchautor der Gegenwart.
»Neapel, Sorrent und Capri«. Aus: Streifzüge durch das Abendland. Europa für Anfänger und Fortgeschrittene, Seite 196–215. Aus dem Amerikanischen von Claudia Holzförster. © 2001 Wilhelm Goldmann Verlag, München, in der Verlagsgruppe Random House GmbH.

Iwan Bunin, geboren 1870 im russischen Woronesch, gestorben 1953 in Paris, war Sohn eines Gutsbesitzers und studierte in Moskau. 1920 emigrierte er nach Frankreich und erhielt 1933 den Nobelpreis. Bekannt wurde er vor allem durch seine realistischen Schilderungen des ländlichen Lebens im Russland vor der Oktoberrevolution.

»Der Herr aus San Francisco«. Aus: Gesammelte Werke in Einzelbänden. Grammatik der Liebe. Erzählungen, Seite 229–253. Aus dem Russischen von Georg Schwarz. © 1970 Aufbau Verlag GmbH & Co. KG, Berlin (die vorliegende Übersetzung erschien 1970 im Aufbau-Verlag; Aufbau ist eine Marke der Aufbau Verlag GmbH & Co. KG). The Estate of Iwan Bunin, mit freundlicher Genehmigung von Agence Hoffman Paris/München.

Italo Calvino, geboren 1923 in Santiago de las Vegas/Kuba, gestorben 1985 in Siena, wuchs in San Remo auf. Nach seinem Literatur- und Philosophiestudium arbeitete er als Journalist und Lektor. Calvino wurde mit Romanen wie »Der geteilte Visconte« oder »Wenn ein Reisender in einer Winternacht« als einer der innovativsten italienischen Nachkriegsautoren weltberühmt.
»Ein Schiff voller Krebse«. Aus: Abenteuer eines Reisenden, Erzählungen, Seite 149–155. Aus dem Italienischen von Nino Erné. © The Estate of Italo Calvino. © der deutschsprachigen Ausgabe: 1986 Carl Hanser Verlag, München und Wien.

Andrea Camilleri, geboren 1925 in Porto Empedocle auf Sizilien, lebt heute in Rom. Seine eigenwilligen Charaktere, darunter der Commissario Montalbano, sein Witz und das unnachahmliche sizilianische Lokalkolorit machten ihn in den letzten Jahren zu einem der erfolgreichsten Schriftsteller Italiens.
»Der Reisegefährte«. Aus: Das Paradies der kleinen Sünder. Commissario Montalbano kommt ins Stolpern, Seite 123–129. Aus dem Italienischen von Christiane von Bechtolsheim. © 2001 Verlagsgruppe Lübbe GmbH & Co. KG, Bergisch Gladbach.

Gabriel García Márquez, geboren 1928 in dem kolumbianischen Dorf Aracataca, studierte Jura in Bogotá und Cartagena, bevor er sich ausschließlich dem Schreiben widmete. Als Journalist arbeitete er unter anderem für

»El Espectador« und verbrachte längere Zeit in Rom und Paris. 1967 gelang ihm mit »Hundert Jahre Einsamkeit« der literarische Durchbruch. 1982 wurde er mit dem Nobelpreis für Literatur ausgezeichnet. Heute lebt er in Mexiko.
»Siebzehn vergiftete Engländer«. Aus: Zwölf Geschichten aus der Fremde, Seite 145–160. Aus dem Spanischen von Dagmar Ploetz und David E. Zimmer. © 1993 Verlag Kiepenheuer & Witsch, Köln.

Mehmet Günsür, geboren 1955 in Istanbul, wo er 2004 starb, war Kunstmaler, Grafiker, Schriftsteller und Werbetexter. Nach dem Besuch einer Eliteschule in Istanbul studierte er an der Mimar-Sinan-Universität der schönen Künste. Anschließend arbeitete er für verschiedene Werbeagenturen als Texter, Creative Director und Manager. Außerdem trat er als Maler ans Licht der Öffentlichkeit. Sein einziges verlegtes literarisches Werk, ein Band mit Erzählungen, wurde mit dem begehrten Sait-Fatik-Erzählpreis ausgezeichnet.
»Caïque«. Aus: Beatrix Caner (Hrsg.), Alles Blaue, alles Grüne dieser Welt. Türkische Erzählungen, Seite 67–79. Aus dem Türkischen von Beatrix Caner. © Erbengemeinschaft von Mehmet Günsür. © der deutschsprachigen Ausgabe: 2008 Deutscher Taschenbuch Verlag GmbH & Co. KG, München.

Ernest Hemingway, geboren 1899 in Oak Park/Illinois, gestorben 1961 in Ketchum/Idaho, war Reporter, Kriegskorrespondent, Abenteurer, Großwildjäger und Schriftsteller. Im Jahr 1918 meldete er sich freiwillig als Sanitäter an die italienische Front, später nahm er als Reporter am Spanischen Bürgerkrieg teil. 1954 wurde er für seine berühmte Novelle »Der alte Mann und das Meer« mit dem Nobelpreis für Literatur ausgezeichnet.
»Katze im Regen«. Aus: Die Stories. Gesammelte Erzählungen, Seite 139–141. Aus dem Amerikanischen von Annemarie Horschitz-Horst. © 1966, 1977 Rowohlt Verlag, Reinbek bei Hamburg.

Judith Hermann, geboren 1970 in Berlin, veröffentlichte nach einer journalistischen Ausbildung 1998 ihren ersten Erzählband, »Sommerhaus, später«, für den sie mit dem Hugo-Ball-Förderpreis und dem Kleist-Preis ausgezeichnet wurde. 2003 erschien ihr Erzählband »Nichts als Gespenster«. Judith Hermann lebt und schreibt in Berlin.
»Aqua Alta«. Aus: Nichts als Gespenster. Erzählungen, Seite 121–151. © 2003 S. Fischer Verlag, Frankfurt am Main.

Wolfgang Hildesheimer, geboren 1916 in Hamburg, gestorben 1991 in Poschiavo/Schweiz, war Schriftsteller und Maler. Nach seinem Studium der Malerei und Bühnenbildnerei in London begann er 1946 eine Tätigkeit als Simultandolmetscher und Gerichtsschreiber bei den Nürnberger Prozessen. Als Schriftsteller war er Mitglied der Gruppe 47. Berühmt wurde er nicht zuletzt durch seine Hörspiele und Dramen.
»Das Ende einer Welt«. Aus: Lieblose Legenden, Seite 7–17. © 1962 Suhrkamp Verlag, Frankfurt am Main.

Etgar Keret, geboren 1967 in Tel Aviv, veröffentlicht seit 1991 Kurzgeschichten. Seine Anthologien sind in sechzehn Sprachen übersetzt. Keret wurde mit dem Literaturpreis des israelischen Ministerpräsidenten geehrt, seine Bücher sind in Israel Bestseller, und auch seine Filme wurden mehrfach preisgekrönt. So erhielten Etgar Keret und seine Frau Shira Geffen 2007 beim Filmfestival in Cannes die Goldene Kamera für ihren Film »Jellyfish«. Keret lebt mit seiner Familie in Tel Aviv.
»Heilbutt«. Aus: Mond im Sonderangebot. 33 Short Stories, Seite 89–95. Aus dem Hebräischen von Barbara Linner. © 2003 Luchterhand Literaturverlag, München, in der Verlagsgruppe Random House GmbH.

Guy de Maupassant, geboren 1850 im Schloss Miromesnil bei Dieppe, gestorben 1893 in Paris, studierte einige Zeit Jura in Paris, nahm am Deutsch-Französischen Krieg 1870/1871 teil und war ab 1871 Beamter in Pariser Minis-

terien. Er gilt als einer der bedeutendsten Novellisten der Weltliteratur. 1887 unternahm er eine Mittelmeerkreuzfahrt. Ab 1891 lebte er in geistiger Umnachtung.
»Vendetta«. Aus Gesammelte Werke. Band 3, Seite 134–139. Aus dem Französischen von Christiane Frauendorf-Mössel. © der deutschen Übersetzung: Wilhelm Goldmann Verlag, München, in der Verlagsgruppe Random House GmbH.

Alberto Moravia, geboren 1907 in Rom, gestorben 1990 ebenda, gehört zu den Klassikern des zwanzigsten Jahrhunderts. Als Sohn einer wohlhabenden Familie geboren, begann er nach schwerer Krankheit 1925 zu schreiben. Seine Romane wurden in dreißig Sprachen übersetzt und mehrfach verfilmt. Alberto Moravia war mit Elsa Morante verheiratet, 1959–1962 war er Vorsitzender des PEN-Clubs.
»Der Ausbruch«. Aus: Amore all'italiana. Italienische Liebesgeschichten, Seite 44–57. Aus dem Italienischen von Theo Schumacher. © Bompiani, Milano. © der deutschsprachigen Ausgabe: 2008 Deutscher Taschenbuch Verlag GmbH & Co. KG, München.

Anna-Karin Palm, geboren 1961 in Stockholm, studierte Englisch, Literaturwissenschaft und Philosophie. Sie gilt als eine der bedeutendsten schwedischen Autorinnen der Gegenwart. Von ihr erschienen auf Deutsch die Romane »Der Faun«, »Die Töchter des Malers« und zuletzt der Band »In die Wüste«. Anna-Karin Palm lebt in Frankreich.
»Wie in einer Schale Wasser«. Aus: Holger Wolandt (Hrsg.), Mittsommernachtsliebe. Die schönsten erotischen Geschichten aus Skandinavien, Seite 148–152. Aus dem Schwedischen von Hedwig M. Binder. © Anna-Karin Palm. © der deutschen Übersetzung: 2006 Piper Verlag, München.

Orhan Pamuk, geboren 1952 in Istanbul, studierte Publizistik und Architektur an der dortigen Universität. Nach mehrjährigem Aufenthalt in New York lebt Pamuk heute wieder in Istanbul. Er wurde für seine Romane vielfach ausgezeichnet, darunter 2005 mit dem Friedenspreis des Deutschen

Buchhandels und dem Ricarda-Huch-Preis sowie 2006 mit dem Nobelpreis für Literatur.
»Den Bosporus durchfahrende Schiffe, Brände, Armut, Umzüge und andere Katastrophen«. Aus: Istanbul. Erinnerungen an eine Stadt, Seite 231–251. Aus dem Türkischen von Gerard Meier. © 2006 Carl Hanser Verlag, München.

Tim Parks, geboren 1954 in Manchester, wuchs in London auf und studierte in Cambridge und Harvard. 1981 zog er nach Verona, wo er seitdem als Schriftsteller und Übersetzer von Autoren wie Alberto Moravia und Italo Calvino lebt. Außerdem lehrt er in Mailand literarische Übersetzung. Seine Romane wurden unter anderem mit dem Somerset Maugham Award ausgezeichnet.
»Cocco fresco«. Aus: Mein Leben im Veneto, Seite 191–207. Aus dem Englischen von Bernhard Jendricke, Gerlinde Schermer-Rauwolf und Thomas Wollermann. © 1997 Droemersche Verlagsanstalt Th. Knaur Nachf. GmbH & Co. KG, München.

Leonardo Sciascia, geboren 1921 in Racalmuto auf Sizilien, gestorben 1989 in Palermo, war von 1949 bis 1957 Volksschullehrer in Racalmuto, dann Schriftsteller und Verlagslektor in Palermo sowie Stadtrat und Abgeordneter im Europaparlament. Berühmt wurde er mit Romanen über die Mafia, darunter »Der Tag der Eule« und »Tote Richter reden nicht«.
»Die weite Reise«. Aus: Das weinfarbene Meer, Seite 229–235. Aus dem Italienischen von Sigrid Vagt. © 1997 Klaus Wagenbach Verlag, Berlin.

Hans-Ulrich Treichel, geboren 1952 in Versmold/Westfalen, lebt in Berlin und Leipzig. Er studierte Germanistik an der Freien Universität Berlin und promovierte 1984 mit einer Arbeit über Wolfgang Koeppen. Zeitweise war er Lektor für deutsche Sprache an der Universität Salerno und an der Scuola Normale Superiore Pisa. Seit 1995 ist Hans-Ulrich

Treichel Professor am Deutschen Literaturinstitut der Universität Leipzig.
»Auf der Suche nach Venedig«. Aus: Heimatkunde oder Alles ist edel und heiter. Besichtigungen, Seite 124–131.

Ulrich Tukur, geboren 1957 in Viernheim/Hessen, studierte Germanistik, Anglistik und Geschichte in Tübingen und Schauspiel an der Staatlichen Hochschule für Musik und Darstellende Kunst in Stuttgart. Sein Filmdebüt gab er in »Die weiße Rose«, verschiedene Theaterinszenierungen mit Peter Zadek folgten. Heute zählt er zu den renommiertesten Filmschauspielern seiner Generation in Deutschland.
»Das venezianische Bild«. Aus: Die Seerose im Speisesaal. Venezianische Geschichten, Seite 69–85. © 2007 Ullstein Buchverlage GmbH, Berlin.

Esther Tusquets, geboren 1936 in Barcelona, leitete ab Anfang der Sechzigerjahre den Verlag Lumen. Sie veröffentlichte mehrere Romane, darunter »Aller Sommer Meer«, »Sieben Mädchenblicke auf dieselbe Landschaft« und »Abschied von Don Juan«.
»Das Sommerorchester«. Aus Juan Antonio Masoliver Ródenas (Hrsg.), Das große Spanienlesebuch, Seite 39–50. Aus dem Spanischen von Barbara Reitz. © Esther Tusquets. © der deutschsprachigen Ausgabe: 1992 Wilhelm Goldmann Verlag, München, in der Verlagsgruppe Random House GmbH.

Giovanni Verga, geboren 1840 in Aci bei Catania auf Sizilien, gestorben 1922 in Catania, studierte Jura und war ab 1862 politischer Journalist und freier Schriftsteller. Er lebte in Florenz und Mailand und ab 1873 wieder in Sizilien.
»Träumerei«. Aus: Der letzte Tag. Erzählungen, Seite 31–39. Aus dem Italienischen von Hannelise Hinderberger. © der deutschsprachigen Ausgabe: 1987 Piper Verlag GmbH, München.

Ulrich Woelk, geboren 1960 in Köln, arbeitete bis 1994 als Astrophysiker, bevor er die Schriftstellerei zum Beruf machte. Heute lebt er als freier Schriftsteller in Berlin. Sein Debütroman »Freigang« wurde mit dem Aspekte-Literaturpreis geehrt. Seitdem hat er mehrere Romane veröffentlicht, darunter »Liebespaare«, »Die letzte Vorstellung« und »Joana Mandelbrot und ich«.
»Liebespaare«. Aus: Liebespaare. Roman, Seite 217–229.

Aber das ist eine andere Geschichte – Das große Michael Ende Lesebuch

Herausgegeben von Andrea und Roman Hocke. 352 Seiten. Piper Taschenbuch

Mit seinen Figuren Jim Knopf, Momo und der Kindlichen Kaiserin schrieb Michael Ende sich in die Herzen junger und junggebliebener Leser. Noch Jahre nach seinem viel zu frühen Tod 1995 ist er einer der beliebtesten und erfolgreichsten deutschen Schriftsteller der Nachkriegszeit. Dieses große Michael Ende Lesebuch präsentiert das Beste und Schönste aus seinem Werk und bringt uns den Künstler, den Denker und den Menschen Michael Ende nahe. Abgerundet mit bisher unveröffentlichten Texten aus der »Unendlichen Geschichte«, ist es eine Fundgrube für Fans, Wiederentdecker und Neueinsteiger.

05/2033/02/L

Kleine Oasen

Balkongeschichten und Rezepte zum Genießen. Herausgegeben von Linda Walz. 208 Seiten. Piper Taschenbuch

Lieblingszimmer, grünes Paradies und Oase der Ruhe – der Balkon verheißt ein ganz besonders Lebensgefühl. Er kann aber auch Schauplatz oder Tatort sein. Von der italienischen Veranda über die Terrasse bis zu unseren modernen Großstadtbalkonen enthält dieser Band die schönsten Geschichten und besten Originaltexte von Andrea Brown, Gerhard Polt, Gaby Hauptmann, Susanne Mischke, Axel Hacke und vielen anderen. Stimmungsvoll abgerundet wird er durch erfrischende Rezepte!

05/2362/01/R